上／1864年当時のヘブロン近郊，「アブラハムのオーク」（著者の母による鉛筆画）〈2頁〉

左／金曜日の礼拝で閉鎖中のエルサレム市門の開扉を待つベドウィン〈26頁〉

民家が建て込む前のレパイムの野より遠望のエルサレム（鉛筆画）〈5 頁〉

閲兵中のエジプト副王，サイード・パシャ（1859 年，カール・ハーク作の鉛筆画）〈43 頁〉

托鉢用の器〈64 頁〉

上／キュロスの墓〈68頁〉

左／ペルセポリス〈67頁〉

下／ファルス高原の「岩の町」，ヤズディ・フアスト

右／バアルベク遺跡
〈107頁〉

中／狩猟行のナーセロッディーン・シャー
〈163頁〉

下／テヘラン東方，「沈黙の塔」，ゾロアスター教徒の鳥葬場

左／ペルシアの蒔絵（ファトフ・アリー・シャー時代の作品）

下／踊り子と楽師の部族，スーズマーニーたち

カーペットを織るクルドの女

ベツレヘム街道より見た 1862 年当時のエルサレム南市壁
(著者の母によるスケッチ)

左／ベツレヘムの女たち（1855年，E. リーチェル作の鉛筆画）

下／ナビー・ムーサー（モーセの墓）へ向かうイスラム教徒の巡礼（ガートルード・ベル撮影）

アイン・カーリム（エルサレムより 8 キロの泉）から著者一家の飲料水を毎日運んでくるメイドのアァイシャ（ガートルード・ベル撮影）

著者肖像（1829 年，73 歳）

フリードリヒ・ローゼン

回想のオリエント

ドイツ帝国外交官の中東半生記

田隅 恒生 訳

法政大学出版局／イスラーム文化叢書　6

Friedrich Rosen

ORIENTAL MEMORIES OF A GERMAN DIPLOMATIST

Methuen & Co. Ltd., London 1930

目次

III　レバノン、シリア ▼ 97

IV　ペルシアふたたび ▼ 135

V　バグダード ▼ 209

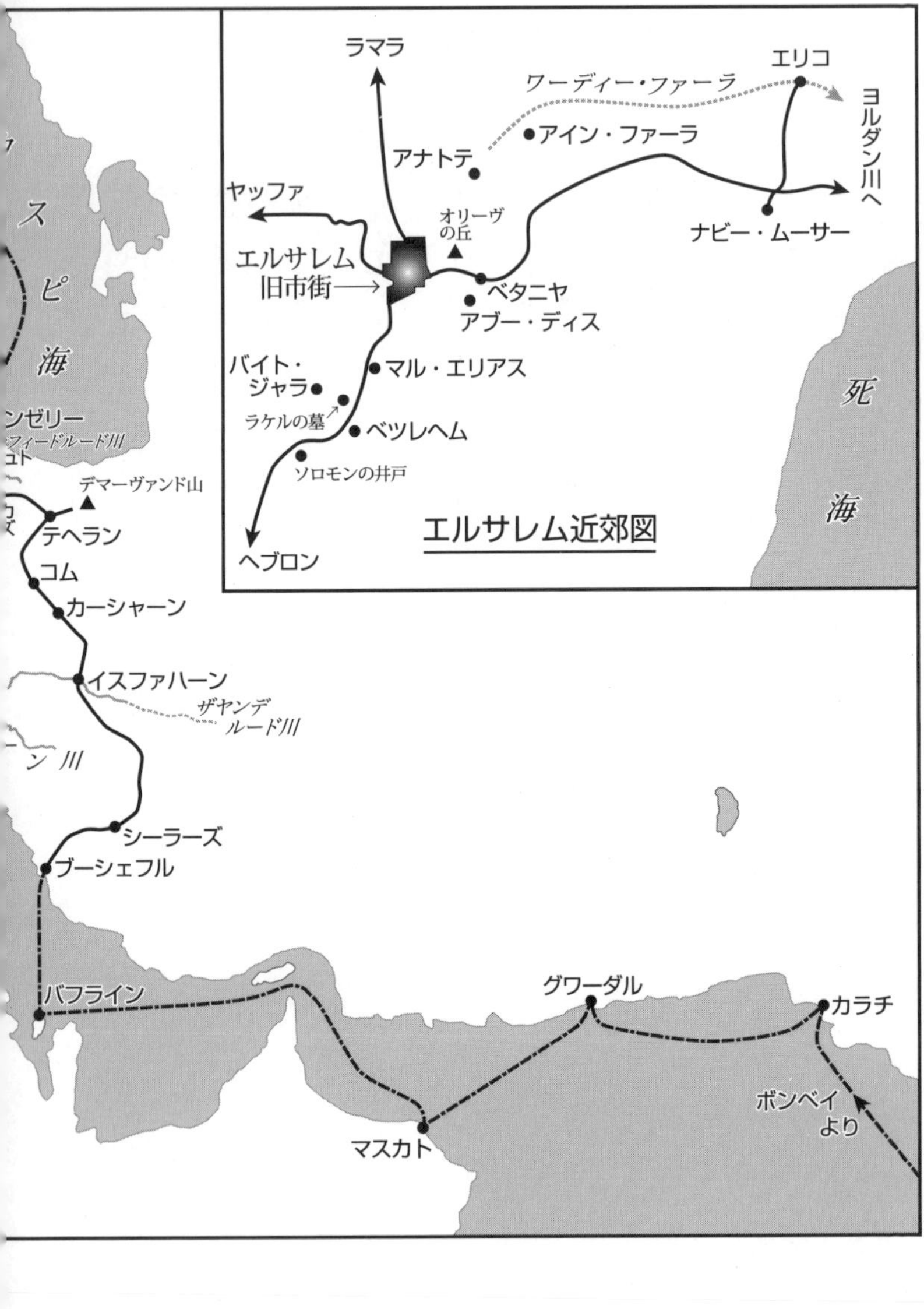
エルサレム近郊図
ラマラ
ワーディー・ファーラ
エリコ
ヨルダン川へ
アイン・ファーラ
アナトテ
ヤッファ
オリーヴの丘
エルサレム旧市街
ベタニヤ
アブー・ディス
ナビー・ムーサー
マル・エリアス
バイト・ジャラ
ラケルの墓
ベツレヘム
ソロモンの井戸
ヘブロン
死海
ピ
海
ンゼリー
フィードルード川
デマーヴァンド山
テヘラン
コム
カーシャーン
イスファハーン
ザヤンデルード川
ン 川
シーラーズ
ブーシェフル
バフライン
グワーダル
カラチ
マスカト
ボンベイより

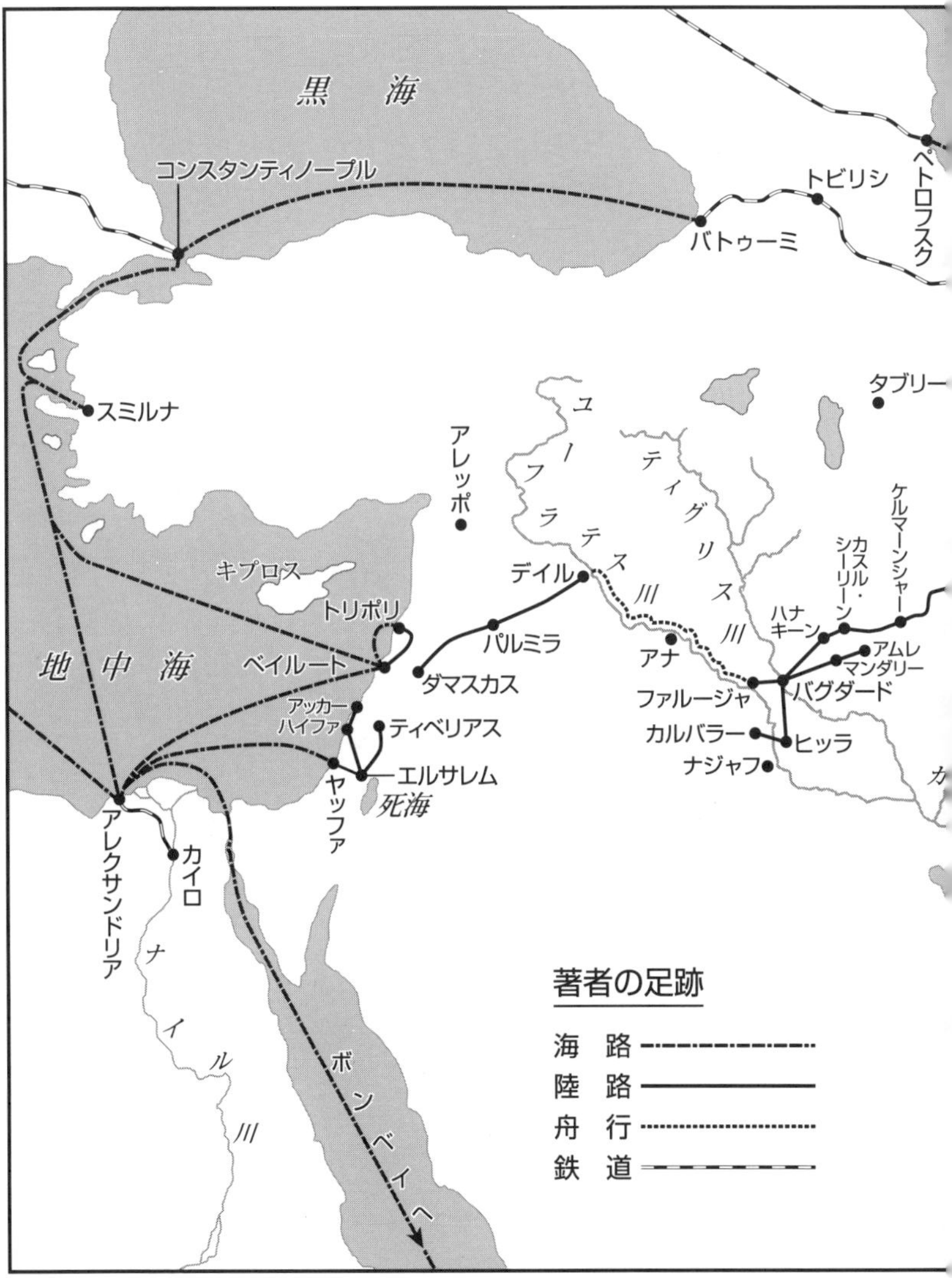
黒海
コンスタンティノープル
バトゥーミ
トビリシ
ペトロフスク
スミルナ
タブリー
アレッポ
ユーフラテス川
ティグリス川
キプロス
トリポリ
デイル
パルミラ
ダマスカス
ベイルート
地中海
アッカー
ハイファ
ティベリアス
エルサレム
ヤッファ
死海
アナ
ファルージャ
バグダード
ハナキーン
カスル・シーリーン
ケルマーンシャー
アムレ
マンダリー
カルバラー
ヒッラ
ナジャフ
アレクサンドリア
カイロ
ナイル川
ボンベイへ
著者の足跡
海路
陸路
舟行
鉄道

凡例

一、本書は、Friedrich Rosen, *Oriental Memories of a German Diplomatist*, Methuen & Co. Ltd., London, 1930. の全訳である。

二、原文では、七部構成の各部には表題がついているが、なかの章は無題で、それぞれの冒頭に主たる内容が小項目としてまとめて記入されている。本訳書では、小項目の訳出とあわせて各章に章題を付した。

三、原注は＊を付して当該パラグラフの後で、訳注はアラビア数字で関係個所に番号を付して各章末で説明した。訳注の簡単なものは当該部分に〔　〕の中に割書した。

四、英語以外の外国語については、簡単なものは和訳して原語をカナ書きでルビあるいは併記し、それ以外は原語・原文と和訳を併記した。

五、著者による引用語句、強調事項（キャピタライズされたもの）は「　」にいれた。

六、地名人名は邦語化しているものを除き、原則として著者の表記にしたがった。ペルシア語、アラビア語については、著者のローマナイズの方式が必ずしも一貫していないこともあり、それぞれの一般的な発音ルールに従ってカナ書きした。同一の語や人名がペルシア人とアラビア人に出るときは、それぞれの発音を用いる（例――ペルシア人・シェイフ／ソレイマーン、アラビア人・シャイフ／スライマーン）。

七、地図は原書に添付されていないので簡単なものを作成し、著者の足跡の概略をルートの反復や時日の前後関係は無視して表示した（たとえばテヘランからカスピ海に出るルートは数回使われているが一本で表示）。原書所載の写真、挿絵はすべて転載した。

八、索引は、原書所載のものによる。

はじめに

私は本書で、前世紀とともに終わったほぼ四十年のあいだにオリエントの各地で体験したことのいくらかを語ってみた。自伝を書くつもりではなく、欧州の流儀や考え方の流入でこの地域がもとの姿をとどめなくなる前の情景を、自分で目にしたとおりに描いてみようと思ったにすぎない。私の母の手になったものを含めて、さいわい残っていた若干の古いスケッチは、幼いころの私の記憶に生きるパレスティナとはどのようなものかを示すのに役立つことと思われる。

本書では、記述を一般に近東と称される地域に絞り、インド、エチオピアあるいはモロッコの回想は除外した。有益で、そして快適だったインドでの経験は、いつか公刊の機会が得られたときに語ることにしたい。

以下の頁で名をあげた人のなかには、その後の政局で著名な役割を担われた向きもおられるけれども、あたらしい印象は排除し、後年の影が本書で取り扱う当時にまで伸びることのないように心がけた。私は、このような方々のことを、自分の記憶と手記のなかに現われたとおりに語ったつもりである。

過ぎにし歳月のあるがままの、偏見をまじえない姿を描くことができれば、戦争の、そして武力に訴える争いなどは本来あるはずのない両国〔英独〕の関係を毒したプロパガンダの、いまわしい影響を取り除いてゆく道に私も踏み出したことになろうかと期待している。

一九三〇年三月、ベルリンにて

F・R

I　エルサレム

エルサレムのプロイセン領事館（右手）とアクバトッタキーヤ通り（著者の母による水彩画）〈6頁〉

1 一八六〇年代の聖地

最初の記憶・キャンプと町なか――サラセン風の旧居――富者の家、その家人――近隣の人たち――トルコ人、アラブ人、ユダヤ人、そしてクリスチャン――英皇太子の来訪――近代化前のエルサレム内外

ハリー・クローフォードは、自国語、つまり英語のほかはどこの言葉もできなかった。彼は五歳くらいで、私はもうすこし年下だった。彼の父、クローフォード師は英国人の宣教師で、その一家は私どもと並んでヘブロン〔エルサレムの南方約三十キロ、アブラハムとその一族の埋葬地がある町〕に近い「アブラハムのオーク」の樹下にテントを張っていた。この樹は、(1)聖書に述べられた、アブラハムがその木かげで神にお休みいただくようにお願いしたという言い伝えもさることながら、まれに見る大きさの点でも非凡なものだった。むろん本当の樹齢はだれにも分からないが、十字軍のころという遠い昔から「アブラハムのオーク」とされていたことにまちがいはない。

大きく広がった枝の下に、私どものテントとクローフォード家のそれが張ってあった。周囲はすべて葡萄《ぶどう》畑で、実が熟していた。葡萄畑は持主が見張っていて、未加工の石で造った仮小屋があった。けれども葡萄はあり余るほど豊かで、私たちは自由にほしいだけもいでは食べていた。そのときは、シャツにベルトを締め赤いトルコ帽をかぶっただけの、一緒に遊びにきているアラブの子供たちも加わる。この小僧どもはむろんアラビア語しか話さなかったが、私にとっては、それはドイツ語と同時に習い覚えた言語である。だが両親は、私が石鹼というものにまったく縁のないアラブの友達とあまり一緒にいる

よりは、ハリーと遊んでほしかったのだ。母はハリーには順応性がないことを私に教えて、彼と話すには私が英語を覚えねばならない、といって聞かせた。私は言われるとおりにして、まもなく子供同士のおしゃべりやゲームに要るほどの英語は身につけた。以来、それを忘れることはなく、いまにいたっている。ロンドンで生まれ育った母は、私や下の子供たちと話すときはいつも英語だった〔著者の家族については訳者後記を参照〕。ハリー・クローフォードの両親は、私たちが知りあってほどなくパレスティナを去り、以後彼とは会ったことも噂を聞いたこともない。だがもし彼がいまなお生者のなかにいて――いておかしいわけがあろうか――ひょっとしてこの本がその手に入ることがあれば、彼への挨拶を送りたい、そして六十年以上も昔の幼いときの親交を思いだしてもらいたい、と私は思っている。いま私が、勧められたとおりに本書を英語で書けるのも、最初のきっかけを与えてくれたハリー・クローフォードのおかげなのだ。いうまでもなく、私は英語の文章力を身につけていると僭称するつもりはない、自国語と同じように別の言葉で物を書ける人などはいないのだから。私の大それた思わくも、自分を分かってもらおうということを出ないのである。

父は当時、エルサレムのプロイセン領事だった。プロイセン王フリードリヒ・ヴィルヘルム四世[2]は聖地に多大の関心をもっていたが、それはなによりもヴィクトリア女王と王自身によってエルサレムに設けられたプロテスタント主教座があったためである。そして王は、この主教座の面倒を見ることを私の父に特命したのだった。

夏のエルサレムは健康によくなく、両親は不快の度の少ないところへ出かけて、暑いさかりをキャンプで過ごすことにしていた。ヘブロンは両親の好みの避暑地だったが、子供たちにありがたかったのは、すばらしい葡萄がとれることだ。私たちが、夏ごとにそこを訪れたのは何度かある。学齢期になった私のうけた教育といえば、毎日の朝食の前に賛美歌を一つずつ聴いては暗誦することだけである。それを私は、聖歌集をもって半時間も葡萄の樹林を行ったり来たりするうちにわけなくこなした。朝食を終えると、葡萄畑を歩きまわるのも、友達が、ちょうど祖先のダビデのように〔旧約サムエル記上一七―四〇〕石投げを使って石を飛ばしたり、あるいはコラというゲームに興じたりしているのを眺めるのも自由だった。このゲームはゴルフそのもので、大理石の石ころがボール、曲がった棒がクラブというだけのことだ。富裕な人の間で大いに人気のあるこの遊びも、その起こりはこういったアラブの少年のゲームではなかろうかと私はよく思った。

　葡萄は夏の終わりが近づくころに採り、聖書時代の昔に岩を穿った葡萄搾りに投げこむ。そして二、三人の半裸の農夫《ファッラーフ》が足で踏んで潰し、果汁をすっかり搾り出す。あたりの住民はみなイスラム教徒だから、果汁は葡萄酒にはせずに蜂蜜ようの粘りが出るまで煮つめる。このおいしい副食物はディブズといって、パンにつけて食べる。またハラーワ、あるいはハルワーという、中東のいたるところで好まれる砂糖漬けの一種を作るのにも用いられる。

　きびしい暑熱が去ると、私たちはエルサレムに帰る――当時はそれが結構大仕事だった。まず駱駝《らくだ》を手当てし、テント、寝具、家具、台所用品などの重い荷物を積まねばならない。この仕事には、駱駝のうなり声と、まわりのアラブの男たちが交わす話や言い合いがつきまとうが、あまりにも大声なため事情を知らぬ人には恐ろしく見えるかもしれない。実はそうではなく、駱駝という動物は、荷を積まれるときには黙っていないものなのだ。ロングフェローがつぎの詩を作ったとき、いうまでもなく彼にオリエントの旅の経験はなかったのである。

……その日に絶えることなき気苦労は
アラビア人のごとくにテントを畳み、
音もなく立ち去るだろう。

〔'The Day is Done' より〕

私たちが馬や驢馬《ろば》に乗って通り抜けてゆくのは、昔ながらに風雅な趣きのヘブロンの町であり、矮化したオークの繁みであった。この木は植物学者が *Quercus Aegilops*〔ブナ目ブナ科コナラ属（カシワ、クリ、ブナ、ナラなど）の一種〕という変種である。葉は柊《ひいらぎ》に似ているが、もうすこし灰色がかっていて、ずっと小さい。私たちはいつも「ソロモン封印の井戸(3)」で昼食をとり、ベツレヘムを右手に見ながらラケルの墓〔ベツレヘムの北三キロ。ラケルはヤコブの妻（創世記三〇、三一、三五章）〕を過ぎる。そしてレパイムの野〔ベツレヘムからエルサレムの南西にかけての地〕とヒンノムの谷〔エルサレムを西から南にかけて囲む〕を、最後の一時間ほど高い市壁を見せてきたエルサレムの側へ越えるのである。

その当時、市壁の外に家はなかった。囲いもないところに住むのは、あまりにも物騒だと思われていたのだ。エルサレムの町は、三方が切り立った谷になった一かたまりの丘の上に広がっている。市壁は切石でいろいろな時代に築かれていて、個々の巨大な石材はソロモンが造ったというもの、ヘロデ大王のものとさまざまだが、現在の構造全体は聖地を十字軍から取り返したのちのアラブ時代のものである。重い、鉄製のいくつかの市門は日没とともに閉じられ、夜間は誰も通ることができなかった。いまでは旧市街は新しくできた郊外のなかに大方は埋もれてしまい、ほとんどのところで市壁はその小塔や狭間胸壁もろとも、あまり目につかない。十字軍の時代から近代化されるまでの町の様子を伝えるスケッチや絵画を多少持っているが、私にはきわめて大切なものだし、いまや歴史的な興味の面でも大いに意味がある。

市内は、狭くて薄暗い、少々不潔な道が迷路をつくり、いくつかの地域——もっとも清潔なアルメニア人地区、それ以外のクリスチャン地区、もっとも貧しくて汚いユダヤ人地区、そして一番広くて立派だったモスレム地区——に分かれていた。

私どもの住まい、つまりプロイセン領事館があったのはモスレム地区のなかで、聖墳墓教会の境内から、イスラムの侵入後に古代の神殿あとに建立された大モスクの方へ下ってゆく細い通りに面していた。モスクはカリフ・ウマルにゆかりのものとされ〔第二代正統カリフ・ウマル（在位六三四—六四四）の故事によりウマイヤ時代に建造〕、世界中でとはいわぬまでもオリエントではもっとも美しい、そしてもっとも興味ある建造物の一つである。私どもの家の前の街路は、頭上に多数のアーチが架かっていて、風変わりで陰気な感じだった。地味で不ぞろいなわが家の前面の背後に、美しい、居心地のいい建物があろうとは誰も思いはしなかったことだろう。だがこの家をありのままに描くことは、不可能にちかい。

言えるのは、高い石段を昇ると、白い板石を敷きつめ葡萄の大木がかげをつくっている、段状の広い内庭に入る、ということくらいしかない。この内庭は全部が一平面にあるのではなく、花壇を設けた階段、ないしは低い、幅のある欄干で仕切られていた。内庭からは、一階にあるいくつかの部屋に入ることができる。ところが、さらにもう一つの石段があり、その上に立つと誰もが驚くのだが、赤大理石でできたムーア風の噴水がさわやかさと涼味をもたらすヴェランダに加えて、何本もの立派な老樹、美しい花壇、そして泉水のあるかなりの広さの庭園に出る。暑いうちは、そこがリセプション・ホールに使われていた。

庭の中央の小路から高壁にむかって歩き、低い、重い扉をくぐると、安全のために煉瓦造りの手すりで囲った、四角い穴がいくつか開いているテラスに出る。このテラスは、ある通りの屋根であった。開いた穴から下を見ると、馬に乗った人、歩いてゆく人、そして行き交う駱駝の列が薄暗いなかに見える。ある日、私どもの庭師だったアラブ人でベツレヘム生まれの男が手すりに凭《もた》れていたところ、突然それが崩れて一番下まで落下した。見つけてドイツ人が経営する病院に担ぎこんだが、まもなく亡くなった。エリアスを失ったことでは、ほんとうにつらい思いをした。いい庭師で、正直な男だったのだ。庭園ぎわの、彼が住んでいた狭い部屋のことを覚えているが、壁を埋めているのは、ギリシア正教会の、したがってロシア人とは同宗信者である、ベツレヘムの聖人たちをロシア人が描いた安っぽい画像だった。それから三十年後、私自身がエルサレムのドイツ領事になったとき、ベツレヘムにいるドイツ人牧師に、料理ができ、ほかの仕事もいとわない女中を見つけてほしいと頼んでみた。まったく驚いたことに、牧師はこう言ったのである〔VII—三で再述〕。

「あなたをお待ちしている子がいるのですよ。マリヤム〔マリアにあたる〕という名で、父親があなたのご両親の仕事をしていて、テラスから通りに落ちて亡くなった、と言っています。オールドミスで、あなたが戻ってきてここの領事になられる――彼女がいっときも疑ったことのないこと――のを、ずっと待っていたのです」。

本人に会って希望を聞いてみると、彼女はまるで聖書時代の人のように、ただこう答えるだけだった。

「私はあなた様の召使いでございます。父親がご両親に使っていただいたように、あなた様にお仕えできますようにと、お出でをお待ちしておりました」。

うまく説明できなかったかもしれないが、庭のあるのは前述のように家屋の三階なので、そこからは二軒の隣家の屋上に歩いてゆくことができた。その片方の屋根の上に立つと、聖墳墓教会のドームと、二つの大モスク〔岩のドーム（＝ウマル・モスク）とアルアクサ・モスク〕と、さらに白い石でできた無数の平屋根、丸屋根ごしにオリーヴの丘をみはるかすすばらしい眺めが目に入る。また両親の寝室のあるのは大モスクにいたる街路に架かったアーチの上で、そこからはオリーヴの丘のトゥールという小さな村が見えた。キリスト昇天の地とされる場所に、小尖塔が建っているところだ。寝室の屋根へは、あるイスラム教徒の隣人のもつもう一段高い家からも行くことができた。この屋上の小さな一画がさる歳をとったアラブの長老《シャイフ》の住まいだとは、ある日大雨が吹きこんでちょっとした浸水騒ぎから配水管を点検することになるまで、私たちは気もつかなかった。分かったのは、名も知らぬわが隣人が貯蔵していた玉ねぎでパイプが詰まった、ということだった。

それとは別の隣人二人のことも、彼らがある意味では領事館に付属していたので触れておかねばならない。片方にはドイツ人の聖職者が住んでおり、他方はプロイセンの聖ヨハネ騎士団が経営する宿泊所《ホスピス》だった。プロイセンの牧師は、アラブたちにはどうしても名前が覚えられず、住まいの前に高い石段があったことからアブー・ダラジ（階段の父）と呼ばれていた。聖ヨハネのホスピスの入口は、わが家の通りと並行する道路に面している。その道路とは有名なヴィア・ドロローサ、キリストがピラトの館からゴルゴタへ送られたときに歩いていったとされるあの道である。こういった通りは、上に架かるアーチのために場所によっては子供たちが独りで通るのをこわがるほど暗かった。そこがどんな魔神《イフリート》のはびこるおそろしいところか、というようなことはアラブの友達から聞いて私たちはよく知っていた。

当時、エルサレムには「ソロモン封印の井戸」から二大モスクの周辺地区に限られた量で導水〔ポンティウス・ピラトが造った水道〕されるのを除くと、井戸水がなかった。ほかの地区では、家の一部をなす大きな水槽に雨水を集めて貯めておかねばならない。家には、このような水槽が四つあった。貯水量は庭や内庭の花壇に使うのも含めて必要とする以上にあったので、両親はこの水をもっとも生活に困っている人たち、とくにユダヤ人に分けてやっていた。ユダヤ人の多くは、プロイセンの保護下にあったのだ。こうした貧民は、うそのような話だが事実、富裕な家で洗いものや浴用に一度使った水を、決して安くはない代金を払って買うのが常であった。一九〇〇年というのちでさえそうだったのを、私は見ている。

前にも述べたが、私たちの住む建物に入るには高い石段を昇る。その下は厩と、いくつか繋がったひろびろした丸天井の地下通廊《ヴォールト》で、それが建物全体の基部構造になっていた。子供たちは蠟燭を灯してこの暗いヴォールト――「地底の世界《ウンターヴェルト》」と呼んでいた――を探検することがあった。ヴォールトのつらなる一番奥に達すると、まんなかにイスラム教徒の白い墓がある、石造りの小部屋に出る。子供たちは、確かな筋の話としてとりわけおそろしい「イフリート」がこの墓を守っていると知っていたから、ここへ来ると身震いしたものだった。

この古いサラセン風の家には、いうまでもなくトルコ式の浴場があった。窓はなかったが、ドーム状の天井に開いた多数の孔からわずかな光が入ってくる。孔は、緑がかった厚いガラス板の小片を嵌めて塞いであった。このような孔を通して照る日光の印象を、オリエントの哲学者は神と人間との結びつきを説明するのに用いている。十三世紀のペルシアの詩人はいう――「日の光が人々の心に分かたれるのは、人それぞれの窓を通り抜けてくるときのみ。太陽を見ればあるのはただ一つ。光に数ありと思うは錯覚にすぎぬ」。

私たちの雇い人には、三人の武装護衛官《カワース》、現地生まれのアラブ人下僕が数人、馬番の黒人が一人、それにライプツィヒ出身の三人のドイツ人女中がいた〔ライプツィヒは著者の出生地〕。この娘たちが、強いザクセン訛りがあったにしろ短時間で流暢にアラビア語を話せるようになったのは不思議なほどだった。カワースたちの職務は、実効よりはむしろ象徴的な性格のものだ。彼らはイスラム教徒の良家から選ばれ、あらゆる階層の住民に最高の敬意を持たれていた。領事が外出すると、彼らの一人が前を歩かねばならない。その出でたちは、金糸の豪華な刺繍のある青い布の上着に、三家族分の衣服が作れるほどの布地を使ったタッサーシルクの広幅ズボンという装いである。そして銀柄《つか》の刀を佩び、手には大きな銀の把手と鋼鉄の針頭をつけた高い官杖を携える。あわれをきわめるのは、速やかに領事に道を空けなかった者だ。このような無礼者は、父が異議を挟むのを聞き流すカワースに、したたか打ち据えられて物も言えなくなってしまう。公式の式典では、二人もしくは三人のカワースが自分の歩みに合わせて官杖の先端で石畳を叩きながら領事の前を行く。何といっても、パレスティナでは領事は神についで身分の高い人だった。トルコ人の知事《パシャ》ですら、これほどまで住民の敬意を集めていたわけではない。あるファッラーフ、つまり百姓がエルサレムでパシャを見かけたあとで村へ帰るとこう言ったそうだ——「知事《パシャ》はパシャというものだとずっと思っていたが、ただの人だった！」。

わが家のカワースは、徹底したイスラム教徒だった。断食を励行し、几帳面に日に五回の礼拝を欠かさない。むろん酒は一滴も飲まなかった。一等カワースのハサンだけが、年に一度、三月二十二日に「プロイセンのスルタン」ヴィルヘルム一世王の健康を祝して葡萄酒を一杯だけ口にすることにしていた。ハサンはかなりな変わり者だった。若いときにトルコ軍の兵士だったことがあり、その当時ヤッファ〔現テル・アヴィヴの一部〕の検疫隔離所の衛兵を勤めていた。何ぴとの通行も許してはならず、違背者は狙撃せよと厳命されていたのだ。ある日、地位のある人がひらの兵士の声を無視して警備線を越えようとしたため、ハサンはそのような場合にとるべきことの軍令にしたがい男を射殺した。しかし、よそと同様、オリエントでも職務遂行のもたらすものが表彰であるとはかぎらない。死者の遺族はハサンの生命《ブラッド》か、生命の代償《ブラッド・マネー》を要求した。ハサンは金を払えなかったため、司令官が策を講じて宣告を終身懲役に変えてやらなければ処刑されるところだった。ハサンはダマスカスの地下牢の汚い壁のなかで一生を過ごさねばならぬと思っていた。ただ彼は、万一自由の身になれば、ノアの時代このかた誰も経験したことがないようなひどい酔いかたをしてみせる、と誓約したのである。スルタン・アブデュルメジト〔第三十一代スルタン、在位一八三九－六一〕の即位で大赦が行なわれて、ハサンはパレスティナに戻ることができ、そこで良心にもとづいて自分の誓言を実行した。それ以後は年に一度、王の誕生日に一杯の葡萄酒を飲むだけだった。

私の父と話をするときは、彼はいつも軍隊で覚えたトルコ語を使っていた。そうすることで、トルコの文武官支配層とのつながりをもつことを見せたかったのである。当時、パレスティナでもそれ以外でも、「アラブ民族運動」などはまだ見られなかった。事実、アラブ民族運動なるものはオットマン帝国の分割促進のために案出された、完全にヨーロッパ人による発明なのだ。たまたまトルコ語に生半可でも知識のあるアラブ人は例外なく、機会あるごとに得々としてそれを使おうとする。一八九八年という近年のことだが、アラブの大部族アナザの族長をバビロンの遺跡の近辺に訪れたとき〔二七四頁〕、私はこのベドウィンの長が自分の従者にトルコ語で話すのを聞いて驚いたことがある。それは彼に、身内の部族民の目からみて、並みの砂漠の子が望みうるよりもいくらか高い格を賦与したのである。

現地民の使用人は、お互いの間でも私たちに向かうときでも、みなアラビア語で話していた。私たちの馬丁で、スーダーンのダルフールから来た黒人の男もアラビア語を使っていた。彼はメッカ巡礼に行き、戻ってきて同国人の小さな居住地があるエルサレムに住み着いたのだ。こうしたスーダーン人は、タクルーリ〔「タクルールの人」の意。本来は西アフリカをいうアラビア語タクルールがスーダーンにまで拡大して用いられた〕と呼ばれ、正直で、信頼できることから高い評価をうけていた。わが家で働いていたハジ・ベキルは、エルサレムの近郊でキャンプ中の私たちのテントが夜なかに盗みに入られてから夜警に雇った男だった。その武装は棍棒と古めかしいラッパ銃《ブランダバス》である。衣服はいつも染み一つない真っ白で、清潔は彼の人生で何にもまさる関心事のようだった。誠実で献身的なことは、白人ではめったに見当たらない部類にはいる。一家が町にいるときは、朝食前に私を連れて馬で一まわりしてくるのが毎日の彼の仕事だった。そしてアフリカのふるさとのいろいろな珍奇なこと——たとえばそこで目にしていた野生の驢馬といった動物——の話をしてくれる。騎乗のあるとき、無数の渡り鳥が暖かい国に行く途中、ユダヤの丘で羽を休めているのが見えた。ハジ・ベキルは、その鳥のことはよく知っていて、なにもかも教えてくれた。同じ鳥が、夏の間は北ヨーロッパで過ごすのだ、と私がいうと、彼は大いに興味をそそられた。家に帰って、私は博物の本にあるその鳥の彩色画を見せてやった。彼は長いこと見つめた末に、描いてある鳥はどれもスーダーンには来たことがないと断定する。図版はきわめて鮮明で、色もはっきりしていたから、その言葉に私は驚いた。

「でも、これなどは見覚えがあるんじゃない?」と、鸛《こうのとり》と鶴を指さして私が言うのに、彼はこう答えた——「私の国では、どんな鳥でもわき腹が両側にあるのです。ここのは片側しかありません。こんな鳥はアフリカにはおりません」。

この話は、絵に描かれたものの認識は習慣に基づいていること、また後天的に身につけた能力であることを示している。のちにハジ・ベキルは自分でも絵を描くようになったが、大抵は「フェルーカ」——ナイル川の舟——で、そこそこ上手に、しかも用紙の一面だけを使って描けるようになった。ハジ・ベキルが不慮の死に見舞われたのは、その献身的な働きぶりのためである。私の父が、総領事として、またそのころに結成された北ドイツ連邦〔Norddeutscher Bund, 1866-71. 普墺戦争の結果、マイン川以北の二十二国がプロイセン王国を中心に結成した連邦。普仏戦争勝利後に南ドイツ諸国を加えドイツ帝国を成立させた母体〕の外交代表を命ぜられてベオグラードへ赴任することになったとき、ハジ・ベキルは一家と一緒に行くといって聞かなかった。セルビアのきびしい冬は彼には無理だといさめたのだが、どうしても受けつけない。そして結核にかかり、数カ月で亡くなったのだ。

狭いアクバトッタキーヤ通りを隔てたわが家の向かいには、エルサレムきっての富者、ムーサー・エフェンディ、のちのムーサー・パシャが住んでいた。その名は、権力と資力がどんな人たちのなかにあっても生み出す尊敬の念を集めていた。私の覚えている彼は、半白の、よく手入れした顎鬚を生やした立派な老紳士である。白いターバンをつけ、緑か茶の落ち着いた色の長い上衣を着て、いつも長い杖を持っていた。赤か黄がかった石を使ったその住まいは、地味な外観からすると内部のみごとなことは窺えないけれども、そそり立つ高さのゆえに見るからに堂々としていた。そして年ごとに高くなって、ついには支持する新しいアーチが必要となり、それを通りを跨いでわが家の方から支える羽目となった。このような形で連結ができたのを快く思わなかった私の父が、新しいバベルの塔でも建てるつもりかと訊ねると、ムーサー・エフェンディはいかにも彼らしい答えを返した。

「ご覧のとおり、私は老人で、健康を気遣っています。ラマダーン月（明け方から日没まで断食して過ごす月）の間に、乞食が夜なかに歌をうたい太鼓を叩いて通りを歩きまわると、いままではいつも私は起きて、はだしで石畳を歩いて行き、施しを投げてやらねばなりませんでした。ラマダーンに乞食の声を聞きながら何もやらないでいると、それだけで「慈悲の扉」を閉ざすものだ、といわれていますからね。でもいまでは寝室が通りからこんなに離れているので、もう乞食の声も聞こえなくなりました。

それにもう一つ、いいことがあるのですよ。預言者——あのお方に平安を！——はこう言われました、『エルサレムの四門を見る者は、みずから天国の八門を開くべし』。ところが上の私の部屋からは、常時この四門が見えるのです、そのために鏡を取りつけましたから」。

むろん預言者はエルサレムを訪れる巡礼のことを言ったのだが、ムーサー・エフェンディは言葉どおりにとる方を選んだのだ。

ムーサー・エフェンディには、シット《レディ》・サルマとシット・アーイシャという二人の妻がいた——私は母がムーサー・エフェンディの女部屋《ハレム》を訪れるときによくついていったから、この二人のご婦人の美しいこと、淑やかなことをごくはっきりと覚えている。二人とも、純粋にオリエントの衣裳をまとっていた——上に羽織るドレスは、いつも光沢のある白い亜麻布かなにか、そのような生地のものだった。客間には鏡、シャンデリア、オルゴールが数多くあった。床の敷物はカーペットではなく茣蓙《ござ》で、実用よりも飾りとしての椅子が何脚かおいてあった。女主人たちとその客は、茣蓙にひろげた繊細な刺繍のあるマットレスとクッションに腰をおろす。食事のときには真珠貝で象嵌された小さな八角形の台——いまではヨーロッパのどこの国でもあちこちの家で見られるが、その本来の使い方を知る人は、たぶんわずかだろう——のまわりに輪になって、このクッションに坐るのが習いだった。すると女奴隷が料理を並べた大きな丸い銅盆をこの台に載せるが、パンだけは各自の脇の床に置く。ナイフ、フォークは用いなかった。爪をヘンナで染めた、華奢な白い手でシット・サルマが肉を取り分けて、私たちの前の皿に並べる。米飯、鶏肉、それにいろいろな甘いものが主な献立だった。食べ終わると、彫刻した銅の水差しから女奴隷がぬるい湯を私たちの手に注ぎ、絹を織り合わせたタオルを渡してくれるのだった。ときには、夫人たちの方から母を訪ねてくることもある。プロイセン領事館には女部屋に使える独立した部屋はなかったから、そのようなときには父と一家の男はすべて家を出ることになる。ある日、彼女たちが母を訪ねてきたとき、ドイツ人の女中がコップを落として割ったことがある。アラブのご婦人方は、さっそくこう言ったという――「でも女中を打《ぶ》たないのですね！」。その言葉には、母の寛容と忍耐への賞賛がこもっていた。

ムーサー・エフェンディの家内はうまくいっているように見えたが、本当のしあわせには恵まれていなかった。妻二人の嫉妬が人知れず進行しており、シット・サルマに初めて生まれた男の子が急死したことは、根拠のないことではあろうがあらぬ噂のたねとなった。このアラブの一家の記憶は、エルサレムを離れてからも長く私の脳裏を去らず、私をまた東方に引きつける魅力の一つとなる。不思議なことに、この願いは多年を経たのちに叶えられた。シット・サルマとの再会については、いずれ一言することになろう〔三〇頁〕。

ムーサー・エフェンディの隣家で、わが家の厩《うまや》の向かいにあたるところは、預言者の血筋を示す緑色のターバンをつけたシャイフ・アフマドの小さな店だった。そこに彼は一日中坐って、いろいろな大きさの横笛を作っていた。一管仕上げるとすぐに、力のこもった、けれども柔らかで物憂い調子の曲を吹いてみせる。芦のたくわえがなくなると、シャイフ・アフマドは驢馬に跨り、ヨルダン川の渓谷まで下りて行く。二日はかかるにちがいない、長い道のりだった。そして芦を重そうに載せた驢馬を曳いて徒歩で戻ってくる。私は、この店によく坐りこみ、彼の仕事を見、曲に耳を傾けたものだった。私に作ってくれた小さな横笛は、いまも手もとに残っている。

隣人がもう一人いたが、その見かけはフルート作りとは大ちがいである。イスラムの修道士《ダルウィーシュ》で、彼の属する教団の道場であるタキーヤの長だった。わが家のある通り、アクバトッタキーヤの名は、この施設に由来する〔「道場坂」の意〕。彼と息子のアァリフは、長い、もつれた金髪で、ほかのイスラム教徒とはことなり、頭に何も載せていなかった。もっとも、修道士はカイロとコンスタンティノープルでは盛んに活動していたが、正統派の拠点の一つであるエルサレムで演ずる役割は二次的なものだった。

通りを東に向かって降りてゆくと、ある非常に低いアーチの下をくぐる。そこはかげになったところに別のおそろしいイフリートがいて、近所の子供はこわがっていた。何世紀もの間の建物の残片類が堆積して地盤を上げ、アーチがこのように低くなってしまったのだ。町の中心部の街路自体は、キリストのころのものと同じにちがいない。戦乱による破壊とときどき家屋が崩れることで、その破片が堆積した上に、新しい建物が造られてきたのだ。さらに行くと、通りは高貴の聖域《ハラームッシャリーフ》——サフラ〔岩〕とアクサ〔「最遠のモスク」コーラン一七—一「（メッカの）聖なる礼拝堂から……（エルサレムの）遠隔の礼拝堂まで旅して……」〕の二大モスクのある大基壇に行き当たる。ここは、地面が破砕物で隆起したところではない。両モスクの第一はふつう「ウマルのモスク」と呼ばれていて、立地がソロモンの神殿址そのものであるのに疑いの余地はない。私がこの聖所を訪れたのはずっとのちのことである。異教徒の歩みにさらされるには神聖すぎるところなのだが、そこの聖職者たちは融通をきかせて一人あたり三トルコ・ポンド〔当時のレートでほぼ二英ポンド一四シリング〕を払えば外部の人間も入れてくれたのである。

私たちの住んでいたのはイスラム地区のまん中だったのだ。古い、サラセン時代の家並みで、その頃は市内で選り抜きの場所だった。のちにイスラム教徒の住民は出ていってガリツィア〔ポーランド東部からウクライナにかけての地方〕出身のユダヤ人が入りこみ、いまそのあたりでは、もっぱらイディッシュ・ドイツ語の方言が話されている。

私が述べている当時、エルサレムのユダヤ人にはスペイン系と東欧系の二種族があった。前者は、周知のようにフェルナンドとイサベル〔アラゴン、カスティリヤ共同統治者〕が一四九二年にスペインから追放したユダヤ人の子孫で、いまもスペイン語を話す。後者はほとんどがガリツィア、ロシア、両ドナウ公国（ルーマニア）〔ワラキア、モルダヴィアの両公国が一八五九年に合邦、ルーマニアとなる〕の出身で、言語はドイツ語、つまりドイツ語・ユダヤ語の混合語だった。彼らは大部分がもとはオーストリア、あるいはロシアの臣民だったのにどうしてプロイセンの保護を受けるようになったのか、私は知らない。ただこの保護下の人たちがどれほど大変な厄介を私の父にかけたか、ということは覚えている。彼らが、領事館全体とまわりの平屋根を埋めつくしたこともある。なにかといえば身内同士で長たらしい訴訟を起こし、それを父は領事裁判で裁かねばならなかった、あるいは裁くものとされていた。この仕事は容易なものではない、というのは、領事をだますことが彼らにとってほとんど習癖だったからだ。あるとき、父の我慢も尽きかけたとき、ユダヤ人社会の長老で長い白鬚を生やし、一角《いっかく》の牙で作った杖を携えたライブ・アロン・レヴィ・ヒルシュが二百名の証人による宣誓証言で訴訟に決着をつけると申し出た。その連中が彼らのしきたりに従って宣誓を終えるやいなや、当の証言が偽りであることが明らかになった。父がきびしく抗議すると、長老はこう答えた――「たいしたこともない宣誓では、領事さん、ゴイム〔ユダヤ人から見た異教徒、とくにキリスト教徒に対する蔑称ゴイの複数形〕相手の偽証くらいは目をつぶるものですぜ」。

あの社会全体を通じておそらくはもっとも著名な人物、トゥルペンタールを知らぬものはいなかった。背が高く、痩身で、灰色の顎鬚を長く伸ばし、コルク栓抜きのような螺旋状の巻き毛を両頬に垂らし、黒縞の入った緑色の生地の外套を着込み、広縁の山高帽をかぶって長い杖を手にしたあの老人が、町やそのすぐ外を歩いていた姿はいまでも彷彿とする。誰かが外出すれば、彼に出会わないことはめったになかった。彼にまつわる数々の話の一つを語ろうと思うが、それはあの頃のエルサレムを実によく表しているからだ。トゥルペンタールは娘をシュタインハイムとかいう人と結婚させていたが、この婿はのちに洗礼を受け、彼を改宗させた英国の伝道団の援助でいくらかの資産と地位を手に入れた。彼は、市壁の外に大きな邸を建てた最初の男である。トゥルペンタールは娘婿の背教に対する同教信者の憤りをともにしないばかりか、それを商売に利用しようとした。シュタインハイムが充分に金を渡さないと、老トゥルペンタールは自分がつきあうことによって彼の信用が落ちるようにしむけ、さらに金をむしりとろうとした。それはついに、シュタインハイムの忍耐の限度を超えてしまう。ある日老人が戸口を叩くと、彼は一塊のパンを窓から投げ落とさせて、老人を乞食以外の何者とも思っていないことを見せつけた。これでトゥルペンタールの強請にはけりをつけたと彼は思い、事実しばらくは両者の間の交渉は途絶えていた。けれどもトゥルペンタールは、富裕な娘婿との金蔓を再生させる手だてを考えていたのだ。あるときシュタインハイムが、家の土台のことで人足が地面を掘るのを見ていると、年とったアラブのシャイフが近づき、長い間穴を覗いていたあげく、妙な言葉を口にした――「ワッラーヒ、ハーダル・バーラキーヤ！（「神かけて、これはバーラキーヤだ！」）。シュタインハイムは、この出来ごとにとくに注意も払わなかったが、数日後に二番目の、そして少し経って三番目のシャイフがやってきて同じことを言ったため、気になって意味を訊ねた。言われたのは、バラク王の宝物がここに匿されていることに疑いがなく、掘り出せればシュタインハイムは世界でもっとも富裕の男となる、とのことだった。聖書を読む人なら、バラクは占い師バラムを買収しようとして失敗したモアブの王（旧約民数記第二十二章）であることを覚えておられるだろう。神の予言師をそそのかしてその気にならせるのに用いたバラクの宝物――「その家に満つるほどの金銀」の測り知れぬ大きさは、いかばかりだったろうか。夢のようなその富は、どうなったか。聖書は何も語っていない。だが、いまや謎は解けつつある。宝のありかは運のいいシュタインハイムの地所のなかだった！　ところで、掘り出すにはどうすべきか。シュタインハイムの使いは三人のシャイフの一人を見つけ出したが、彼は秘宝は三魔神に守られていて、排除できるのは第一流の呪術師だけと告げる。だがどこにその呪術師がいるかは、シャイフは知らない。そこにトゥルペンタールが登場する。いきさつを聞いたとたんに、彼は助言を与えた。最高の呪術者のいるのはエジプトだ。トゥルペンタールはいつでもその一人をエルサレムに連れてくるという。充分な資金を預かると、この老獪な男はナイルの国に赴き、やがてお望みの呪者を伴って戻ってくる。呪術が効かなかったわけではない。三魔神の一つは非常な時間と手数と相応の費用をかけて除かれた、だが呪者の力はほかの二者を始末するに及ばなかった。ところがこの呪術師はより巧者の仲間を知っていた。トゥルペンタールの仲介で第二の呪者が来て、やがて第二の魔神は始末した。残念ながらそれ以上はどうにもならず、第三の魔神を追い出す力のある妖術師は見つからなかった。こうして、バラクの秘宝はいまなおシュタインハイムの家の下に埋まっている。ただ、トゥルペンタールの懐具合がこの仕事で大いに潤ったのはいうまでもない。

この話をこと細かに述べたのは、当時はまだエルサレムの住民と旧約聖書との間にあった密な繋がりを示すためだ。人々は、間に挟まった何千年という歳月にさして気を留めるでもなく、昔ながらの聖書的伝説のなかに生きていたのである。

時が経つにつれ、シュタインハイムは一介の両替商から高名な銀行家にのしあがった。プロイセン人という身分と国籍をもつにもかかわらず、彼とその家族は英国人の言語、習慣を採り入れていた。彼自身は英・プロイセン人のプロテスタント集団で中心的人材の一人となった。当時、キリスト教に改宗したユダヤ人は、すべて自動的に英国人になったのである。その変身は名前の変更を伴うことが多く、たとえばヘル・ヴァイスマン Herr Weissmann は受洗するとミスター・ワイズマン Mr. Wiseman と呼ばれた。

ここで、英・プロイセン人のコミュニティについて一言せねばならない。英国・プロイセン両政府は、ローマ・カトリックとギリシア正教の二大キリスト教集団への対抗勢力をつくるために、かねてより聖地のドイツ人と英国人のプロテスタント全員からなるプロテスタント主教座《ビショップリク》をエルサレムに創設していた。ヴィクトリア女王とプロイセン王フリードリヒ・ヴィルヘルム四世はともにその仕事には個人的関心をもっていたので、王は私の父にこの主教座への専念を特命し、エルサレムで多大の功績のあった傑物で主教のスイス人ゴーバー(4)と個人的に連絡を取りあっていた。フリードリヒ・ヴィルヘルム四世は、ビザンティン教会の典礼にロマンティックな偏愛があり、英国教会の高教会派〔英国教会中にあって教会の典礼、伝統を重視する一派〕の信奉者でその好みに共感をもつ者がすでに多数生まれていた。王は主教へのある手紙で、この聖職者もギリシア正教の典礼に魅力を感じないか、またそれが原始キリスト教の祭式の原型を表していると思わないか、と訊ねたことがあった。だが自分の実務——学校の設立など——で手一杯だったこの有徳の主教は、さような問題を考える暇はそれまでの生涯でまったくなかった、と答えている。私はこの手紙をゴーバー主教の書簡の載っているある本で見たのだが、上記の引用は記憶に基づく。

東方教会に対する関心を国王と分かちもつ人がプロイセンに多くいたとは思えないが、英国ではその傾向は着実に進んでいた。それは高教会派をますます儀式主義に向かわせ、外見的にはギリシア正教会やローマ教会と酷似させるほどだった。

この動きが強まったのは、妙なことにある言語上の偶然による。キリスト教全体を通して用いられる使徒信条〔成立は四世紀頃に遡る信仰告白の定式文〕は、「われは聖なる共通のキリスト教会を信ず」というが、この「共通の《コモン》」

――ルターが翻訳しなかった言葉[5]――は、ギリシア語原文では katholike〈カトリケー〉である。英語の文言ではこの言葉はギリシア語原文の形で残っている――すなわち、「……聖なる普遍の教会《ホーリー・カトリック・チャーチ》〔カトリック教会日本語口語定訳。同文語および日本聖公会文語では「聖公会」、プロテスタント（日本基督教団）口語訳では「聖なる公同の教会」〕……を信じます」。高教会派の人たちは、この言葉に特別の力点をおき、ドイツ語でいえば gemeinsam〈ゲマインザーム〉〔共通の〈コモン〉〕がギリシア語でいう「カトリック」の翻訳にすぎないことを考えもせずに、自分がカトリック信者と思われたいのである。一九一〇年にさるドイツ人聖職者が、ジブラルタルの主教に対してタンジールにある英国教会で礼拝を執り行なう許しを求めたところ、主教は、聖なる「カトリック教会」をプロテスタント派の自由に供することはできないと回答した、ということがある[6]。

すでに一八六〇年代のエルサレムでも、このような傾向がそれまでは完全に融和していた英独両コミュニティで目につくようになっていたのだ。いうまでもなく毎日曜日に私の両親は教会に行ったが、礼拝は英語とドイツ語でかわるがわる行なわれていた。ゴーバー主教はいずれの言葉でも説教ができたし、ほかにも何名かの英国人と一名のドイツ人聖職者がいた。シオン山のクライスト・チャーチ〔キリスト教に改宗したユダヤ教のラビで、エルサレムの英国教会初代主教マイケル・ソロモン・アレグザンダーが創設〕では、最前列の二席が両国の領事に指定してあった。私は、主教の退屈で長たらしい、ほかの点では大いに為になった説教をいまだに覚えているし、また説教が早く終わるようにという、聞き届けてもらえたためしのない子供っぽい願いのことを思い出す。その願いがもっともだ、というわけにはいかない。地域の人たちの多くにとっては、礼拝の長いことがありがたかったわけで、それはかつてのエルサレムで手に入る唯一の息抜きだったのだ。宗教的な色あいのまったくない社交的な集まりなどはなかった、といっていい。聖都では、「契約の箱」が運びこまれたときに、その前でダビデ王が踊ってより〔旧約サムエル記（下）六―一／一七〕このかた、踊りというものは絶えて久しくなかったのである。

ある日曜日のこと、いつものようにクライスト・チャーチへ礼拝に行った私どもは、ドイツ語の聖歌集のかわりに英語の祈禱書（Common Prayer Book）のドイツ語訳が信徒席のそれぞれに置いてあるのに驚いた。それには、書名が金字で Das Allgemeine Gebetbuch〔「普遍的祈禱書」。Common Prayer Book の独訳〕と刻まれていた[7]。その後、礼拝はすべて英国教会の礼式で行なわれることになったが、それはドイツ人を非常に憤慨させるやり方だったから、彼らはそのような条件下の礼拝には列席しなくなった。結果として、それ以来ドイツ人の礼拝はヴィア・ドロローサにあるプロイセンの聖ヨハネ・ホスピスで行なわれた。こうして、プロイセン政府は自分の教会の建立を迫られたのだが、資金と適地の目途がつくには長い時間が必要だった。

一八六九年に、プロイセン皇太子がスエズ運河開通式に出席したあとエルサレムを訪れた機会に、トルコのスルタン・アブデュルメジト〔アブデュルアジーズの誤記。アブデュルメジトは前代〕は十字軍時代に聖ヨハネ騎士団が入っていた広大な施設の遺構の一部を皇太子に贈与した。読者の記憶されるように、皇太子フリードリヒ・ヴィルヘルムはヴィクトリア女王の長女プリンセス・ヴィクトーリアを妃としており、またのちにカイザー・フリードリヒ〔三世。在位一八八八年三―六月の短期間〕として帝位についた人である。スルタンから贈られたところは、聖墳墓教会の隣接地だった。そこには保存のいい礼拝堂があって長年ドイツ教会として用いられたが、遺構の別の場所に建立された「救世主教会」〔Erlöser Kirche, 通称「ルーテル教会」〕が、ようやく一八九八年にカイザー・ヴィルヘルム二世〔フリードリヒ三世の子、在位一八八八―一九一八〕を迎えて公開された。

私の両親とゴーバー主教、さらにはエルサレム在住の全英国人との個人的な関係は、このコミュニティの分裂でいささかも傷つきはしなかった。しかしベルリンでは、フリードリヒ・ヴィルヘルム四世の治世が終わり、そしてとくにビスマルクの指導下でプロイセン興隆の時代に入ると、英・プロイセン主教座に対する従来のような関心はなくなってしまう。ビスマルクには、老王のロマンティックな考えを共有する気はなかったのだ。

分裂が起こる前に、エルサレムには英国皇太子、のちのエドワード七世の来訪があった。ヴィクトリア女王は皇太子が聖地を知っておくことを切望し、またそれを適切な案内者のもとで実行することを求めていた。私の父は、聖書古代についての最高権威と目されていたので、随行を命じられた。皇太子の来訪は、考古学的知識がかなりな程度に拡大するきっかけとなる。というのは、当時の英国の強大な影響力は、トルコ当局をしてヘブロンにある古代イスラエルの族長たちの墓所を皇太子のために開いて見させたからだ。この聖域には、十字軍以来キリスト教徒は入ったことがない。出入りできるのは、イスラム教徒——周知のようにアブラハム、イサク、ヤコブへの崇敬をユダヤ人、キリスト教徒と分かちもつ——に限られていた。十字軍が伝えた洞窟内の模様を知悉していた父は、それぞれの墓の在り場所(8)を特定しえたし、またその調査結果を公表することもできたのである。当時の皇太子は感じのいい物腰の控えめな青年だったが、見学し、説明をうけた聖所にはさしたる興味も示さなかった。父が私に語ったのは、皇太子が説明に辛抱強く耳を傾けていたこと、そして平均的な理解力があるが知識が限られている青年、との印象ということだった。そのときには、円熟期になってエドワード七世王〔在位一九〇一―一〇〕として果たす大きな役割を窺わせるものは何もなかったのだ。父が皇太子から贈られた、アルバート・エドワードという署名の入った写真を、私はいまも持っている。

その頃は、多くの国王、女王がエルサレムを訪れたが、たとえば最後のナポリ王〔イタリア統一前のブルボン系ナポリ王フランチェスコ二世（在位一八五九―六〇）。ガリバルディに敗れて退位〕、オーストリア皇帝フランツ・ヨーゼフ〔在位一八四八―一九一六〕、ロシアのコンスタンテイン大公〔皇帝アレクサンドル二世の弟。一八二七―九二〕などだ。大公が特別に興味をもったのは、ドイツの有名な神学者ティシエンドルフ〔一八一五―七四〕、つまりシナイ山のギリシア正教修道院に蔵されていたきわめて古い新約聖書の写本、コーデクス・シナイティクスをヨーロッパにもたらした人の業績だった。

ローマ・カトリックとギリシア正教は、プロテスタントのコミュニティをはるかにしのぐ光彩をそなえていた。彼らは、聖墳墓教会と生誕教会そのほかの聖所を共同で所有している。この共同管理には、部分的にはさらに別にいくつかの東方教会が加わる。聖墳墓教会は多くの教会、礼拝堂、回廊の一集塊であって、数あるその聖所のなかにはカルヴァリ〔ゴルゴタ〕、聖墓、キリストの遺体を載せて塗油した石、鞭打ちの石柱〔キリストを鞭打つために縛りつけた〕、そしてビザンツのヘレナ母后〔コンスタンティヌス帝の母、二四八？―三二八〕が「真の十字架」〔キリストを磔にした〕を三王の骨とともに見つけたとされる地下穴がある。

　これらすべてが、子供心につよい印象を刻んだことはいうまでもないが、その一方で私はこうしたものが神聖とされるのは伝承によるもので、事実に基づくとは限らない、という思いをいつももっていた。同時に私は、信条を異にするものの間でよく流血を惹き起こす凶暴な争いの頻発が非常にいやだった。ときには、教会からの帰途に同行のカワースが発砲騒ぎが起こっている聖墳墓教会界隈を避けて迂回することがあったのを思い出す。キリスト教の大祭が混乱なしに終わることはめったになく、河馬《かば》の皮でつくった鞭がきりもなく揮われた。キリスト教徒が平穏に救世主の生誕、あるいは復活を祝おうとすれば、イスラム教徒であるトルコの軍の介入をまつしかない始末である。ベツレヘムでは、大きな騒動はキリストの飼い葉桶があったとされる所で起こるのが常だった。私がエルサレム領事だった三十二年ののちでも、キリスト教全体として恥ずかしいかぎりのこのような事態には改善は見られなかった。プロテスタントのコミュニティでは、聖所というものを所有していなかったから、この種の紛争に関わりがなかったのはいうまでもない。

東方のプロテスタントにとって、第一の関心事は主の再臨だった。来つつある世界の終わりの予測をめぐって英国人と米国人がしのぎを削る。最後の審判の日を迎えるにあたっては、祈りの集会が際限もなく開かれた。私の父はこのような行事への参加を断って、頑固なプロイセン領事の心を和らげたまえと主に祈る、信心深い人たちからおおいに憐憫をかけられていた。ところが予定の日が到来して、なんの変わりも起こらず、万事がいつものように経過したとき、予言者たちは予見の不成就にいささかも動ずることなく、ただちに世の終わりの日をあらたに定めにかかっていた。

一八九五年に、非常に利口な米国人の宣教師P博士が私に言ったことがある、アメリカから送ってきた本を読み終えたばかりだが、これまでに行なわれた主の再臨の予測はすべて誤りと分かった、と。従来の予測はいずれもユダヤ人の千年〔ユダヤ暦（前三七六一から起算する太陰太陽暦）に基づく千年間。新約黙示録二〇―一／七〕で数えないで、キリスト教徒の千年紀を基にしている、という。彼はその新刊書の予見を絶対にまちがいのないものと思っていて、こうつけ加えたものだ――「そうすれば、主の再臨はこの秋となります！」。

前述のように、父はこのような行きすぎた信心には関わらなかった。そして、石が語りかけ、すべての遺跡が教育にはあり余る機会を与えてくれる、市内外の散歩中に聖書に書かれた歴史を私に話して聞かせた。やがて私は、エルサレムの城壁が築かれたさまざまな時代――古代イスラエルの、ヘロデの、サラセンの――を見分けられるようになった。当時、多くは新約聖書のころに遡る岩を刳《く》りぬいた墓が、町のまわりのいたるところにあった。そのほとんどは、いまでは町の周囲に広がった新しい郊外の下に埋もれて、まず見ることができない。こうした石の墓所を見れば、キリストの墓、あるいはラザロの墓がどのようなもの〔岩を穿った奥行二、三メートルの横穴式の部屋〕だったかが分かってくる。私は、ベツレヘム、ヘブロンなども含む町の周辺の丘陵や峡谷を知り、それらと聖書に書かれた歴史との繋がりを知った。また、ギリシア、ローマ時代の数々の廃墟、ローマ人の造った里程標や、ギリシア人の手になるモザイクの床も知った。そのようなところの多くがほとんど昔のままだっただけでなく、そこに住む人々が旧約、新約両聖書を通じて詳述されているような遠い父祖の考え方、風俗習慣をいまなお持ち続けていたのだ。

私は、かつてのエルサレムの記憶が、拡張され、非常に近代的になった後の町の印象で薄らいでしまわないように努めたつもりである。西欧の侵入以前のエルサレムは、その歴史でもその絵画性でも世界に類のないものだった。前にも述べたが、当時、市壁の外には家屋はただの一軒もない。市門は毎金曜日の正午に行なわれるイスラムの礼拝の間、そして毎日、日没とともに閉められる。そのときに城外にいたものは、近隣の墓地をうろつくハイエナやジャッカルとともに夜を過ごすことができたわけだ。市門を守るのは、町へ食料を運んでくる百姓から金を徴収することを認める制度にしたがって、各自それぞれのやり方で秩序の維持に当たっている兵士たちだった。この法の番人が駱駝追いから群れのなかで最良の一頭を召し上げるのを、この目で見たことがある。このような行為も習慣によって是認され、「古来の不正」の名のもとに大目に見られていた。

エルサレムでは、オリエントのいずこことも同じく、バザールはもっとも人目を惹くものの一つだった。丸天井のつらなる長い通りのうちで、一番はなやかなのは香料商人のバザールである。オリエント風のエキスと香料のすばらしい匂いがこの小路を満たし、奥まったところには貫禄のあるイスラム教徒の商人が坐っている。町の中心の通りには、くる日もくる日も雑多な群集――クリスチャン、ユダヤ人、イスラム教徒、町びと、百姓、面被をつけた女、子供、荷運び人足《ハンマール》、そして驢馬追い、騾馬追い、駱駝追い——がひしめく。皆、それぞれの民族衣装をまとっていた。清潔や衛生に対する配慮はどこにもない——犬や猫の死骸は路上に放置され、やがて「時」が最終的に片づけるのを待つ。唯一のごみさらいは無数の野犬で、たとえ半分でも食えそうなものなら何でもむさぼる。この犬どもには、すべて定まった縄張りがあり、それは自力で獲得したもので毎日守り通さねばならない。一度でもえさをくれた人のことは決して忘れず、逢うごとに尾を振る。アラブ人、とくにイスラム教徒は犬を嫌い、不潔とみなすが、たまに犬が費用のかからぬ慈善行為を施す機会を与えてくれるかぎり、その存在をみとめる。

犬どもの生涯に比べてあまりましともいいかねるのが、市壁の内外にいるあまたの乞食の生活だ。この方は、多くの場合にいとわしいその疾患、特に象皮病とハンセン病を見せびらかす。ハンセン病者はシオン門〔旧市街南壁の西寄り、アルメニア人地区〕の内側にある小屋に住んでいる。それ以外は町中に入ることは許されなかった。彼らは門の前や路の両側にときには六、七列かそれ以上の列をなして、かすれた小声で通行人に施しを嘆願する。それは、かならず祝福の形をとる、たとえば「アッラー・ユディーマク！（神、おん身を守りたまわんことを！）」、「アッラー・ジャフファザゥラーダク！（神、おん身の子らを守りたまわんことを！）」などという。若い婦人を見れば、祝福の言葉は「アッラー・ヤブアトリク・サビ！（神、おん身に男児を授けたまわんことを！）」となる。この祈りがさっそく実現することになっては、事情はなんであれ祝福をうけた当のご婦人にはたぶん都合が悪かろう。イスラムの考えでは異教徒は天国に入れないので、乞食はキリスト教徒用に特別の祝福の言葉を用意していた——「神、おん身を大目に見たまわんことを！」——最後の審判の日に、激発する大混乱にあってはこの種族の犯す小さな間違いは結構ありえよう、という意味だ。こうしたみじめなハンセン病者を、深い同情なしに見ることはできない。四肢はつぎつぎになくなって手足のつけ根を残すのみとなり、同時に鼻とのどの軟骨もおそろしい病に冒される。私どもがまだエルサレムにいたときに、この哀れな人たちの救護院が一軒できたのだが、その時点では失敗に終わった。ハンセン病者をそこに居つく気にさせられなかったのだ。まずまずの食事が出るのはありがたいし、それで救護院に一時的に入る気をおこすこともあるのだが、そこを支配する清潔と規律がおもしろくなく、不潔、悲惨のかぎりであっても乞食生活の自由を選んでしまう。したがって、ほとんどいつも救護院はからだった。同様に、ドイツ人婦人執事《ディーコネス》〔ルター派などのドイツ系プロテスタントで監督、牧師に次ぐ職位、執事を務める女性。慈善事業に携わることが多い〕が運営する孤児院も、子供たちがまともに衣食を与えられる限りにおいて住民の理解が得られたにすぎない。ドイツ語とアラビア語による読み書き、算術を内容とする立派な教育も、子供たちの縁者には、利点のほうを返上しないかぎり厄介なことに降りかかってくる一つの災難と見られていた。この孤児院はキリスト教の現地民の子だけを対象としていた——私はイスラム教徒で入所したのは一人しか知らない、ワルダ（ばら）という名の女の子だった。かわいい、気立てのいい娘で、しかも非常に利発だったから、まもなく教師たちのお気に入りになった。ところが大きくなって若い女——つまり彼女が十三歳になったときキリスト教徒の家にいることが彼女の同教信者にとって非常な不満のたねとなり、当局は即時退所を求めたらしい。当時のドイツ領事は異議を申し立て、幼く、貧しかったときに面倒も見なかった人たちに本人の意に反して娘を引き渡すことは拒否した。とどのつまり、彼女がドイツ領事の通訳《ドラゴマン》とともに政庁《サライ》に出頭し、本当にディーコネスのところに留まる気があるかどうかを申告することになる。サライの役人は、ドラゴマンがいては娘の答えに影響すると称し、彼女を一時隣室に移すことを求めた。十分間が経過しても娘は出てこず、ドラゴマンは試問はいつまでかかるのかと訊ねた。

「試問？　何のことです、娘はもう夫と出て行きましたよ」。

それでおしまいだった。用意を整えた若い男が待っていて、役人の指示で娘が入ってくるや結婚式が執り行なわれ、ワルダは若い農夫《ファッラーフ》の妻になったのだった。

私どもは、家々、廃址、そしていわくありげな奥まった隅々にいたる町のすべてにとどまらず、まるで絵のようなその周辺も知りつくしていた。徒歩ででも、一時間足らずでオリーヴの丘の頂きに達する。当時は若干のオリーヴの樹がまばらに生えているだけの、低い禿げ山だった。そこからは、二大モスクのあたりと背後のドームや尖塔を擁する白い町が、中世以来の高い市壁に囲まれているすべてを見渡せた。エルサレムを背にして、「ユダヤの荒れ野」の丘を向くと、赤と黄の背景のなかに死海が一個のサファイアのように埋めこまれているのが見える。そのかなたには、モアブの山々が始終移り変わる美しい色を披露していた。ベタニヤそのほかの、聖書に語られているところもよく訪ねた。オリーヴの丘の南斜面に、もとはベドウィンの住みついたところで、アブー・ディスという小さな村があった。おそらくは、新約聖書にいうベテパゲ〔マタイ伝二一―一、ルカ伝一九―二九〕のことであろう。アブー・ディスとは、私どもが家で使う茣蓙を注文するためによく訪れた、貫禄のあるベドウィンのシャイフの名である。彼の受けもつ地域に入ると、いつも文字どおりに聖書時代の歓待で迎えられた。女たちは焼きたてのパンを味わうまでは私どもを帰らせず、さっそく準備を始める。小麦粉を水でこねて生地をつくり、酵母を加える彼女らと、それを見ている私どもの間で話が弾む。そして塊りをパンケーキのように平らな形にしてタープーン――羊の糞を燃やして熱する窯で、上に石が並べてある――に入れる。まもなく小石の上でパンが焼きあがる。アラブのするように油に浸けることはせずに食べても、おいしいものだった。訪客の迎え入れ、用いる方言、習慣の守りかた、すべて聖書に見る同様の出来事ごとの描写とそっくりで、いなかの住民に関するかぎり、パレスティナでは過去二、三千年の間に何ひとつ変わっていないとすら思ったものだ。

昔はアブー・ディスのシャイフはエリコやヨルダン川へ向かう巡礼を襲撃し、略奪することで生活していて、この点でも新約聖書がエリコへ行く途中に強盗に襲われる男のことを述べているのとまったく同じだった。しかし近年、エルサレムのパシャはアブー・ディスと取り決めを結んで、それによればこの紳士は巡礼には護衛をつけ、強盗から守ることになっている。護衛は要らない、あるいはその費用を払えない者は、アブー・ディスの人たちによる旅の安全保障は期待できないのだ。私の幼いころ、ベドウィンの衣裳で良馬に跨り、長い槍で武装した護衛の姿は、まさに絵のようだった。けれども一八九〇年〔一九〇〇年の誤記か。三一〇頁参照〕に馬でヨルダン川へ下りていったとき、護衛は矮小化して、時代物のラッパ銃を担いだ徒歩の男一人になってしまっていた。巡礼の来ない夏と秋の間に、アブー・ディスの住民はヨルダン川の芦で実にみごとな茣蓙をこしらえる。その茣蓙は、エルサレムのほとんどすべての家で目にするものだ。裸で歩きまわっていた小さなアラブの少年として知っていたシャイフの息子は、後年会ったときには大いに人の尊敬を集める貴人になっていた。

一八九八年に、ドイツ皇帝〔カイザー・ヴィルヘルム二世〕がエルサレムを訪れたとき、このシャイフは、絵に描いたように美しい衣服とすばらしい牝馬のおかげでほれぼれするような風采で現われたらしい。お世辞のつもりで、皇后はその馬に感心したと彼に伝えさせた。すると、一瞬のためらいも見せずにシャイフは馬を下り、手綱を馬車のなかの皇后の手に渡したのである〔イスラムの生活規範として誉められた品物は授与するのが当然とされる〕。むろん皇后は、シャイフにとっては多大の犠牲を払うこととなるこのような献上品を受け取ろうとは夢にも思わない。けれども、アブー・ディスの方は、贈りものを断られて、非常に傷ついてしまった。そもそもこんな出来ごとのもとはといえば、通訳の落ち度にある。「皇后は貴下の牝馬を誉めそやしておられます」でなく、こう言うべきだったのだ——「スブハーン・エッラジ・ハーリク・ハー！（あの馬を創りたもうた神は誉むべきかな！）」。あるいは、少なくともこうつけ加えておくべきであった——「マー・シャー・アッラー！（神欲したまわば、いかなるものも創らるる！）」——これほどすばらしい牝馬ですら。

ベツレヘムへは、ごく頻繁に訪れた。エルサレムからは、馬でわずか一時間の楽な道のりだ。当時、ベツレヘムはせいぜい大きめの村といったところだった。内部にキリスト生誕の場所とされるところを有する教会があり、世界のいたるところから、とくにロシアから、無数の巡礼が訪れる。よそ者がこのように殺到することから、ベツレヘムにパン屋を開業しては、という案が生まれたが、長い間、それに長老たちは反対していた。自分の町でパンを売るとは、恥ずべきことというのだ。

「ベツレヘムには一軒もない、というのか？」——と彼らは主張した——「他国の人や訪客をよろこんで迎え入れ、ひもじい思いをしている人にはパンも与える家が」。しかしのちにはベツレヘム人も、世界中のほかの聖地なみに巡礼から金を搾りとる術を完全に会得してしまった。

エルサレム近辺には好奇心をそそるところが多いが、ここではその一つだけを述べておこう。オリーヴの丘には北の山脚にあたるスコプス山にあった、そしていまもあるのが、エレミヤの生まれたアナトテ〔旧約エレミヤ記一—一ほか〕というみすぼらしい村である。いまではアナータと呼ばれている。この地から、あの風変わりな人物が、エルサレムの支配者に面とむかって強力な挑戦を浴びせるべく打って出たのだ。村があるのは岩が切り立った深い峡谷の端ちかくで、ほとんどその縁まで来ないと目に入らない。多数の天然、人工の洞窟が、この狭い谷の両側の赤っぽい岩に鳩の巣箱のような穴をつくっている。初期キリスト教の時代に、そしてつい最近まで、洞窟は隠者たちに使われていたのだが、いまは見捨てられた。ただヨルダン川流域平野に落ちこむほかのいくつかの谷には、いまもギリシア人の修道士が住んでいる。アナトテの真後ろにある峡谷の底には、なんとかエリコ平原まで辿り着こうとする水の源泉がある。泉の名はアル・ファーラ al Fara あるいは Farat というが、あとの方はいわゆる status constructus つまりセム系諸語の属格語形である。Fara という語は、ヘブライ語でそれに当たる para あるいは parat と同じく、「ねずみ」の意味だ。この言葉は、原語で書く場合には「ユーフラテス川」を表す古代ヘブライ名と小さな点一個のあるなしがちがうだけである。[9] ところで、旧約エレミヤ記の第十三章にはつぎのような記述がある。

「エホバかく言ひたまへり。汝行きて麻の帯を買ひ、汝の腰に結べ。水に入るなかれ。われ〔預言者エレミヤ〕すなはちエホバの言葉にしたがひ帯を買ひてわが腰に結べり。エホバの言葉ふたたび我に臨みて言ふ。汝が買ひて腰に結べる帯を取り、立ちてユフラテ〔ユーフラテス川〕に行き、かしこにてこれを岩の穴に隠せと。ここにおいて、われエホバの命じたまひしごとく行きてこれをユフラテのほとりに隠せり。多くの日を経しのち、エホバわれに言ひたまひけるは、立ちてユフラテに行き、わが汝に命じてかしこに隠さしめし帯を取れと。われすなはちユフラテに行き、帯をわが隠せしところより掘り取りしに、その帯は朽ちて用ふるに耐へず。またエホバの言葉われに臨みて言ふ。エホバかく言ふ。われかくのごとくユダの驕傲《たかぶり》とエルサレムの大いなる驕傲《たかぶり》を破らん。この悪《あ》しき民はわが言葉を聴くことを拒み、おのれの心のかたくななるに従ひて歩み、かつほかの神に従ひてこれに仕へ、これを拝す。彼らはこの帯の用ふるに耐へざるがごとくなるべし」〔日本聖書教会文語聖書より。漢字、句読点を改めた〕。

いやしくも東方の地理に通じた人にとっては、エレミヤが帯を隠しにユーフラテスまで行かされ、また取り出しに再度そこまで行かされるとは、奇妙きわまることと思われるにちがいない。ユーフラテスは、メソポタミアの大平原を流下する間に岩の岸がめだつようなことはない、という点はまったく別にしても、である。エレミヤのような人がエルサレムからユーフラテスに行くには、徒歩であれ驢馬に乗ってであれ、ほぼ六週間を要したであろう。シリア砂漠に水がないことと、常時跳梁する遊牧のアラブが加える危険のために、そこへ直行はできなかったはずだ。一人旅なら、そして現在のメスカナ〔ユーフラテス中流右岸の村。二一三—四頁参照〕の村の近くでユーフラテスに出ようと思えば、ハレブ（アレッポ）のあたりまでまっすぐに北上する必要があった。したがって上に引用した言葉のなかで言われているのがユーフラテス川のこととは、およそ信じられない。よりありうるのは、パレスティナを知らぬ人たちが聖書を解釈したときに読みまちがいをしたことだ。この預言者が命じられたのは、あきらかに、自分の生まれたアナトテの村に近いファーラの谷にある岩の洞穴に帯を隠すことだったのである。このきわめてもっともな説明も、何人かの考古学者に否定されているのだが、彼らの主張はとうてい肯けるものではない。また、アナトテに近い泉の名は聖書時代もそうだったにちがいない、ただのファーラ（ファーラト）Fara（Farat）（ねずみ）にすぎないのに、この問題を論じた人のほとんどが、アイン・ファーラ Ain Fara（ねずみの泉）と呼ぶ誤りを犯しているのである[10]。

（1）アブラハムが——旧約創世記一三—一八「アブラムはついに天幕を移して来たりヘブロンのマムレの樫《かし》林に住み、かしこにてエホバに壇を築けり」。「オーク」はわが国の樫とは異なるが聖書では「かしの木」「テレビンの木」などと訳されている。アブラムは、アブラハムが選民の契約を神と結ぶ前の名。

(2) プロイセン王フリードリヒ・ヴィルヘルム四世――先代フリードリヒ・ヴィルヘルム三世の長男、在位一八四〇―六一。その弟がドイツ帝国を成立させたヴィルヘルム（在位一八六一―八八。初代ドイツ帝国皇帝《カイザー》としてはヴィルヘルム一世、在位一八七一―八八）で、著者の幼年期はこの両王の時代に跨る。後者の嗣子フリードリヒ三世の妃はヴィクトリア女王の長女ヴィクトーリア・ルイーゼで、英独の間はきわめて密接だった。

(3) 「ソロモン封印の井戸」――ベツレヘムの南方約四キロにある三つの池。旧約伝道の書二―六に「（われは）……また水の溜池を造りて樹木の生い茂れる林にそれより水を注がしめたり」とあるものとされるが根拠はないらしい。「ソロモンの封印」とはいわゆる「ダビデの星」（三角形を二個組み合わせた六角星形。魔よけのしるし）。

(4) ゴーバー――Samuel Gobat, 1799-1879. スイス生まれの英国教会聖職者。エチオピアなどでの伝道に従事後、プロイセン王フリードリヒ・ヴィルヘルム四世に任命されて、一八四六―七九年の間エルサレムの英国教会・ルター派教会合同伝道区の第二代主教を務めた。

(5) ルターが翻訳しなかった言葉――ルターが訳した使徒信条の前記の個所は、もっとも権威ある福音ルーテル教会信条集 Die Bekenntnisschriften der evangelisch-lutherischen Kirche, Göttingen, 1992（アウクスブルク信仰告白四百年記念・一九三〇年初版）によれば、ラテン語の Credo in... sanctam ecclesiam catholicam, の翻訳 Ich gläube an... ein heilige christliche Kirche, である。これとは多少字句を異にする現在のドイツ語使徒信条にも、「普遍、共通、公同」の語はない（上記信条集の脚注に示されている使徒信条の原型「古ローマ信条」では、ラテン文、ギリシア文ともに「聖なる教会」とあるのみ）。著者（ローゼン）の記述は厳密な考証ではなく、より正確にいえば、ルターは、ギリシア語「カトリケー」由来の「普遍、共通、公同」を意味するラテン語カトリカ catholica を、キリスト教会の普遍性という意味上の観点とローマ・カトリック教会に混同されるのを避ける配慮から、当時の慣習にしたがってクリストリヒ christlich「キリストの」と訳したのである（詳細については、前記信条集本文の邦訳『ルーテル教会信条集《一致信条書》』聖文舎・一九八二年刊、九八〇頁訳注3および一〇五三頁解説を参照）。ルターの抵抗の対象はローマ教会、教皇至上主義者であって、普遍・共通・公同の原義でのcatholica自体を拒否して訳出しなかったのではない。日本福音ルーテル教会訳文も、文語ではドイツ語原文どおり「われは……聖なるキリスト教会……を信ず」であったが、現行口語訳は、「聖なる、公同の教会」と、「キリスト」に代えて「公同の」を復活させている。

(6) 一九一〇年に……　——直轄領ジブラルタルにある英国教会の主教がモロッコを管轄。当時のモロッコの首都(スルタンの常在地)はフェスだが、III—四訳注2の経緯で外交団はタンジールにあり、著者は駐タンジール公使として事情を知り得た。

(7) 書名が金字で……　——祈禱書Common Prayer Book (The Book of Common Prayer)は、一六六二年にジェームズ二世のもとで制定された祈禱文、礼拝式文、教理問答、詩篇などよりなる英国教会独自の文書。一九八〇年に口語英文の「併用祈禱書」The Alternative Service Bookがつくられるが、本書記述の当時は世界中の英国教会の礼拝で(文言は各国語に翻訳されても)共通に用いられた。

(8) それぞれの墓の在り場所　——アブラハムが生前に準備したという洞窟のなかに、アブラハム、サラ、イサクとレベカ、ヤコブとレアの三組の夫婦と、ヨセフ(さらにアダムとイヴ)の墓とされるものが分散して設けられてあり、当時の状況では予備知識なしにヨーロッパ人が入っても墓の識別は困難だった。

(9) 泉の名は……　——

①status constructus(英語ではconstruct state)は、ふつう「連語形」と訳される。セム系諸語で、名詞が直続する別の名詞(あるいは所有代名詞など。ただし形容詞は除く)で限定、修飾されるときに、独立形とは形、発音が変わることがあり、そのときの形をいう。後続の名詞は属格をとるので、著者は便宜的に「属格語形」と説明したようだが、farat が al fara (al は冠詞) の属格ということではなく、独立形 fara が後続の属格名詞で限定されるときにとる連語形という意である。この語を例にとれば、「ねずみ」の独立形 fara「ファーラ」は、「その家のねずみ」では farat al bayt「ファーラトゥ・ル・バイト」と変化する。

②聖書の古代ヘブライ語では、ユーフラテス川は「フェラート」、「ねずみ」はペーロートで、最初の字に「小さな点」(「ダゲッシュ」といい、文字の中央の空所に付す)をつけることによって、音がfからpに変わる。

三子音（f／p、r、t）が共通なため、第一字の音がちがうだけで語として同一の子音にかわりはない。

(10) アナトテに近い泉の名は…… ――著者に対する反論の内容は不明だが、泉の名が単に fara であっても、泉であることをいうために Ain fara と呼ぶことは考えられるので、反論が「誤りを犯している」とする著者の主張はやや極端のように思われる。いま現地で用いられている一、二のロードマップによると、Ain fara（ねずみの泉）、そこを水源としてエリコへ流れてゆく川の渓谷は Wady fara（ねずみの谷）と表示されている。

2　帰国の旅

欧州の激動――エルサレムを去る――ヤッファ――アレクサンドリア――ナポレオン三世時代のエジプト――普墺戦争後のオーストリア

一家がエルサレムで過ごした最後の何年かの間に、欧州では大変動が進んでいた。ウィーン会議から生まれた旧ドイツ連邦〔Deutscher Bund, 1815-66〕は、ハンガリーのように部分的には非ドイツの付属国を少なからず引き連れたオーストリア帝国を含む、さまざまなドイツ諸国をゆるやかに結び合わせただけのものだった。内部に拮抗する二大ドイツ国家があったことは、永続がむずかしい状態である。一八六四年、ビスマルクの政治手腕はふたたび実を結んで、シュレースヴィヒとホルシュタインのドイツ二州を領有中のデンマークに対するプロイセンとオーストリアの連合参戦が実現した。それは、成功することには当初から疑いのない、短期の作戦だった。しかしあらたに獲得した国土に対するプロイセンとオーストリアの共同主権はやがて公然たる抗争に移行し、一八六六年には両国間に戦争が勃発する。この戦争でプロイセンについたのは、北ドイツの数邦だけだった。ハノーファー、ブラウンシュヴァイク、ザクセン、ならびにバイエルン、ヴュルテンブルク、バーデンの全南部諸邦はハンガリーを含む大オーストリア帝国に加担した。兵力面の劣勢にもかかわらず、周知のようにプロイセン軍は七週間で勝利を制する。オーストリア軍はサドヴァ〔ボヘミアのケーニヒスグレーツ近郊〕で決定的敗北を喫し、その直後に停戦となった。ニコルスブルク〔モラヴィアのメーレンにある古城〕の講和で、オーストリアが全支配地を引きつづき領有することは異論なく認められた。プロイセン国内では王とその全軍がウィーン入城とオーストリアにそのドイツ領域の一部を割譲させることを考えていたのに、オーストリアにいかなる屈辱も味わわせなかったことは、ビスマルクの政治手腕としてもっとも冴えたものの一つである。しかしプロイセンと対戦した小邦のいくつか〔〔シュレースヴィヒ＝ホルシュタインのほか〕ハノーファー、ヘッセン＝ナッサウ、クールヘッセン、フランクフルト自由市〕は、プロイセンに併合された。オーストリアはドイツ連邦を脱退し、連邦は解消して北ドイツ連邦〔一三頁〕に改組された。このあと、「ドイツ人」という言葉は、本連邦に属する臣民にのみ適用されることになる。

私どもには、この呼び名からオーストリア人を除外することに自分を慣らすのは容易でなかった。ただ、エルサレムに住むオーストリア人とほかのドイツ人との個人的な友好関係には変わりはない。彼らは、自分をそれまでと同じ国籍のままと思っていた。また、一八六七年に両親とともにオーストリアで一夏を過ごしたとき、戦後一年にもならないのに、オーストリア人にはプロイセンに対する反感が見られないことに強い印象を受けた記憶がある。私どもが出会った人の多くは、敗北の原因を彼ら自身の体制の欠陥に求めていた。オーストリアのある大佐がこの問題を父と話していたのを覚えているが、彼はこう言ったのである——「大公が十八人！　思ってもみてください、閣下、わが軍には十八人の大公がいるのですよ！　これで戦争に負けないわけがありますか？」。南部諸邦は政治的にまだ北ドイツ連邦に組み入れられていなかったが、ビスマルクのみごとな運営の才によってドイツはふたたび強力で、敬意をうける国家となった。新しい一つの時代が、エルサレムの小さなコミュニティを含めて地球上の全ドイツ人に訪れたのである。

一生のうち十四年間をこの僻遠の地で過ごした私の父は、自分と家族にとって気候のよくない影響がおいおい出てきたこともあって、これ以上はエルサレムに留まる気持ちをなくしていた。父は賜暇を申請し、一家はもう戻ってこないつもりでエルサレムを離れた。その当時、エルサレムからドイツまでの旅はかなりな大仕事であった。聖都からヤッファの港までだけでも、三日を要した。いまでは汽車か自動車で数時間で行ける距離である。

一八六七年六月、私どもは暑気を避けて午後に出発した。二、三マイルの間は町に住むヨーロッパ人のほとんどと多数の現地人が、馬か驢馬に乗って数時間、遠くコロニアまで送ってくれた〔旅立つ人を知友が総出で馬で数時間の距離を送るのが当時の習慣で、これに対し、出迎えの方は儀礼的、形式的だった〕。夕暮れになって、最初の宿駅シャイフ・アブー・ゴシュの館に着く。かつて代々のアブー・ゴシュの首領は、エルサレムと海岸を結ぶ道で巡礼や一般の旅人を襲撃して生計を立てていたものだ。彼らはこの方法で産をなし、また尊敬を受ける地位を得、それを白昼強盗の時代が終わるまで享受していた。いま彼らは、以前なら略奪したにちがいないのと同じ部類の人々にその歓待の手を差し伸べている。シャイフ・アブー・ゴシュが金銭的報酬を期待していたのはもちろんだが、歓待の常道はいつも守られていた。私は、宿泊を求めるために先に行くように言われた。するとシャイフの長男が出てきて私の手を取り、つぎにシャイフ自身が私の父を迎えに現われた。飾りのない石造りの建物に入ると、石の階段が婦人には介助なしでは昇れないほど高い。侵入した敵を内側の部屋に容易に入りこませないのが、そのねらいである。宿泊用の設備は、ごく簡素だった。客室が二つあって、壁沿いに寝椅子《ディワーン》が設けてある。石造りのベンチで、その上に茣蓙とマットレスと上掛けが載せてあった。男は一方の部屋に、女は他方に案内されて、それぞれディワーンの上でくつろいだ。

翌朝は、まだ真っ暗なうちに出発した。山から吹く空気の冷たさが痛いほどだったが、日が昇り、バーブル・ワード（谷の門）を通ってシャロン平野に出るころには寒気につづく焦熱だった。つぎの宿駅、ラマラの小さな町に着いたのは午後の遅くだが、そこのことは私はよく知っていた。そのとき、町の造りでは十字軍時代の古い塔だけが気に入った。まだ子供だった私は、その石段を数えに何度この塔に昇ったかしれない。話によれば、また私の場合は事実だったが、勘定するたびに違う答えが出る――階段がいたんでいるからということでは説明のつきかねる現象だった。後年、私に委ねられた各地の領事館、公使館の経理帳簿の点検を行なうときに、どれだけラマラの塔のことを思い出したことか――。ラマラにあるフランチェスコ会の修道院では、あたたかい歓迎とありがたい励ましを受けた。両親は修道士との会話ではイタリア語を使っていたが、それは私のラテン語の知識でもよく理解できた。三番目の行程は短くて、昼前にヤッファに着いた。私どもはあるドイツ人の家に泊まったが、その人は家と同じ通りに製粉場を持っていた。その家は、伝説によると聖ペテロがヤッファ〔聖書のヨッパ〕に来たとき住んでいたところという。石臼をまわすのは一頭のあわれな騾馬《らば》で、目隠しをされた上、円を描いて歩かされていた。製粉屋は、たまに訪れる旅行者のためにいくつかの部屋を整えていて、これがヤッファにホテルができるはしりだった。

　便船の出航が私どもの到着の二日後なので、町や有名なオレンジ畑を訪ねる時間に恵まれた。けれども当時の大きな見ものは、主の再臨を待つためにパレスティナに来ていたアメリカのさる宗派が砂浜に建てた、一群の木造家屋である。この家屋は、すべて番号を付け、すぐ組み立てられる部材の形で送ってきたものだ。しかし私どもが訪れたとき、その建物はまったく見捨てられていた。アメリカ人は現地の不健康なことを知り、信仰上の期待も満たされぬまま帰国してしまっていた。のちにヴュルテンブルク出身のドイツ人移民、いわゆる「神殿騎士団《テンプラーズ》」〔十字軍時代にエルサレムに結成された神殿騎士団（一三一二年解散）の後身と称するフリーメーソン集団〕がこの家屋を買い取り、小さなドイツ人入植地を設けた。これがパレスティナにおけるドイツ人入植地のはしりで、そこからほかにいくつもが派生したのである。この一派の創始者はクリストフ・ホフマンとかいう人で、エルサレムには先駆けとして妻とともにやってきた。ある日、夫妻は疲労困憊の態でプロイセン領事館に現われた。それまで、馬に乗ったことがなかったのだ。二人ともサーベルを佩びていたのは、本物の斥候なら丸腰であってはならぬからだろう。彼らの計算では目前に迫っていた主の再臨の日に遅れないように、急いでエルサレムへ駆けつけたのだ。予測が外れたとき、移住者の物質的、世俗的天性が彼らの信仰的、精神的狂熱の減衰に反比例して増進した。驚異的な精力と忍耐のおかげで、そして言っておかねばならぬが気候風土の犠牲になった多数の仲間の資産を生存者が継承したことによって、この「神殿騎士団」は一応満足のゆく状態をつくりあげる。そして、自分の村でドイツの農民と寸分違わぬやり方で生活を営んでいた。

私どもはまた、あるアルメニア人の一家をその立派なオレンジ畑に訪れた。果樹園の灌漑用水は、先述した町の製粉屋と同じ方法で騾馬のまわす水車で汲み上げていた。水は応接間のなかを流れるようにしてあり、床に掘った大理石の水盤を満たしていた。この季節ではオレンジは生《な》っていなかったが、春になると樹々は黄金色の果実が鈴なりで、同時に満開の花があたり一面に芳香を漂わすのだ。

私どもが乗ったのはオーストリア・ロイド社の外輪船で、アレクサンドリアまで行き、次便の船待ちをした。

子供にとっては、エジプトの町は見るからに興味深いものだった。その頃のエジプトはあらゆる点でパレスティナよりはるかに進んでいたからだ。泊まったホテルのある領事広場《プラス・デ・コンシュル》の立派な建物に感心し、馬車の多いことにはさらに、それも当時エルサレムでは車輪を伴う交通というものがまったくなかったので、ますますもってそうだった。男の子のわれわれは、エジプト人の子供に出会うとアラビア語で話をするのが実におもしろかった〔この時の一家の子女は、著者の下に次男ハレート（一八六〇年ライプツィヒ生まれ）、三男フェーリクス（一八六三年同地生まれ）、長女シャルロッテ（一八六六年エルサレム生まれ）〕。両方の方言のちがいは、お互いの理解を妨げるほどのものではなかった。また海べりのラムラへ行ったが、その頃は鉄道の駅舎と家屋が三軒あるだけのところだった。

エジプトの発展は、ワーリーつまりエジプト総督として父メフメト・アリーの後を継いだサイード・パシャ〔メフメト・アリー（在位一八〇五―四八）の四男（第四代、在位一八五四―六三）。父との間にイブラーヒームとアッバース一世の二代がある〕のもとで長足に進んだ。彼はエジプトの支配者としては欧州で教育をうけた最初の人である。各種の専売制を廃し、時代遅れの徴税システムを改革し、奴隷制を廃止した。スエズ運河の計画を真剣に取りあげ、建設に取りかかったのは彼だった。しかしあの大事業を仕上げるには在位期間はみじかすぎ、啓蒙君主として当然受けるべき名声はスルタンから副王《ヘディーウ》の称号を許されスエズ運河を完工した、甥で後継者のイスマーイール・パシャ〔第二代イブラーヒームの子、在位一八六三―七九。廃位され亡命〕の陰に隠れてしまっている。運河の開通は、一八六九年にヨーロッパの多数の王侯が列席する大式典で行なわれた。

一八九四年に、私はトリエステからコンスタンティノープルへ行く船中で、幸運にもイスマーイール・パシャに出逢った。病勢が進んでいて、その後しばらくして亡くなったから、彼にとってはそれが最後の旅だった。しかし老齢と病気のわりには、前王の話はきわめて魅力的、そして有益だった。彼は、その生涯における、とくにナポレオン三世、オーストリアのフランツ・ヨーゼフ一世との親しい交友や、さらにこの皇帝の弟だった気の毒なマクシミリアン[1]――ナポレオン三世によってメキシコ皇帝に送りこまれたあと見放され、軍法会議を経て銃殺に処せられた――にからむ興味あるエピソードの数々を語ってくれたのである。

一八六七年のアドリア海では、トリエステに近いミラマーレの宮殿の眺めが幼い私の心に与えた強い印象を私は覚えている。そのとき私は、マクシミリアンの皇后カルロータ[2]が夫の悲劇的な最期を知って狂気におちいり、そこに収容されていると聞かされたのだ。彼女は、狂気で曇った心のまま、この地で六十年を過ごしたのである。

イスマーイール・パシャの追憶が私に蘇ったのは、一九二九年五月に、彼の子息のエジプト王ファード〔メフメト・アリー朝第九代アフマド・フアード一世、在位一九一七―三六。エジプトが独立の立憲王国となったのは一九二二年以後〕と知り合ったときだ。私はその父の場合に感嘆したのと同じ英知と会話の才が渾然となったものを、彼に見出したのである。

ここに、自身が活躍当時のオリエントの風物を写実的でしかも芸術性豊かに描写したことで知られた、ドイツ人画家カール・ハークの手になるおもしろいスケッチを挿入しておこう〔図版参照〕。アルバニア人の軍隊を閲兵中のサイード・パシャを描いたもので、トルコ語の書きこみにはこうある――「エジプトの総督《ワーリー》サイード・パシャ、一八五八年一月二十八日」そして 'Efendimiz chok yasha!'（われらの大君の聖寿を！）これは、兵士が統治者の前を通過するときに叫ぶことになっている言葉である。

私どものアレクサンドリアでの短い滞在中、ヨーロッパ人と接触のあったエジプト人は、だれもがアラビア語のほかにイタリア語を話していた。イタリア語はレヴァント地方の共通語であった。その使用はおそらく、ヴェネツィアが地中海の東半分に政治上、通商上の強い影響力をもっていたころに遡ることだろう。オーストリアはヴェネツィアを継承して以来、その商船隊ならびに東方との通商で用いる言葉にイタリア語を採用した。オーストリアの郵船に乗組むオフィサーと船員は、ほとんどがダルマティア出身のスラヴ人だが、すべてイタリア語を使わせられていた。オーストリアが、世界大戦の勃発まで何十年もの間、イタリア語、つまりアドリア海とレヴァントにおけるもっとも手ごわい競争相手の言語の普及に何百万という金を費やしたとは、政治的椿事である。

一八八五年に中東に戻ってきて〔インド留学の途中に通過した〕驚いたのは、アジア側トルコとある程度はエジプトでフランス語がイタリア語に取って代わっていたことだ。もっともエジプトでは、英語が、欧州との取引で多くの場合に急速に使われ始めていたということはある。この変化は、たぶんナポレオン三世が十九世紀の半ばにヨーロッパのみならずアジアでも高い声望を得ていたことによるのであろう。トルコにおける英語の力は、とくにクリミア戦争後に最高となったが、ロシアに対する戦勝の栄誉《グロワル》を刈りとったのはフランスである。フランス政府は、自国の展開計画のために地域住民を訓練しておきたいあらゆるめぼしい町や奥地のあちこちにフランス語の学校、カレッジ、教会、病院を設立して、トルコ人、レヴァント人の好意的な気持をふんだんに利用したのだ。パレスティナを含むシリアでは、とくにそうだった。

ドイツは、ほかのヨーロッパ列強の後を追うのがきわめて緩慢で、英、仏、伊、露の通商、事業とささやかな競争を始めるには長い年月を要した。ドイツの客船が地中海東部沿岸に初めて寄航したのは一八八九年のことで、アルベルト・バリーン〔ドイツの船主。ハンブルク・アメリカン・ラインの経営者。ヴィルヘルム二世の顧問、かつ対英協調に努めた。一八五七―一九一八〕がかなりな大きさのアウグスタ・ヴィクトーリア号〔アウグスタ・ヴィクトーリアはヴィルヘルム二世の皇后の名〕を使って漫遊旅行を企画したときだった。しかしこのあとですら、東方に関心をもつ諸国のなかでドイツは二番手に甘んじていた――一八九八年にドイツの一企業がそのアナトリア線の鉄道をバグダードに向かって延伸させる譲許をトルコから取得するまでは。この計画がもたらした大騒動は、計画のもつ現実の意義からしてとうていまともとは言いがたい。それは、ロシアから出て拡散した政略的動機に帰せられるものであった。

(1) マクシミリアン――一八二一年にスペインから独立したメキシコでは、大統領フアレスの在任中に侵攻したフランスが国土の一部を占領、フアレスを北部へ追放。ついでフランスは、亡命スペイン系メキシコ人とともにマクシミリアンを皇帝に擁立（在位一八六四―六七）したが、米国は承認せず、フランスに撤退を要求する。フランス（ナポレオン三世）はマクシミリアン支援の約束を覆して撤収したため、マクシミリアンは復権したフアレスにより軍法会議にかけられ、一八六七年にメキシコシティ西北方のケレータロで銃殺された。

（2）　皇后カルロータ――ベルギー王レオポルド一世の王女マリー・シャルロット（一八四〇―一九二七）のスペイン語読み。マクシミリアン支援をナポレオン三世に要請のためメキシコから帰欧中に夫の敗北、処刑を知り、回復不能の精神障害をきたした。

II　ペルシア縦断記

テヘランの王宮、「アルマシーエ（ダイヤモンド）門」
（現存しない）〈88頁〉

1 ボンベイからブーシェフルまで

インドを去る――マスカト、オマーン湾、ペルシア湾
――魚食民、海賊、真珠採り――ブーシェフルに着く

本書ではインドのことは述べないが、私がかの地で暮らした十五カ月ばかり〔ヒンドゥスターニー語とインド古典の研究のため〕はことのほか楽しいものだった。生涯のその一時期を、有益でしかも愉快に過ごさせてくれた人たちへの感謝の思いなしに振り返ることはできない。いろいろな事情でヨーロッパへ帰らざるをえなかったのは、まことに心残りなことだった。

インドを去ることにようやく心を決めたとき、また海路をとる気はしなかった。アフガニスタンとペルシアを踏破したかったが、そのころ、そしてその後も長きにわたって、アフガニスタンはヨーロッパ人の入国がまず認められないところだった。インド政庁は、不測の事態の責任をある程度は負うことになるため、旅行者のアフガニスタン入りを阻止するには手段を選ばなかった。アフガン人というのは非常に興味深い民族で、立派な体格、豪胆さ、精力的なこと、詩と音楽を愛する心、といった多くのすぐれた素質に恵まれている。英国のトラヴェラーとして同地に入った最初の一人――バートンだったと思うが、たしかではない[1]――は、忠実なインド人従者を一人伴い、ダルウィーシュ〔イスラム修道士〕に変装して奥地に入った。ペルシア語、アラビア語ができたので、彼はどこへ行っても身元を知られなかった。地元民にアラビア語で護符を書いてやって、大いに尊敬された。徐々に聖人という評判が立って、大勢

が彼のまわりに集まり、衣服の縁に口づけをする。ある村で特別の馳走をうけ、坐りこんで護符を書いていると、従者がヒンドゥスターニー語でささやいた――「旦那《サーヒブ》、すぐ立ってください、逃げないとだめです。いまにも殺されます」。バートンは周囲の崇拝者の群れを指さして抗ったが、無駄だった。「立って、後についてください」と、従者は有無を言わせない。村を離れてから、バートンは訊ねた――「一体、どうしてこんなに慌てて出ろと言ったのだ。誰も危害を加えるわけはない、連中は私を聖人と思っているのだから」。

「それが問題なのです」とインド人は答える――「長老たちの集まりを盗み聞きしていたら、あなたを殺すことに決まりました。村に聖人の墓があれば、非常に名誉なことになる、というわけです！」。

そのような有様だったので、私もアフガニスタン経由で行く気はなかった。かつて政府の護衛をつけてハイバル峠《パス》〔ペシャワルからカーブルに入る、パキスタン・アフガニスタン国境〕までは、行ったことがある。私にとっては、それがペルシア語圏の初体験だったのだが、地域としておもしろくなる始まりの、アリー・マスジドより先には一歩も入らせてもらえなかった。

私の選べるほかの陸路はただ一つ、ペルシア経由しかなかったが、ブーシェフル〔ブシール〕港へ行くにはボンベイからアラビア海、オマーン湾、ペルシア湾を通って十四日間の船旅を我慢せねばならない。そのルートをとることにしたのだが、さいわい世界旅行中にインドをまわっていたフランス人、ムシュー・フェルナン・ドルヴァルという道連れができた。ドルヴァル氏は北フランス出身の背の高い、色白の人で、一八七〇―七一年の普仏（プロイセン・フランス）戦争の従軍経験があり、斥候を率いて将校一名の指揮するドイツ軍の小さな哨所を攻め落としたことがあるそうだ。その後ドルヴァル氏と捕虜は親しくなり、いまもそれが続いているとは、あの時代の気分をよく表している。彼はドイツ語を流暢に、ロシア語を少々、そして驚くほど達者に英語を話した。インド在住の英国人から受けたあたたかい歓待をうまく活かし、世話になった誰彼からペルシアの旅について貴重な情報を集めてもいた。

一八八七年四月六日、私はブリティッシュ・インディア汽船のファーヴァ号でボンベイを発ち、インド西端の港カラチに向かった。そこで旅の伴侶と落ち合うことになっていたのだ。それからの船旅は、シャマール、つまりこの炎熱の海域に涼味をもたらす北西の風が正面から吹きつけたものの、まずまずの好天に恵まれた。

数名の一等船客のなかに、ブーシェフル英国駐在官《レジデント》〔メソポタミア、ペルシア湾岸など英領インド管轄下の要地にインド総督の代理として常駐した英国官吏。多くは軍人〕補佐のインド人がいた。英語を完璧に話すほか、ヒンドゥスターニー語、ペルシア語、アラビア語と、この地方で使われる言葉がすべてできる、アブドゥッラヒーム・ハキームという顔立ちのりっぱな中年の人である。彼からは、ペルシア湾両岸の土地と住民について興味ある知識をふんだんに得ることができた。また、家族を連れてモーリシアスへ行くインド商人とも、いい道連れになった。この人とは、ヒンドゥスターニー語で話した。三歳になるかわいい娘がいたが、その薄茶色の柔らかい肌はずっしりと重い金の装身具で文字通り被われている。父親のいうところでは、娘の宝飾品のなかではあまり高価でない一揃いで、旅行のときしか用いないらしい。子供はまったく人見知りをせず、父親にこう言っていた——‘Mayn is gore-ko chacha kahti hun’（「この色の白い人をおじさんと呼ぶことにするわ」）。娘の母親やそのほかのオリエントの婦人は、スキナー船長が船尾に日よけの天幕を張ってやるまで、暑いキャビンにすし詰めになって男たちの視線を避けていた。

湾の両側であちこちの港に上陸したが、その最初は、小さいながらおもしろい、昔ながらのアラビアの町マスカト〔現オマーン・スルタン国の首都〕である。マスカト湾を隠している岩山を過ぎると、めずらしい光景が目の前に現われた。日に灼けて、草も木もない断崖に挟まれたマスカトの白い海岸線が、奇妙で、そして絵のような眺めを呈していた。マスカトは、地球上でもっとも暑いところの一つとされている。十七世紀の初めにシャー・アッバース〔一世。ペルシア・サファヴィー朝第五代、在位一五八八―一六二九〕が派遣した使節は、サアディーの詩句を用いて、剣は鞘のなかで溶解し、脊髄は骨のなかで沸騰（！）した、と記している。上陸して分かったのは、当地の海岸通りとは事実上ただ二つの長い石造りの建物にすぎない、ということである。ポルトガルが、インドの一部と近隣の沿岸を支配していた短い期間に建造したものだ。いまその一方には駐在官《レジデント》、つまり英領インド政庁官吏が、他方にはマスカトのスルタンが入っている。ドルヴァル氏と二人で駐在官のモクラー大佐を訪れると、丁重に迎えられて、マスカトとその住民の興味深い事実をいろいろと聞くことができた。また彼は、スルタンに会ってみたらどうか、と言い、先方にその旨を伝えてくれた。

王宮、つまりポルトガルの二つの建物で大きい方に入ると、抜き身の刀をもった一列の男よりなるスルタンの護衛から栄誉礼を受けた。左手の、彼らの向かいには大きな檻があり、一頭の堂々たる「メソポタミア産のライオン」〔大棲息地だった古代アッシリアのなごりで、十九世紀後半までメソポタミアにはライオンが残存〕が入っていた。北アラビアやメソポタミアのライオンには、アフリカのそれのような特有のたてがみがない。私たちの訪問の数日前、敵方の一人が町のそばまで来てつぎのような書信をスルタンに届けたという――「過去は水に流すことに同意されるならば、参上して挨拶を申しあげよう。否とあればわれは奥地へ戻り、貴殿は引続きわが仇として残られるのみ」。スルタンから得た回答に安堵した彼は王宮に現われたが、ライオンと武装護衛の間を通ったときに後者がやにわに跳びかかり、彼はこま切れにされた。さいわいスルタンは、この手の扱いは自分の臣民にのみ適用していたのであって、スルタン・サイイド・トゥルキー〔在位一八七〇―一八八八。その四代あとが現スルタン・カーブース（一九七〇年即位）〕と二人の子息、サイイド・ファイサルとサイイド・ティムールが上で待っている階段に私たちが足を運んだときには、何の気遣いも要らなかった。スルタンは中背で、立派な、気品のある容貌のアラブ人で、簡素な白い衣服をまとっていた。頭には黄色の絹糸を織りこんだ白麻のターバンをつけ、白い柄を刺繍した褐色の革のサンダルを履いていた。帯には、湾曲した刀と鞘に繊細な模様を施した広幅の銀の短刀を差す。スルタンは私の手を取って、海を見おろす風通しのいい広間に設けられた席に坐らせ、一方、長男のサイイド・ファイサルはドルヴァルを案内した。青年は黒人女性の子であるらしく、このように横へ逸れたことで大昔に遡りうる由緒あるアラブの血筋は傷がつき、いまやこの王家からは失われたことになる。後年、彼は父の後継者として王位についている〔在位一八八八―一九一三〕。

スルタンは、私がアラビア語が話せるとわかって大いによろこんだが、私はそれを長い間使っておらず、かわりにペルシア語やヒンドゥスターニー語が出てくる始末である。アラブ人にはお決まりの小さなコップでコーヒーが供されたが、極上の風味だった。そのあと、マスカト特産の糖菓が出た。ハルワーというのだが、シリアやペルシアで常用されるハルワーと同じものではない。澱粉で固めたプディング、あるいは堅めのゼリーといったところで、陶器の小鉢に盛られていた〔ふつうのハルワーは、甘味の強いなつめ椰子の実のジャムをいう〕。味はとくに美味とはいえないが、スルタンによると非常に涼感があるので、マスカトの帆船が立ち寄るあちこちの暑いところへ輸出されている由だった。私たちが食べ終わったとき、スルタンも二人の息子もコーヒーを飲んだだけだったが、スルタンが私にこう訊ねた――「あるものといえば二つの建物とみすぼらしい小屋がいくつか、そして灼け爛れた岩山と、背後の水もない砂漠だけのこのわびしいところへ、何を見に来られたのかね？」。うまい具合に、私はあるアラブの諺を思い出した。いわく、‘Sharafat al makan bil makin’（シャラーファトゥル・マカーン・ビル・マキーン、「住まいの良さは住む人次第」）。

この答えにスルタンはいたくよろこび、自分にできることで私の望むものはないか、と問うた。さいわいにもこの質問はドルヴァル氏には通じなかった、というのは後日打ち明けたところでは、彼はスルタンのあの美しい短剣を所望するところだったからだ〔物を誉められれば与えねばならぬゆえに〕。しかしオリエント風のしつけが身についていた私は、こう答えた――「私の願いは、陛下のご長寿と栄えあるご治世のみでございます」。

王宮をあとにして町に出たが、それは人の定住地というよりむしろ市場のようなところだった。芦と土で屋根を葺いた泥小屋があるだけなのだ。通りを歩いていると、ある若い、色の黒い、けれども見苦しくないソマリ族〔ソマリアを中心に東アフリカに分布する混血民〕の娘がいて、マスカトの女が面被のかわりに用いるマスク〔両目の部分に横長の矩形の窓をあけ鼻の部分は山形に盛りあげた、多くは模様がついた厚手の布のマスク（ブルカ）。その上からヴェールを被ることがある〕を私に顔が見えるように外した。女は自分が奴隷で、持主が手放したがっている、と言う――「私を買ってくださらない？」。値はわずか七〇ルピー（約五ポンド）だった。私についてどこへなりと行くし、私の望むまま何でもつとめる、という。申し出に私は乗らず、彼女のマスクを買いとることで満足したのだが、それを私はまだ持っている。われわれの会話をドルヴァル氏に伝えたとき、私のしたのは非常な自由訳だった！

町のうしろに、マスカト中の馬と驢馬にとって大変なご馳走となるに充分なアルファルファ〔ムラサキウマゴヤシ〕の野がある。ところが今年は、それをわれわれが船に乗せてきた一頭の象が平らげてしまった。その全部で、一回分の飼料にちょうどぴったりだった。この象は、インド総督ダファリン卿〔ダファリン侯フレデリック・ブラックウッド。インド総督在任一八八四―八八〕からペルシアのシャーへの贈りものなのだ。象は、最後にブーシェフルで少々てこずったあげく陸揚げされ、岸につくとペルシア兵の手に落ちたが、兵士たちは高壁で囲ったところに象を入れ、見せ物として高い入場料をせしめたのである。かわいそうにマスカトの馬、動物は、飼料に干魚しかなくなってしまった。駱駝や驢馬や馬が干した鰊《にしん》や鰯《いわし》を食わされているのは妙なものだった。スルタンのサラブレッドの牝馬ですら干魚を食べているのを見たが、それが毎日の餌だったのだ。

オマーン湾とペルシア湾の対岸は、インドから戻ってきたアレクサンドロス大王の軍にイクチオパギー、つまり魚食民《フィッシュイーターズ》の海岸と呼ばれたところである。この沿岸のもっとも荒涼たる地の一つは、グワーダル〔現パキスタン西部、当時はオマーンの飛び地〕という小さな町だ。私の知人に長年そこに駐在した一英人とその家族がいるが、彼はインド・ヨーロッパ電信網〔六一頁参照〕送受信所の職員だった。子供たちは健全、健康に成人したが、彼らを育んだ食餌のいくらかは魚の味のする母乳だったのである。鱈《たら》の肝油なら、ニュー氏は大金を費やさずにすんだことだろう！「魚食民海岸《フィッシュイーターズ・コースト》」の名は南岸にもあてはまるが、後者はのちに適切にも「海賊海岸《パイレーツ・コースト》」と呼ばれるようになる〔トルコは、現地民の懐柔策として海賊行為を大目に見た〕。

マスカトの町では、アラビア内奥のオアシスで取れるなつめ椰子《デーツ》が相当な規模で取引される。デーツの収穫期は、流入する金がかならず周辺のアラブを町の襲撃に誘い出すことさえなければ、マスカト商人にとって懐の潤うときだったはずだ。英国駐在官によれば、市門に敵が現われるのが合図となって、例年スルタンの軍は穴倉や町の洞窟に身を隠してしまい、治安維持はオマーン湾に遊弋する英国の小さな砲艦のどれかの支援にほぼ全面的に頼っている。むろんスルタンは、剣呑な敵を排除するためならどんな凶悪なものであれ手段は選ばない。

十二年ばかりのちに、私はパレスティナで、元気のいいアラブ馬を乱暴に乗りこなして沈滞した現地に清新の気分をもたらした二人の愉快なドイツ人現代娘に会ったことがある。二人は、母親のリューテというドイツ商人の寡婦である老女と一緒だった。この婦人はザンジバル〔現タンザニアのザンジバル島。一八九〇年までスルタン国、以後英国の保護下に入る。一九六三年独立、翌年タンガニーカと連合共和国を結成〕のスルタンの娘で、ドイツ人青年と父の王宮の屋根を伝って駆け落ちし、ハンブルクへ渡ったという人だ。そして外見から物腰からすっかりヨーロッパ人になりきって、娘たちもオリエントの血を示すものは痕跡すら見られなかった。旅の経験談をしていて、たまたま私がマスカトに行ったことがあると言うと、フラウ《ミセス》・リューテはこう言った――「あら、では兄のトゥルキーをご存じなのですね」。それが、自分の敵はライオンの檻に放りこむと思われていたあのスルタンだったのだ。ザンジバルのスルタン家は、マスカトの王家の分枝であった。洋装でいるにもかかわらず、彼女はオリエントの王家出の女性としての品位をすべて具えていた。フラウ・リューテはエルサレムのウマル・モスクの聖職者から顕彰されたが、それは私どもが同行してあの聖所を訪れたときのことだ〔一六頁参照〕。きわめて精緻な古い手書きのコーランを見せられた彼女がその一節を朗誦した仕振りに、アラブの聖職者たちは驚嘆した――「神の言葉をこれほど美しい口調で読める人は、預言者の子孫のほかにはいない！」。彼女は一生のかなりな部分をシリアで過ごし、つい先ごろ亡くなった。その子息、ルードルフ・サイード・リューテ氏はかつてプロイセン陸軍にいたが、いまはロンドンに移住している。最近、祖先の一人の生涯を注目すべき一書『オマーンとザンジバルの君主サイード・ビン・スルターン（一七九一―一八五六）、そのアラビアと東阿史における地位』*Said Bin Sultan, Ruler of Oman and Zanzibar (1791~1856): His Place in the History of Arabia and East Africa* にまとめている。序言の筆者はG・C・M・G、G・C・I・E、K・C・S・I〔それぞれ聖マイケル・聖ジョージ勲位一等、インド帝国勲位一等、インド星勲位二等勲爵士〕陸軍少将サー・パーシー・コックス〔マスカトを含む湾岸各地、アラビア、ペルシアに駐在した軍人、行政官。第一次大戦後のイラク王国創設時の駐バグダード高等弁務官。一八六四―一九三七〕である。

われわれは湾岸の主要港のすべてに立ち寄ったが、そのなかには真珠採りで名高い、あの奇異なバフライン〔バーレーン〕諸島も入っていて、水潜りが浅い海の底から貝を採ってくるのを見物した。潜水用具といえば、山羊の角で作った鼻栓だけだった。島のまわりの水深はごく浅くて船は接岸できず、上陸する客を運ぶのに驢馬がかなり沖までやってくる。バフラインの驢馬は、同種のもののなかではおそらく最良の部類に入る。ふつうの驢馬なら一頭一ポンドというところがここのは五〇ポンドで売られていた〔当時、乗用アラブ馬の産地価格は八ないし一〇英ポンド、荷役用駱駝は一〇英ポンド以下〕。驢馬レースでの彼らは、競馬におけるアラブ馬に相当する。

バフラインからブーシェフルまでの長い航海中に、ムシュー・ドラヴァルは痛恨のきわみの出来ごとに見舞われた。旅の間に、彼は船上の全員からあらゆる情報を仕入れるのに熱中し、聞いたことはすべておびただしい量のメモにして、ときには食事中ですら自分の手帳に書き込んでいた。そして後刻その記録は要約して極細字で小冊子に転記し、もとの手帳は海に投げ捨てた。この作業に、彼は連日数時間をあてていた。そろそろブーシェフルが見える、というとき、ムシュー・ドルヴァルは二、三分間だけ不在にしたあと船室に戻って、細心の注意をこめて描き込んだノートが全部なくなっているのに驚愕する。滅失の謎を解くあらゆる努力も空しかった。下部船室の小さな舷窓から、風で吹き飛ばされるなどということもありえない。この事件は、当時、フランス人のあらゆる動きが英領インド当局の熱心な公僕に疑いの目で追跡されていたことを物語るものだ。わが友の資料収集熱が、うさん臭く見られていたのは事実である。旅の間中、彼はロシアの軍事探偵ないしは情報員と思われていて、しばしば問い合わせを受けるたびに私は、友なるフランス人の日記が絶対に無害で、政治的には取るに足らないことを断言せねばならなかった。彼には、そのような政治的任務を遂行する意図は、むしろ能力は、まったくなかった。数年のちに、この感覚は一変する。フランス人の言行はすべてよしとされ、それに対してドイツ人が一人、ペルシア湾のどこかでくしゃみでもすれば大英帝国を土台から揺るがそうとする企みとみなされたのである。

四月十九日に、陸行の起点ブーシェフルに投錨した。私たちは市内の隊商宿《キャラバンセライ》に泊まるつもりだった。ところがインド人の医者アブドゥッラヒーム・ハキーム〔アラビア語・ペルシア語「ハキーム」は学者、賢人、医師の意〕は、英国駐在官ロス大佐(2)のところ以外に泊まることなどまったく問題外と言う。上陸前に同大佐からはたってのお誘いがあり、やがて私たちはその立派な宿舎を快適至極の宿とし、大佐一家のあたたかいもてなしに与ることとなった。私はロス大佐とは以前にインドで何度も会ったことがあり、そのきわめて人間味のある統治論に加えて、アジアの広大な一地域についての知識には深い感銘を受けていた。彼が「ペルシア湾の無冠の王」と呼ばれていたのも故なきことではない。彼はこの僻遠の、そして当時は文明とまったく無縁の地にあって、自分で動かしうる限られた海陸兵力よりはむしろ彼自身の権威と知識によって、にらみを効かせていた。彼に課せられた二つの仕事は、治安・秩序の維持と奴隷制の排除である。ただ彼は賢明にも、現地住民の風習と考え方に必要以上の干渉をすることは避けていた。先述したインド人の先生は、大佐がいうように彼にとっては計り知れぬ貴重な存在であった。寄港地ではどこでも、医師はその地のアラブ人首長からファーヴァ号船上で歓迎の言葉を受けていた。リンガーではある若いアラブの族長《シャイフ》を私に紹介した上、その男のことを大いに誉めそやした。彼は言う――「この青年は、きわめて難しい状況で自分の叔父を殺害し、十六歳という若さで名を挙げ、部族の長の地位についたのです」。言っておかねばならないが、叔父は自分がその地位を得たときには若者の父親を殺している。ハムレットとはちがって、この甥は、成年になると叔父ののどを掻き切るのをためらわなかった。世間は、その行動を若者に求めていた。失敗していたら、自分の部族から「父の子にあらず」とされるところであった。

(1) バートン……　――リチャード・バートン（トラヴェラー・探検家、オリエンタリスト、「アラビアン・ナイト」の英訳者。一八二一―九〇）が軍人としてインド、シンド（現パキスタン）に駐留したのは一八四二―四九年の間で、彼をインドに行かせた誘因の一つは第一回英・アフガン戦争（一八三九―四二）だった。すでに一八三〇年代初めから多数の英軍人がアフガニスタンに潜入し（一部は殺害され）、また一八四二年には、バートンのインド着の前に進攻の英軍がカーブルで大虐殺に遭っている。しかし、バートン自身はアフガニスタンには入っていないはずである。

（2）ロス大佐――E. C. Ross. 十九世紀半ばに湾岸全域を管轄する駐在官《レジデント》所在地になったブーシェフルに長期間駐在し、沿岸からアラビア半島内奥まで広く目を配った。この八年前（一八七九年四月）に、ダマスカス発で二千マイルの旅を終えてブーシェフルに着いた詩人・アラビストのウィルフリド・ブラント夫妻は、ロスからアラビア事情を聴取して公表したが、これがワッハーブ派創始以来の半島アラビア中部の近代史概観の最初とされる（レディ・アン・ブラント『遍歴のアラビア』田隅訳・法政大学出版局刊に付録として訳載）。

2 ファールス高原の旅

テヘランへの内陸路――ザーグロス越え――シーラーズ――サァディーとハーフェズの墓――ペルセポリス――ダレイオスとキュロスの墓

ロス大佐の宿舎で楽しく過ごした二日間で、内陸行の準備は充分にととのった。沿岸部と険阻な山道を越えてシーラーズまでの長い八行程〔現在の道路では約三二〇キロメートル、二千メートル級の褶曲山脈の鞍部を越える難路〕の旅で、われわれ自身と荷物を載せてゆくには四頭の騾馬《らば》を手当てした。よじ登るほかはない、おそろしい峠が四ヶ所あった。ペルシア人には「石梯子《いしばしご》」と呼ばれていて、そこを縫う道のひどいことは言語に絶する。ところどころで狭い道を踏み外し、振り落とされた騾馬の骸骨が谷底を蔽っている。荒涼たるところだが、絵のようでもあった。「乙女の峠」と「老婆の峠」の間では、ほとんどがオーク樹と野生のアーモンドの繁みである南ペルシア森林帯を横断した。そのオークはヨーロッパのものよりはるかに矮小で、葉は形も色も異なる。大きな団栗《どんぐり》は食用になる。一種の黒パンを作るのに用いられ、味もまったくまずいというわけではない。

森林帯を通っていると、トルコ語を話す遊牧民の部族に出逢った。シーラーズ南方の涼しい山間に、夏の営地を探していたのだ。なにが絵画的といっても、持物を全部携えて樹木の繁った山を越えてゆく部族の動きにまさるものはない。騾馬や驢馬、それに牡牛、牝牛すらも一頭残らず、なにか荷物を――黒い羊毛を編んだ天幕、長い不ぞろいな棒、銅の薬缶、穀物の袋、といった野営用具を運ばされている。

牝牛か驢馬にカーペット地の袋を振り分けに掛け、一方に幼児を二人、他方には三匹の生きた仔羊と一羽の牝鶏をそれぞれの脚一本をまん中で結わえて入れていることもある。通常、男は長い火打ち石式のマスケット銃を肩に引っかけて歩き、そのあとを立派なグレーハウンドときわめて獰猛な番犬がついてゆく。女は、部族のもつみごとな牝馬に、最上のカーペット地の馬具を置いて乗ってゆく。交戦中以外の遊牧民はすべてそうだが、女たちは東方で使われるきつい轡鎖《くつわぐさり》は手にせずに馬を行《や》る。よく馴れた牝馬は言われたことに即座にしたがい、乗り手が思いのまま細い羊毛を紡ぐのを妨げない。それが、われわれの嘆賞してやまないあの美しい敷物を作るのに使われるのだ。男の子や若者は、通り路を逸れて木立を歩きまわり、敷物を褪せることのない精妙な色に染める草木を集めたり、家畜の仔を散らさないように声を張りあげ、ときには石を投げたりする。化学染料がペルシアの敷物の美しさを世界中にひろめた本来の植物染料に大きく取って代わったのは、残念きわまるといわねばならない。しかし化学染料生産国〔ドイツと英国が主力〕を代表する人たちは、その導入の抑制に繋がるいかなるものにも反対することを任務としている。ペルシア人自身も、昔のカーペットにみられるいい趣味をかなりに失ってしまった。

ペルシア人の特性の一つは、何ごとにも驚いたり感嘆したりすることがない点だ。ある老人に、一緒に行く道に沿って続いている柱と針金の意味を訊ねてみたとき、彼はこう言った――「電信《テレグラーフ》というのだ、あんたの国には、このようなものはないだろうが。これで、あるところから別のところへ、どんなに離れていても言葉を伝えることができる。自分で確かめてみたが、シーラーズでイスファハーンの兄弟に電信を送ったら、彼にしかできない返事が来た」。

「不思議じゃないかね?」と聞くと、

「そうでもないよ」という答えである。「うんと長いグレーハウンドを思ってみな。尻尾をつねると頭で吠えるから」。

インド・ヨーロッパ電信網(1)の通信所があるところでは、私たちはいつも職員——ときには英国人、ときにはアルメニア人——から温かいもてなしを受けることができた。

手つかずの牧草地にめぐまれた、山中の人のいないところを求める遊牧民と別れると、私たちはシーラーズをめざした。隊商宿の石を畳んだ床で過ごした最後の二晩は、おそろしく寒かった。やっとの思いで樹木のある丘陵から平原に下り、キャラバンの旅も八日目の朝にシーラーズに着く。途中、水と飼い葉の不足による騾馬の苦しみは大変なものだった。あるところでは、唯一の貯水槽が雨水を湛えているのに、旅の者には極端に節約した量しか分けてくれなかった。あの象が同じ道を来れば一飲みで水槽はからになり、住民は長い旱天の夏に渇水となりかねない。シーラーズの基幹電信局の長、プリース氏〔一八九〇年代に在イスファハーン英国領事を務めたJ. R. Preeceか〕には、この町の名高い薔薇《ばら》園のまん中にある快適な宿舎であたたかく迎えられた。貴重な情報と助言を提供してくれ、また南ペルシア主邑の要路者に私たちを引き合わせてくれる適役として、プリース氏にまさる人はない。氏は誰からも高い敬意を払われ、実際に任命されていたわけではないが英国官吏としての立場を享受していた。

ただ一つ、その指示に私が従わなかったことがあった。狂信的な住民とのいざこざやバザールでの不当なごまかしに遭わぬように、独りでは町に出るなと私は氏から言われていた。だが、ぐずぐずせずに有名な古都を訪ねよう、そのバザールを誰の付添いもなくさまよってみようという誘惑に抗し切れるものではない。私は何の面倒な思いもせず、驢馬一駄分のカーペット地の袋や敷物や骨董品類を、あとでプリース氏が認めてくれたようなまともな市価で買いこんで帰ってきた。そのほとんどはヨーロッパへ送ったが、それと一緒にしたのは自分のコルト連発騎銃《カービン》である。銃を最初考えていたように持ち歩く気がなくなったのは、武器をもってペルシアを旅することをプリース氏に笑われたためだ。当時のペルシアは、ヨーロッパのどこよりも安全だった。一対のカーペット地の袋だけは、その後の旅の用に手もとに残した。このカーペット地の袋は最高級のシーラーズの敷物と同じ出来ばえで、ペルシア縦断の旅の間中、そしてまたほかの似たような旅路で、見た目にも美しいだけでなく役に立ってくれた。ペルシア、シリア、パレスティナ、アラビア、アビシニア、モロッコと、長期にわたるさすらいの間、雨や雪に、川の渡渉に、そして灼けつく日の光にさらされても、よく溶け合った美しい色が褪せることはなかった。

バザールで気に入った小物類に、小さな、だがまことにしゃれた手描き模様の木綿のテーブル掛けがある。旅人が路傍で食事をするときに地面に敷くにはもってこいのものだった。それに記してあったのを見れば、サァディーの詩句と分かった。

大地の面《おもて》は神の恵みし共用の食布、
万人のために敷き広げたまうとき、神は敵と味方を
分け隔てされることなし。

シーラーズの町は、戦乱と地震でたびたび破壊されている。それが現在の形に造られたのは、かつてペルシアを統治したなかでは最良、最賢明とされる一人、カリーム・ハーンによる。彼はロル族の人で、主君の大征服者ナーディル・シャーが一七四七年に殺害されたあと徐々にほとんど全ペルシアを支配下に収めた〔(ロル族のことを含め、このくだりは二六六頁で詳述)〕。彼は王《シャー》を称することなく、自分を「ワキール」——代理人、ペルシア人のもっとも尊崇する十二人のイマームの——と呼んだ。その謙虚さを物語る逸話が述べられた王統記

の写本を、私は読んだことがあった。あるとき、宮廷の修史官が、カリーム・ハーンの祖先をペルシア最古の支配王家ピーシュダーディヤーン、つまりアケメネス朝に遡らせる歴史を書いた。それを読み聞かされたカリーム・ハーンは、読み手を遮って言った――「わが先祖のイナクとブータクは隊商筋で驢馬を盗んで生計をたてていた。どこにピーシュダーディー朝が入ってくるのか?」。原稿の墨を洗い落とせと命じ、その水をかわいそうな筆者に飲ませたという。またカリーム・ハーンは町を建設したとき、楽師を呼び、人夫が元気よく働けるように曲を演奏させ歌をうたわせた。もっともこの話は、カリーム・ハーンの造営した建物の多く、なかんずくペルシア中でもっとも美しいとされるワキール市場《バーザーレ・ワキール》の立派な仕上げをいうための創作かもしれない。

プリース氏が手配してくれて、私たちはシーラーズの知事サーヒブ・ディーワーンと、その保護下におかれている幼い王子ジャラールッドウレ（「国家の光輝」[2]）に面会した。知事は、物腰が洗練された、ととのった風貌で聡明そうな老紳士である。同じ評言を、「国家の光輝」にいうわけにはいかない。彼は私たちを応接中、自分のお付きと小声で話しどおし、ふざけた笑い声を上げどおしだった。プリース氏はそのことを聞くとサーヒブ・ディーワーンに進言し、年若い王子の行儀に気をつけるように要請した。長い年月ののち、私がブカレストのドイツ公使だったとき〔一九一〇―一二年。ペルシアはカージャール朝最後の王アフマド・シャーの時代〕に、ペルシアの同職を務めていたのが「国家の光輝」のお付きだった一人である。あのときのことを覚えていて、王子が知事からきびしく叱責されたと言っていた。

シーラーズ滞在最後の日は、私にとって最高に印象深いものだった。ペルシアの二大詩人サァディーとハーフェズ[3]の墓を訪れたのだ。サァディーの「薔薇園《グリスターン》」は、その一部を学生時代にドイツで父とともに読んでいた。彼の詩はさらに深くインドで読み、このときは詩句の多くはそらんじていた。サァディーが、中近東を通じてもっとも人気のある詩人であることに疑いの余地はない。彼の言葉は、学のある人であろうと驢馬追いであろうと、ペルシア人すべてが口にする。その詩句をトルコ人もインド人もアラブ人も誦するのを、私は耳にした。ハーフェズも西アジア全域で同じように知られているけれども、詩句のもつ複雑な含意のためにそれほど一般受けしていない。それでも彼の詩の一つを、ガンジス川を渡る舟の上でインド人の踊り子たちが歌うのを聞いたことがあった。

いま、私はこの二大詩人が眠るところを訪れるわけだ。カリーム・ハーンがハーフェズの縞大理石《アラバスター》の墓標に彫った抒情詩を読んでいると、ある修道士《ダルウィーシュ》が近づいて、実が二、三個ついた橙《だいだい》の小枝を差し出し、ハーフェズがこう歌っている詩を誦した――「われ死すれば、わが墓域は世の遊蕩者の相集うところとなるべし」。「遊蕩者」という言葉には、熱狂者、ファンといった意味もある〔（著者が「遊蕩者 revellers」と英訳したペルシア語原語は「リンド」（ハーフェズ詩に頻出）〕。その少しあとで、サァディーの墓の上手に立っていると、別の托鉢修道士《メンディカント》がやってきて長いあいだ黙っていたあと、こう訊く――「名所見物に来たんだね？」。「いや、どちらかといえば巡礼だ」と答えると、彼は美しい彫刻のある托鉢用の容器を差し出し、サァディーが眠るところの思い出に故国へ持ち帰れという。かなりな値打ちのある美しい鉢だが、彼はいかなる形でも代償を受け取らなかった。何とかしてお返しをしたいというと、私の持つ橙がほしいとのことだった。その鉢はいまでも持っているが、ペルシア文字のきわめて繊細な装飾が彫ってあるものだ（図版参照）。

ペルシアやインドの托鉢修道士が、シーラーズの近くで出逢ったような人ばかりとは限らない。大抵は、まったく利益本位である。棍棒あるいは突起のついた鉄の棒を携えていることが多いが、それぞれが属する教団の標章というだけでなく、あるインド人が正当にも名づけたように、慈悲心を刺激するためでもあるのだ。

自分が歌って有名になった薔薇園のなかで詩人たちが眠っている、そのシーラーズの薔薇園のことでは私はよく人から訊ねられた。読者には、いま庭園に咲き誇る、つぎつぎに新しいものが生みだされる薔薇の多様な変種は近年に創られたもので、百年前にはそのほとんどがなかった、ということを思い出していただこう。シーラーズの薔薇は、古風な淡紅色をした *Rosa Centifolia*、つまり「百弁の」香りのいい品種である〔英語名 cabbage rose のとおりキャベツ状をした多数の花弁をもつ〕。見かけよりは、その芳香がすばらしい。花弁からは、薔薇水のほかにアトル（英語のアタル attar、薔薇油、花の精のことだ！）が作られる。ペルシアの詩に歌われた「シーラーズの薔薇」を捜し求めて、がっかりする人はいないであろう。

その日の夜は、シーラーズでもっとも裕福な、もっとも教養ある人士のナッヴァーブ（大貴族、王族）、ハイダル・アリー・ハーンから夕食に招かれた。プリース氏とともに家を出て町のなかへ歩いて行くときには、下僕が大きな手提げの灯火を持って道を照らす。これは、穴や溝などの危険を避けるのにどうしても必要なものだ。作りが西洋の紙張り提灯《チャイニーズ・ランタン》に似ているけれども、もっと大きい。上下の円盤は飾りを施した銅製で、ペルシア人が「シャツ」という部分は紙でなく、艶出しをした亜麻布でできていた。

ナッヴァーブの邸では、本物のペルシア式正餐を初めて味わった。食事はきわめて美味、といってもいいだろう。料理にかけては私よりもはるかに権威者であるムシュー・ドルヴァルが、‘à la hauteur des meilleurs dîners de Paris’〔パリの最高クラスの晩餐に比肩しうる〕と断言したからだ。夕食のあと、銀の火皿に金の飾りのついたナッヴァーブの水煙管でシーラーズ産煙草のかぐわしい香りを味わいながら坐っていると、数人の楽師があらわれ、その一人で盲目の歌い手がハーフェズなどの詩を最高の歌唱伝統にしたがって高い声でうたった。ペルシア人の歌唱の仕方は、春にいたるところのペルシアの庭園でここを先途とばかりに鳴くナイチンゲールの囀《さえず》りを見習ったもののように思える。私はナッヴァーブ一家の何人かと深く知りあっていまにいたったが、いつも気持ちよく付き合うことができたし、また彼らがペルシアとヨーロッパのことによく通じているのに感心している。

ナッヴァーブのところでの夕食が、シーラーズで過ごした夜の最後だった。翌朝には、私たちは早くから馬上にあった。最初のチャーパール〔駅伝〕騎行の長い一日を控えていたためだ。それまでは、すべてキャラバン、つまり連日同じ馬を用いる旅であった。シーラーズからは宿駅ごとに取り替える、チャーパール、駅馬を使った。自動車が用いられる前の移動手段としては最高速だったこの制度は、紀元前五百年ごろにダレイオス一世の創始にかかる。チャーパールで旅をする人は鞍袋に納まる以上の荷物はもたないことになっているけれども、私たちは荷馬を一頭連れて行かざるをえなかった。駅逓夫《ポストボイ》は後ろのことにはお構いなく前の方で馬を進めていたから、荷馬は私たちが追い立てて自由に歩かせた。

一行程の平均距離は五ないし七パラサングで、一パラサングはほぼ六キロメートル、つまり約四マイルである。先を急ぐことしか頭にない旅人は、運のわるい駅馬を憐れんではいられないだろう。ところがペルシアの宿駅の長は、手持ちの馬にことさらにつらくあたる連中の速度を落とさせる術《すべ》をいろいろと考案している。その一つは、凝乳の一種であるマースト〔羊乳のヨーグルト〕を鉢に一杯、その旅人に振る舞うことだ。充分に酸敗しておれば、乗り手は十五分ごとに下馬を余儀なくされ、結果として馬は申し分ない状態に保たれる！　また、ある町から別のところへ、考えられないほどの短時間で馬を乗りこなした者の記録が数多く残っている。私はかような記録をすべて信じはするが、この目で現場を見たことはない。私たちはいつも、一日に大体三行程、つまり一〇〇ないし一二〇キロメートルの距離をこなした。もっとも長かったのは二日間で三〇〇キロだが、このときは二度も疲弊した馬をつぎの行程用に与えられて割を食っている。
チャーパールの二日目に、行路を二回逸れて、ペルセポリスの遺跡とナクシュェ・ルスタムの磨崖彫刻を見に行った。

古代ペルシアのこの雄大な遺物のことはきわめて頻繁に、そしてきわめて巧みに解説が行なわれているので、私が喋々するまでもない。読者には、カーゾンの『ペルシア』George N. Curzon, *Persia and the Persian Question*, 2 vols. London 1892 の詳細で正確な叙述と、写真については拙著『言葉と影像によるペルシア』*Persien in Wort und Bild*, Berlin 1926〔「言葉と影像による世界」シリーズの第三巻〕を参照されることをお薦めしたい。ペルセポリスの壮麗な宮殿と神殿がアレクサンドロス大王の気まぐれで焼き払われたのは、西洋文明の名誉になるものではない。地震、イスラム信仰の狂熱、そして時が、マケドニアの軍隊による破壊を続行させることに寄与した。しかしペルシア人がいま「ジャムシード〔伝説上のペルシア王〕の玉座」と呼ぶ壮大な壇上に築かれたテラスに散らばって残る石柱、正面門、彫刻を施した壁面などは、背後の岩山に穿たれたアケメネス朝帝王の墓廟とともにいまなお堂々たるものだ。遺構に旅行者が刻んだもののなかに、ウマル・ハイヤームの詩の一節があった。英語圏ではフィッツジェラルドの詩情ゆたかな、だがはなはだしい自由訳で知られているものだ。

They say the Lion and the Lizard keep
The Courts where Jamshyd gloried and drank deep:
And Bahram, that great Hunter — the Wild Ass
Stamps o'er his Head, but cannot break his sleep. (Edward FitzGerald)

宴を張り奢《おご》りをきわめた日大王《ひのおおきみ》のジャムシッド、
その宮跡に今の世は獅子《しし》や蜥蜴《とかげ》が時めくという。
また、伝え聞く狩りの名手のバーラム王、
驢《ろ》馬《ば》が頭上に跳ねようが、おん眠り深いという。　（森亮訳）

ペルシア語原詩を逐語訳すれば、

バフラームが杯を手にしたかなたの城では、
ガゼルが仔を産みライオンは憩いの地を捜している。
グール（野驢）を捕らえて一生を過ごしたバフラームだが、
いまはグール（墓）がバフラームを捕らえて離さないのが見える。(4)

ペルシアの君主で最も強大だったダレイオス一世の墓はペルセポリスにはなく、おなじ日に私たちが訪れたナクシュェ・ルスタムの垂直に切り立った岩面に穿たれている。

午後遅く、シヴァンドの村に着いた。英国人の電信職員と若い英国人の妻がすばらしい食事と飲み放題の強いシヴァンド・ワインで待っていてくれた。二日目、前日ほどは広大でないイスタフルの遺跡を通り過ぎる。ここでもっとも興味を惹く見ものは、保存のいいキュロス王の墓である。岩山の壁を穿った彼の後継者たちの墓とは異なり、石段を高く積んだ上に建つ、ギリシアの神殿のような屋根をした小さな建造物だった。いまでは一つの聖所と見られて「ソロモンの母の墓」と呼ばれている。(5)入ってみると内室にはロープが一本張り渡してあり、あらゆる種類の装身具や護符のたぐいが懸けてあった。この堂を訪れた者、おもに子供がほしい女たちの望みが叶うことを、ソロモンの母が嘆願してくれるように念を押しているのだ。

北上の旅を続けるうちにはいろいろと珍奇で興味あるところがあったが、その描写で立ち止まるのはやめておこう。私がテヘランの生活をともにすべき人、英国代理公使サー・アーサー・ニコルソン(6)から督促の電報が頻々と入ってきて、小さな宿駅でゆっくりする時間もなかったのだ。

彼の希望は、ペルシアの新年祭、三月二十一日につづいて起こる外交団の夏の移動と分散が始まる前に、私たちが到着することだった。私たちは、立ちどまって休息することも、パンと、チーズかおきまりのヨーグルトかのほかには食事をすることも事実上ないまま馬を駆った。温かい食事への渇望に屈したのは、ただ一回だけである。信頼できそうな感じの年配者の夫婦が管理している、清潔で居心地のよさそうな宿に着いたので、もう一行程行くのはやめ、亭主に鶏と飯の夕食を頼んだのだ。日没には二時間以上あったから、夕暮れ前には食べられると踏んだのだが、甘かった。かわいそうな鶏を摑まえるのにたっぷり一時間、それをさばくのにさらに長くかかったため、とうとう私たちは寝入ってしまった。われわれのベッドの用をなすのは、大小二つの木綿袋である。宿駅に着くごとに切り藁《わら》を袋に詰めると、気持のいいマットレスと枕ができる。朝になれば袋はからにし、頭陀袋にしまいこむわけだ。宿駅長の亭主に揺り起こされたときには、何時間も眠ったあとだったらしい。目の前には、鶏の煮込みを載せた米飯の大皿があった。そのときは、このご馳走を口にする気もしなかったけれども、食べ出すと食欲が蘇り、二人で深夜の食事を堪能した。だが、同じ実験は二度としなかった。旅を終えるべく、連日夜明けから夕暮れまで、先を急ぎに急いだ。

（1）インド・ヨーロッパ電信網——ペルシアの電信網は、一八五七—五九年のインドにおけるセポイの反乱で、インド・英本国の直通通信線敷設の必要が痛感されたことに始まり、紆余曲折を経て一八六〇—七〇年間にバグダード—ハナキーン—ハマダーン—テヘラン—イスファハーン—シーラーズ—ブーシェフル—カラチと、カフカスータブリーズ—テヘラン（以後同）が、関係国（英国主導のもとペルシア、トルコ、ロシア）の利害を調整した上で敷設され、インド・ヨーロッパ電信会社 Indo-European Telegraph Company が運営した。最難区間の幹線ブーシェフル—テヘランの工事は、一八六五年に英領インド政庁によって完成。三、四行程ごとに設けられた通信所では訪客をリレー式に連絡するほか、重要なニュースも提供した。

（2）王子ジャラールッドウレ——七四頁で触れられるナーセロッディーン・シャーの第二子でイスファハーン総督、ジルッソルターン（王の影）の子。カージャール朝では幼い王子にもすべて高位の官職・軍職を与えたため、名目的なファールス州知事として、実務は強請で有名だった富裕な貴族サーヒブ・ディーワーン（のちホラーサーン総督）に後見させていた。なお当時のペルシアでは、高位の者は男女を問わず個人名よりもものものしい称号（雅号）で呼ぶのが通例だった。

（3）サァディーの『薔薇園《グリスターン》』は……　——後年、著者はそのドイツ語訳 *Der Ratgeber für den Umgang mit Menschen und andere Dichtungen aus Saadis Rosengarten (Gulistan)*. Aus dem Persischen übertragen von Friedrich Rosen. Berlin, G. Stilke 1912.「サァディーの『薔薇園《グリスターン》』より、〈人との交際についての手引き〉ならびにその他の詩」を完成する（蒲生礼一訳『薔薇園』・東洋文庫では第八章〈交際作法について〉に相当する部分訳）。なお著者の父ゲオルクはペルシア語学者でもあって、その遺作を著者が校訂した *Elementa Persica*, 1915. がある。

（4）バフラーム……　——バフラームは、実在のサーサーン朝の王（在位四二〇—四三八、キリスト教徒を迫害したが、ビザンツとの抗争に終止符を打ち、和を講じた）。狩猟の名手で、「野生の驢馬、ガゼル」を意味する「グール」をあだ名として「バフラーム五世グール」と呼ばれる。ペルシア語「グール」には、同じつづりで「野生の驢馬、ガゼル」と「墓」を意味する二語があり、この掛け言葉を見逃せば翻訳は成り立たない、というのが著者の指摘である。なお、ペルシア語原詩からの小川亮作訳（岩波文庫版）では、「バハラームが酒盃を手にした宮居《みやい》は／狐《きつね》の巣、鹿《しか》のすみかとなりはてた。／命のかぎり野驢を射たバハラームも、／野驢に踏みしだかれる身とはてた」とあって、ローゼンの逐語訳にちかい。

（5）「ソロモンの母の墓」――ソロモンの母は、ダビデによって将軍ウリヤから奪われて妻となり、ソロモンを生んだバテシバ（旧約サムエル記下一一―一二章）。パレスティナを離れた記録はないバテシバの伝承がイスラム世界に広まったことについては、このソロモン（スライマーン）をウマイヤ朝第七代カリフ・スライマーン（在位七一五―一七）とする説があるという（カーゾン『ペルシア』vol. 2, p.78）。

（6）サー・アーサー・ニコルソン――欧州各地、北京、中東など広範囲な拠点地の勤務歴をもつ外交官（一八四九―一九二八）。テヘランには一八八五―八八年に代理公使として駐在した。次章で触れられるテヘラン生まれの末男で外交官のハロルド・ニコルソンは、女流作家ヴィタ・サクヴィル＝ウェスト（ヴァージニア・ウルフとの同性愛者）の夫。ヴィタの『悠久の美ペルシア紀行』（田代泰子訳・晶文社）と、ハロルドの次男ナイジェル・ニコルソンの『ある結婚の肖像』（栗原知代／八木谷涼子訳・平凡社）は、ハロルド世代を中心にしたこの異色の一家の記録である。

3

イスファハーン

イスファハーン――シャーの長子――ジュルファ――カーシャーンの舞姫――コムと「死の使いの谷」――テヘランに着く

イスファハーンの眺めが最初に目に入ったときは、若いころのわが夢が実現した瞬間であった。学窓にあったころ、私はロマンティックでうっとりするようなパレスティナの光景によく思いを馳せ、ある山の尾根を馬で越えると、不意にその頂きの足下に東方の大都市の穹隆《ドーム》や光塔《ミナレット》が現われる場面を想像したものだ。そのような驚くべきパノラマが、南からやってくる旅人がイスファハーンに辿りついたときに現出する。タイルを畳みあげたドームと塔、プラタナスの長い並木道、一筋の川とそれに架かったいくつかの橋、モスクと宮殿に囲まれた広大な広場――などを具えた古い都市が眼前に広がっていた。ただ私たちの当面の目的地は市中ではなく、郊外のアルメニア人町、ジュルファである。そこで英・米の伝道界のために働いているドイツ人医師ヘールンレ博士の世話になる予定だった。ここでもシーラーズのときとまったく同じく、同行者なしには市中に出ないようにと真剣に忠告された。けれどもある朝、私は朝食前に脱け出して何時間も町をほっつき歩いてみた。むろん誰かに乱暴されるでもなく、それどころか最高の丁重さで遇された。ある店の主人はわずかな代金でお茶と極上のパンと、ハルワー〔五二頁〕を出してくれた。何人かと話してみて、彼らが洗練され、機知に富むことも分かった。丸天井に覆われたバザールを抜けて、マドラサ、つまりイスラムの学院や、かつての諸王の宮殿だった崇高門《アリー・カプー》などに囲まれた大広場に出る。すると、ある美しいタイル張りの高い門の前でアーチに懸かったものを見上げている人の小さな群れが目に入った。訊ねる私に、見物の一人が言った——「メソポタミアの聖廟に詣でる巡礼を待ち伏せして襲ったクルドの強盗、二十二人の首です。やつらは男の首と女の乳房を切り取る習いだが、とうとうシャーの軍隊にやられて、手前の首を切られてしまいました。首は乾燥させて藁を詰めてから、イスファハーンの総督に送られてきたのを、こうして曝してあるわけです。どうか教えてください、お国でも強盗や盗人をまともに懲らしめてくれる、これほどありがたいお上《かみ》がありましょうか？」(*)

この目でその首を見たクルド人の話は、のちの旅の途中で彼らの墓を訪れたことを述べるときに触れよう〔VI参照〕。

＊いまこの質問を受けたなら、言葉に窮するかもしれない。

イスファハーンは、サファヴィー朝のもとで長い間ペルシアの都だった。この地を首都に選び、多くの壮麗な建造物で美化したのは、最大のサファヴィー王で英国のエリザベス女王と同時代の人シャー・アッバース一世である。最盛時には町の住民は六十万を数えたという。当時、ここは世界の驚異の一つとされていた。その礼賛の言葉は、何人もの詩人が大げさな言い方で謳いあげている。賛辞の一つを短縮して引いてみよう。

この都の広さのゆえに
その片方に日が昇る、

片方ではまだ夜が続いているのに。
ここでは道理という薔薇《ばら》が棘もなく咲き誇る、
天才も野に草のあるごとくざらにいる。
この英知の世界の戸口には
ギリシアも乞食のごとくたたずむ。
いたるところの街路にアリストテレスが現われ
どこの石段でもプラトンに出くわす。
イスファハーンの町びとは *'Syntaxis Magiste'*《シンタクシス・マギステー》(1) なみの著述をなし
子供らも懐中から「百科全書(2)」などの本を取り出して振りまわす。

一七二三年に、この大都市は知力でも武力でも相手のペルシア人よりはるかに劣るアフガン人の大軍に包囲され、結局征服される。町は略奪され、シャーと王族のほとんどすべてが命を失い、ペルシア全土はアフガンの支配に服して、イスファハーンも二次的な重要さしかない地方都市になり下がった。私が訪れたときには、古い立派な建造物は多かれ少なかれ荒廃し、昔の美しい彩色タイルもつぎつぎにドームや壁から剝離する有様だった。

イスファハーンの総督は、シャー・ナーセロッディーンの第二子である〔夭死の二子があり実際は第三子。本名マスウド・ミールザー、一八五〇—一九一八。低位の妃の子で王位継承権がなく、皇太子は第四子のムザッファロッディーン・ミールザー〕。称号はジルッソルターン——「王の影」という。シーラーズで会った「国家の光輝」は、その長男である。ジルッソルターンは南部諸州ほとんどの知事職を逐次手中に収め、事実上ペルシアの三分の一を超える地域の支配者となっていた。そして無視できない軍隊を作りあげていて、それはシャーつまり父親が召集できる軍に比べると装備も練度もすぐれていた〔背後にはロシアに対抗して南部への勢力扶植をねらう英国の支援があり、軍の編成・装備はドイツ陸軍を範としたという〕。悪辣な男で、金銭強請の好機には必要とあれば情容赦はしなかった。もっとも愚かな人間とはイスファハーンのそれだ、としばしば公言していた――多額の金を払うか足裏の打刑を受けるかの選択を迫られると、彼らは例外なく後者を選ぶ、拷問にけりをつけるには結局のところ金を払わねばならぬのに、というのだ。

私たちは、そのときは堰《せ》き止められて大河の様子を見せていた、ザヤンデールードのほとりの軍営にジルッソルターンを訪問した。対話は愉快で、興味あるものだった。彼はあらゆる機会を捉えてヨーロッパ、インド、そのほか世界各地の情報を集めていて、きわめて聡明と見えた。私たちはまた、彼の総司令官サーレムッドウラ「国家の偃月刀《えんげつとう》」と知りあった。ジルの軍の編成者で司令官、そして政務全般について彼の右腕だった男である。今日明日にでもジルッソルターンはテヘランに進撃し、父のシャーを打ち破り捕虜とするかもしれない、そして義務感も子としての顧慮も彼を引きとめはするまい、ということが見て取れた。またロシアは、ジルを英国の外交が意のままに動かせる道具とみなし、英国はその支配をペルシア帝国に広げる手段に彼を使おうとしている、と見ていた。

数年のちに、ジルッソルターンはシャーを公式訪問する。テヘランにある自分の壮麗豪奢な宮殿に入り、表敬者すべてを接見した。私も訪問客の一人だったが、彼はきわめて機嫌がよさそうだった。父王との間の懸案の諸問題が、この機会に犠牲にする覚悟を決めていた莫大な金高のおかげでどうやら円満に解決しかけていたのだ。彼がイスファハーンに戻ろうとすると、シャーと大宰相《グランドワジール》(3)は、滞在を延ばして彼のために催す大祝典に列するようにしきりに勧めた。しかしやがてジルは疑念を抱き、これ以上テヘランに留まるつもりはないと大宰相に明言する。

「と言われても、シャーのお望みでございますれば——」。

「シャーは本件には何の関わりもおもちでない。私は、自分に不都合なときにはシャーのご指示でも従う必要はない。必要なのは、わが将軍サーレムッドウラに電信を打つことのみ。さすれば、近代的な火砲で装備されているのは知ってのとおりの、私の優秀な軍を率いてテヘランへ上ってくるはずだ」。

「なにとぞ、殿下のご随意に」と、大宰相は切り返した——「ただ申しあげたいのは、殿下の近代化された砲兵隊は昨夜テヘランに到着し、殿下の将軍、『国家の偃月刀』殿は亡くなられた、ということでございます」。

将軍の死を聞いた王子は、わずかにこう洩らした——「チャシュマム・クール・ショド」——私は目が見えなくなった。そしてイスファハーンの町と近接地域の知事職で満足し、広大な領地の没収を甘受した。


郊外のアルメニア人町ジュルファに滞在中、ヴィクトリア女王戴冠五十周年が、その地で英国の保護下にある小居留民によって祝われた。英国政府の代理人、アルメニア人のアガヌール氏は晩餐会を催し、わが友ムシュー・ドルヴァルと私は、ロシアのコサック軍将校〔シャーがペルシア軍をコサック式に訓練するべく招聘した〕でドイツ系のフォン・ブルーメルとともに招かれた。晩餐会には、英独仏露の代表が列席したが、出席者の多くはアルメニア人とその夫人たちである。私たちにとって、それはまったく目新しいことだった。アルメニア人の婦人は愛想がよく、気持ちのいい人たちとわかり、私たちが喜んだのはその稀少価値だけのためではなかったのである。

北上を続けるうちに、イスファハーンで費やした時間を取り返さねばならない。前方にあるのは、それまでに乗り越えてきたなかでの最高地点だった。すでに五月というのに、夜間はことのほか寒かった。五月九日に高さ九〇〇〇フィートばかりのクールード峠の頂き〔海抜七二五〇フィート〕に達した。この地で一驚したのは、まだペルシア中部にいるというのに、いきなり北ペルシアが、カスピ海に接する山なみまで見えたことだ。前方には遠くに、だがきわめてはっきりと、雪を頂いたアルボルズ山脈の長い帯がデマーヴァンドの雪嶺を聳えさせて連なっていた。それが反対側はカスピ海に影を映し、南ロシアからも見える山脈だと駅逓夫に言われたとき、私はにわかには信じられないほどだった。峠を下りるときには深い雪に出逢ったので、私たちは子供のように雪合戦に興じた。前に広がる高原は、標高がイスファハーンよりもはるかに上である。それが終わるあたりに、暗くなる前に着かねばならぬカーシャーンの町が遠望された。

爽快な大気のなかで、馬は駆り立てなくとも速く歩み、日没より二時間以上も前に町の門をくぐった。バザールに本屋があったので、買う値打ちのある古写本でもあるかと思って立ち寄ってみた。ところがムシュー・ドルヴァルには一刻も早く宿所に入りたい特別の理由があり、私にぐずぐずしないでくれと言う。そこで本屋に頼んで、急いで選び出した数冊の書物を電信局まで届けてもらうことにした。局ではアルメニア人の当直職員に迎えられ、茣蓙《ござ》一枚と革の水差しが一本置いてある方形の部屋に案内された。連れがこれほど急いでいたわけはペルシア舞踊を見ることで、カーシャーンはそれで有名と彼は聞いていた。そしてここまでの道中、待ち受けているすばらしい見もののことを語って私を楽しませてくれたのだ。

‘Vous savez on m’a dit que c’est quelquechose d’extraordinaire. Ce n’est pas seulement la beauté des danseuses mais surtout leur grâce et leurs allures qui sont bien autre chose que tout ce qu’on voit aux Indes. Il faut absolument voir ça. Allons, ne perdons pas de temps.’〔あれが大したもの、といわれているのは知ってるだろう? インドで見るようなものとまったく別物なのは、ただ踊り子が美しいというだけじゃなくて、とりわけ優雅なこと、品のいいことなんだ。絶対に見なくちゃならない。さあ行こうよ、時間を無駄にしないで!〕

宿舎に入るやいなや、わが友はアルメニア人の電信職員アゴピアンに希望を訴え、ただちに選り抜きの踊り子を呼んでほしいと頼んだ。見込みはありそうだったが、作法どおりにまずはペルシアのお茶でのどを潤し水煙管で一服して、ひと息入れねばならない。これでムシュー・ドルヴァルの苛立ちはますます募る。そうこうするうち古本屋が写本をもってきた。私たちが坐っている茣蓙に並べたので、私の方はたちまちその検分で夢中になった。取りあげたのは、かなり古いハーフェズ[4]の詩集《ディーワーン》を一冊と、ぼろぼろになっているが明らかにきわめて古い『ディーワーネ・シャムセ・タブリーズ』だった。後者に盛られているのは、あの大神秘思想家ジャラールッディーン・アッルーミー(十三世紀の人)の抒情詩と四行詩である。彼は、コンスタンティノープルを訪れる人には「旋舞派修道士」〔集団で旋舞(瞑目し両手を広げて旋回を繰返す)することにより忘我状態に入ることで、神との合一をめざす教団の修道者〕として知られる、メヴレヴィー派ダルウィーシュ教団の創始者だった。詩人は、自分の心の師シャムセ・タブリーズつまり「タブリーズの太陽」という雅号で知られる神秘家の名で、この抒情詩を書いたのである。写本がのちに私にとっては最高の価値あるものとなったのは、その古さのゆえにであった。私は、ウマル・ハイヤームのものとされるが正確な作者は従来どのオリエント学者にも分からなかったある四行詩を、この写本のなかに見いだしたのだ。この問題に関心のある読者は、*Zeitschr. d. D. Morgenl. Ges.*〔ドイツ東洋学協会雑誌〕一九二六年第五号所載の、ウマル・ハイヤーム四行詩の起源に関する拙稿〔‘Zur Textfrage der Vierzeiler Omars des Zeltmachers’「天幕作り(ハイヤーム）ウマルの四行詩のテクスト問題」）で詳細をご覧いただけよう。
本屋とその仲間を、お茶のお相伴に誘わねばならなかったのはいうまでもない。写本の値段を交渉していると、別の訪客が現われた。非常に恰幅のいい中背のペルシア紳士で、黒い長衣をまとい、上流の人が用いる黒のラムスキンの帽子を被っていた。丸々と太った顔と特大の二重、いや三重顎には、半白の黒い鬚が三、四日分ばかり伸びている。戸口で靴を脱いでから入ってくると、しみ一つない白靴下で茣蓙まで歩み寄る。そして、パリの法曹界の一員に敬意を表するのに使えそうな流暢で上品なフランス語で挨拶を述べた。

'Messieurs, j'ai l'honneur de vous saluer au nom de tout ce qui représente la civilization et le progrès en Perse.'〔ペルシアの文明と進歩を表すものすべての名において、謹んでお二人にご挨拶を申しあげます〕

彼は、パリであらゆる種類の学問――et surtout les mœurs〔なかんずく生活習慣〕――を修め、立派な経歴をもち、ごく最近までフランスと同じくらいの広さのある州の知事を務めていた、という。だがペルシアにおける人生の浮沈は、サァディーの言葉を使えば、ある日誇らしげに鞍に跨る者も、翌日には自分の背に鞍を担がねばならぬとも限らない、という態のものである。彼は、いま地位も財産も、さらには――彼がより痛切に感じていること――「文明世界」との繋がりをほとんどすべて失って、カーシャーンの宿駅長というささやかな立場を守るだけに落ちぶれた。両名のヨーロッパ人、うち一人はフランス人の旅人が着いたと聞いて、このわびしい、見捨てられたカーシャーンでは望んでも得られぬ気の合う付き合いに一、二時間を過ごしたいと思ってやってきた、という。
この能弁な挨拶がはじめて途切れたとき、ムシュー・ドルヴァルは、驚嘆に値すると聞き及んだ踊り子の姿を至急に見せてほしいという哀願を差し挟んだ。宿駅長は、カーシャーンで演じられるテルプシコラー〔ギリシア神話でミューズの九姉妹の一人。竪琴を弾き歌舞をつかさどる〕の技を口をきわめて賞賛し、舞踊の披露を手配するのはお安い御用という。「けれども」と彼はつけ加えた――「経験より申しますれば、頭が利得で凝り固まっている者が一人でもいますと、本当の楽しみは得られませぬ。よってお願いいたしますが」と私に向かい、「この商売人どもを出していただきたいのです。ほしいだけのものを与えて、去らせてください」。私は求めに応じて、写本二点の価を本屋に払い、ほかにも値のつけようのない書物があったかもしれないのに、宝の山の残りに目を通すことはあきらめた。

　商人が出て行った途端に、ムシュー・ドルヴァルは言った――「あなたのフランスに寄せられる愛の名において懇願いたします、ご奮起を願います！　即刻、踊り子たちをここにお連れください」。「かしこまりました」という返事だった。「ただ先立って、一つ質問をさせてください、ワインかコニャックをお持ちでしょうか」。そのときは、コニャックを一瓶もってきただけである。物入れ袋に、それしか入らなかったのだ。そこから連れが自分の分は飲んでしまった。残りの半分も「共通の利益のために」譲ってくれと、彼から頼まれていたところだった。さもなければ、私の方はアルコールなしでも大丈夫だろうが彼はほとんど途切れなしの早駈けの緊張にとても耐えられない、というのだ。貴重な酒は病気に備えて〔消毒、滅菌用に〕取っておきたかったから、この日までは彼の希望に応ずる気はなかったのだ。しかし私の芸術愛好心に訴えて頼まれたいま、私は瓶を与えてしまった。宿駅長は、満杯でないのに少々がっかりしたが、浅くて小さなペルシア風マグを取り出すとコニャックを満たし、飲み干し、さらにお代わりをして瓶がからになるまで続けた。それから、くだくだしい言い争いが続いたのは、これほどご立派な二人の旅人がかくもわずかな飲み物しか用意していないとは、宿駅長にどうしても信じられなかったためだ。彼がはじめに見せた人あたりのよさは、交代で現れる猜疑と落胆のためにかすんでしまう。彼は、われわれへの嫌悪感とはいわぬまでも失望をあらわにし、あげくのはてに、夜になったので踊り子や楽師を呼ぶには遅すぎる、住民は日が暮れるとすぐ寝る習いの町だから、と言ってのけた。今度はムシュー・ドルヴァルが落胆と憤怒を見せる番だった。だが宿駅長は平静を失わず、外国の客、とくにフランス人に不快な思いをさせることほど自分の考え方や作法に反することはありえない、とドルヴァルに保証した。そして言うには、所詮失ったものはたいしたことでないはずだ、今日だめなら明日手配すればいいだろう、カーシャーンにもう少し逗留するつもりはないのか？　むろん、それは問題外だった。電信所の職員が、翌々日にはテヘランに入れるように旅を急がれよ、というサー・アーサー・ニコルソンの電報をたったいま持ってきたばかりである。

「では」と駅長は言う――「できることは一つしかありません。私自身が、そう、カーシャーンの宿駅長の私が、あなたのためにペルシアの踊りをお目にかけます。太っているからとて、高雅に欠けると思われてはなりません。象といえども、繊細で優美な動きはできるのをお忘れなく。見る目が確かなら、教養があり洗練された紳士の踊りは、無知で育ちのわるい踊り子どものふざけた所作よりも好ましいものです」。

すでに結構眠くなっていた私が、駅長の襟を掴んで電信所から放り出そうとしたとき、ムシュー・ドルヴァルが、舞姫の代わりになどなり得ないのはむろんだが、肥満漢の宿駅長が踊るのを見るのも一興だと口をはさんだ。こうして平和が回復し、駅長は演技を披露することになる。ところが、彼は恥ずかしいと称して尻ごみをした。

「お分かりでしょうが」と彼は言う――「私ほどの年齢、地位、経歴のある高位の者がひとの前でいきなり跳びまわるのはむりです、それができるのはそれなりの――雰囲気《ハーラト》（ドイツ語のシュティムンクStimmung〔気分〕）――が得られたときのみです。でも一体、わずか半瓶のコニャックでその状態になれるものでしょうか？　われわれのお世話になっている人はクリスチャンですから、そのぎっしり詰まった酒蔵から、もっと飲物を出していただけないものでしょうか？」。

アゴピアン氏が自分の秘蔵品を人目に曝したくなかったのも無理はないだろうが、さんざんせっつかれた末、ペルシア・アラク、つまり屑ものの葡萄から作ったきわめて強い蒸留酒の、飲みかけの瓶を一本、莫蓙に置いた。だがこれも、コニャックと同じように片づけられてしまった、なんの効き目も見せずに！

宿駅長は、最後のマグ一杯をひと息に飲み干すとこう言った。

「最初にご面識を得たときと同じくらいに、私がいまもしらふなことはお認めになるはずです。あなた方のために踊れないからとて、まったく私の落度ではありません。私は最善を尽くしたのです、ボンスワール、メシュー、これからの旅をおすこやかに」。

カーシャーンの美しい舞姫のエピソードは、こうして終わった。つぎの二日間の騎行は、全旅程中で最も長く、もっとも暑かったが、二人はすでに訓練完了で、私自身はほとんど疲れを覚えずにすんだ。馬を替え、パンとチーズを少々口にするためにチャーパール駅で休んだだけで、夜の間にコムの狭い町通りと真っ暗な丸天井造りのバザールを通り抜けた。ムシュー・ドルヴァルは、コニャックがなくなったため、ワインを一本、思う存分に飲みたくてしようがない。不幸なことに彼はワインを意味するペルシア語は知っていたので、馬丁に「葡萄酒《シャラーブ》！」と叫んで仰天させ、聖市で乱痴気騒ぎをやらかそうと企てる、身を持ち崩した男という印象を作ってしまった。コムは、ハズラテ・マァスーマ(5)と預言者のあまたの子孫が埋葬されているところで、なかにはサファヴィー朝の王も何人か入っている。主たる聖所を被う黄金のドームが、月の光のなかではっきりと目に見えるすべてであった。日が昇ったときには、中部ペルシアの大塩砂漠の西端を通っていた。しかし、六年後にこの地を訪れたときには、別のルートを辿らねばならなかった。途中に大きな塩湖ができていて、旧道を浸してしまい、何世紀もの間旅人の役に立ってきた隊商宿《キャラバンセライ》も用をなさなくなったためである。(6)何時間も、私たちは「死の使いの谷」、まさにその名にふさわしい荒れ地に馬を進めた。日が暮れかけて、馬も苦しそうに足を引きずり始めたとき、犬の吠える声と、その後間もなく聞こえた蛙の鳴き声が、耕地と人の住むところに近づいたことを語っていた。私たちはルバート・カリーム〔テヘランの西南四五キロ、サーヴェ寄りの村〕の隊商宿で眠り、テヘランには昼食前に入れるように起床した。

良馬に恵まれていたら、この行程は易々たるものだったろう。けれども、あてがわれたみじめな馬どもはろくに餌も与えられていなかったらしく、とくに私の馬は二マイルも行かぬうちに動かなくなった。私は首都への五パラサング（三〇キロメートル）を、歩くしかすべがなかった。騎乗者がいなくなると、馬も緩速歩《ジョグ》で行ってくれたのはありがたい、さもなければ鞍と荷物袋を自分の肩に担いで運ばねばならぬところだった。

ようやく英国公使館の門をくぐったときは、ちょうど一時である。それから半時間もすると、私は急いで入浴をすませ衣服を着換えて、サー・アーサー・ニコルソン夫妻と公使館員の待つ昼食のテーブルについていた。

（1）*'Syntaxis Magiste'*——二世紀のアレクサンドリアの天文・地理学者プトレマイオスの『天文学大全』。アル・ハッジャージュ（九世紀）によるアラビア語訳書『アルマゲスト』（「マギステー」＝「最大の」より）がイスラム世界で知られた。

（2）「百科全書」——イブン・シーナー（アヴィケンナ、九八〇—一〇三七。晩年の一時期をアラーウッドウラの保護下にイスファハーンで過ごした）の主著『治癒の書』'Kitab al Shifa'（論理学、科学、形而上学の大辞典）を指す。

（3）大宰相《グランドワジール》——ミールザー・アリー・アスカル・ハーン・「アミーノッソルターン」、一八五八—一九〇七。平民出身だが、行政全般を掌握する大宰相としてナーセロッディーン、モザッファロッディーン、さらにモハンマド・アリーの三代のシャーに断続的ながら仕え、近代化過程のペルシア政権内で権謀術数のかぎりを尽くした宮廷政治の実力者。「父侯《アターベク》」という最高位の位階をもつ。失脚中に四年間にわたって世界を周遊（一九〇三年の来日時には明治天皇にも拝謁）、帰国後まもなく革命派に暗殺された。

（4）『ディーワーネ・シャムセ・タブリーズ』——『タブリーズの人シャムスッディーン（＝信仰の太陽）詩集』。ルーミー（ジャラールッディーン・アッルーミー、バルフに生まれコニヤに永住した神秘主義詩人、旋舞派ダルウィーシュの創始者。一二〇七?—一二七三）の主著となった、神秘愛を歌った詩集。シャムセ・タブリーズは放浪の托鉢修道士で、ルーミーに決定的な影響を与えた神秘思想家（一二四七年頃死亡）。なお著者は、父ゲオルクがドイツ語韻文訳したルーミーの叙事詩集『メスナヴィー』に解説・校訂を付した *'Das Mesnevi von Dscheladeddin Rumi'*, München 1913.「ジャラールッディーン・ルーミーのメスナヴィー」を公刊している。

（5）ハズラテ・マァスーマ——「マァスーマさま」。シーア派第八代イマーム（在位七九九—八一八）・レザーの妹、聖女ファーティマル・マァスーマ。バグダードでの迫害を逃れてマシュハッドの兄を訪ねる途中、八一六年にテヘラン南方一二〇キロのコムで没したという。聖廟はサファヴィー朝のシャー・アッバースの建造。

（6）大きな塩湖ができていて……　——著者と入れ違いにテヘランからイスファハーンに向かったエドワード・ブラウン（一四八頁参照）は、この変化が、大宰相アミーノッソルターンと政敵アミーノッドウラの争いのからんだ堤防の撤去による人災だったことを伝聞として詳述している（E.G.Browne, *A Year amongst the Persians*, III, From Teheran to Isfahan）。

4 はじめてのテヘラン、帰国

サー・アーサー・ニコルソン夫妻の厚遇――ドイツ公使シェンク男爵と外交団の人々――シャーに拝謁――ペルシアを去る――インドとペルシア

祖国が私の国と戦いを交えた、そして自身もドイツに敵対心を抱いたであろう人たちのことを書くにあたって、私は、話の対象の時点よりあとに起こった事件で自分の気持ちが左右されることは排するつもりでいる。記録に残るままを、先入観も偏見も加えずに物語ってみたいのだ。将来については、私は英独両国が友好関係を保つことを運命づけられていると従来同様に確信し、両国間にこれまでよりも改善された関係が築かれる予感を、いまも抱いている。もっとも、自分の生きているうちにこの目標の実現がみられるという、ユートピア的幻想は決して持っていない。また私は、かつて存在したたぐいの友誼を懇請しているわけでもない。そのような関係が回復されるには、長い時間が必要であろう。ただ私は、共通の利害――それ以上のものはなくとも――のゆえに結局は支えあって並び立たざるをえない両国の仲を裂くのに役立つようなことを、本書で言おうとは思わないだけだ。

当時私が世話になったサー・アーサー・ニコルソンは、のちの一時期、ドイツへの反対者のなかで著名な存在であった（British Documents Vol. XI 所載の彼の覚書を参照）。しかし私がテヘランに着いた一八八七年春の時点では、英独間の不和などは思いもよらぬことだった。両国の、そしてそれぞれに君臨する王家の間の関係（ハノーヴァー朝（ジョージ一世からヴィクトリア女王までの六代、一七一四―一九〇一）英国王の母方、配偶者がすべてドイツ系。ヴィクトリア女王は血統的にはドイツ人といってよく、また女王の長女が第三代カイザー、フリードリヒ三世の皇后〕は、友好的でないにしても通常のものと見られていたのである。その同じ年の秋にビスマルク〔当時はカイザー・ヴィルヘルム二世の帝国宰相、兼プロイセン首相〕は、ソールズベリ卿〔ロバート・ガスコイン＝セシル、一八三〇―一九〇三。当時は再度の首相兼外相〕への書信で英独協商を提案している。ところがビスマルクの親書は英国首相の机に置かれたまま無回答だったのに、両国間に悪感情の醸成されることはなかった。それは、「秘密外交」の時代にあって、両政治家が書状を新聞関係者に見せて交信内容を公けにすることを強いられなかったためである。

サー・アーサー・ニコルソンはホスト役としてきわめて魅力的な人で、私がテヘランで快適に過ごせるようにできることはすべてしてくれた。何度かゆっくりと話をする機会があったが、数々のすぐれた素質が結びついた人という印象を受けた。三人のかわいい男の子をもつ、年若い母親であるレディ・ニコルソンは、インド総督夫人レディ・ダファリンとは姉妹である。末の息子ハロルド・ニコルソンはまだ乳呑み児で、のちに外交官になり、最近までベルリンの英国大使館参事官を務めていたが、才能豊かな文筆家でもある。彼はジャーナリストに転進のため、一九二九年に職を辞した。ダファリン一家は、私がペルシア経由で帰国したいという希望を述べると、さっそくニコルソン夫妻に手紙を書いてくれた。すると電報で返事がきて、私が自分の家で過ごすようにとの親切な申し出だった。レディ・ニコルソンはガートン〔一八六九年に初の女子カレッジとして創立されたケンブリッジ大学の学寮〕出で、当時の婦人としては普通以上の高い教育を受けている。私はたちまちこの一家での居心地がよくなり、ともに暮らす一刻一刻を楽しんだ。

英国大使館は広く美しい庭園、というよりむしろ公園のなかに建ち、日かげを多く作る喬木、すべて花盛りの灌木に囲まれていた。山から惹いた清冽な水の流れで、庭は爽やかだった。ナイチンゲールなどの小鳥のさえずりを聞いていると、塩の砂漠や死の使いの谷を経た長騎行のあとの私には天国のよう思えてくるのだった。

当初、気になったのはただ一つ、私がドイツ公使のもとでなく英国代理公使の厄介になっている点で、公使が気をわるくしかねない、ということだった。けれどもサー・アーサーはシェンク男爵とうまく話をつけてくれていた。私も、直ちに男爵を訪れたのはいうまでもない。彼は、ごく親しい仲のニコルソンのところに私が滞在しているのを、むしろ喜んでいた。ムシュー・ドルヴァルはフランス公使ムシュー・ド・バロワの客となった。この人には、シャーの宮廷に駐劄《ちゅうきつ》の諸国の代表とともに早々と面識を得た。なかの一人がロシア公使のドルゴルーキ公で、きわめて感じのいい物腰と容姿のひとだった。彼の話すドイツ語には、外国人のなまりはみじんもない。また後年ブカレストで私と同職を務めることになるロシアの一等書記官ド・ジールとも知り合った。彼とは終始ごく親しくつきあい、大いに気に入っていた。ボルシェヴィズムがそのキャリアを終わらせたのは、彼がローマでロシア大使だったときである。彼ら夫妻がそのような高い地位にあった町で、人にものを教えて生計をたてているという苦労を聞いて、私は暗然としたことだった。

慣例の行事として、私たち二人のために晩餐会とピクニックが公使館ごとに催されたので、間もなく外交団の全部と知り合いになれたのである。

サー・アーサー・ニコルソンは、私とムシュー・ドルヴァルにシャーへの拝謁を願い出てはどうか、と言ってくれた。それぞれの公使を通じて申請すると許可されたので、ある日の午前に、私たちは黒のフロックコートとシルクハットで馬に跨り、それぞれの公使館の騎馬従者を伴って宮殿に赴いた。サー・アーサー・ニコルソンと部下の館員が、この日のために装いを揃えてくれたのだ。王宮の門で下馬すると、水の流れを美しく配置したいくつかの中庭や花園を通って二階の広い部屋に案内された。一番奥に、諸王の王、神の影、頭上にフェニックスの舞う統治者、ナーセロッディーン・シャー・カージャールの立姿があった。着衣は黒の軍装で、胸には二ダースばかりの大きなダイヤモンドが縫いつけてある。それよりもさらに大きな、ダリヤーェ・ヌール、「光の海」として知られる平型のが黒いラムスキンの帽子についていた。それが、代々のインド皇帝の有名な宝玉の片方で、ナーディル・シャー〔トルコ系のアフシャール朝ペルシアのシャー（タフマースプ・コリー・ハーン）。在位一七三六―四七。一八九、二六六頁参照〕が一七四〇年にデリーを劫略したときにクーヒー・ヌール「光の山」――それはいま英国王室のものとなっている〔ナーディルの死でアフガンに奪われ、パンジャーブを経て、インド征服により英国の手に渡った〕――とともにペルシアにもってきたものだ。シャーに付き添うのは、流暢なフランス語を話す宮廷高官で、彼が通訳を務めた。だが私がペルシア語を話すと知って、シャーは自分の言葉で語りかけた。最近の私の会話は驢馬追いや店屋相手が主だったから、伝統的な宮廷言葉を使うという急場に即応するのは容易なことではない。シャーは、インドやこれまでの旅のことでいろいろと質問を浴びせたが、それはシャーの知識の豊富なこと、また非常な聡明さを示すものだった。生まれはフランスのどのあたりかと訊かれたムシュー・ドルヴァルが、「パリと海の中間でございます」と答えたとき、シャーはたちどころに「ではアミアンか、アブヴィルだな」と言ったのだが、まさしくその通りだったのである。私たちは、シャーの威厳ある態度とひろい知識に感銘をうけて退出した。

ドイツ公使シェンク・ツー・シュヴァインスベルク男爵からは、多くのことを学んだ。彼はヨーロッパの最新のニュースを知らせてくれ、新聞を届けてくれた。長い旅の間、私は世のなかの出来ごとを何一つ聞いていない。ドイツがフランスとの戦争の瀬戸際に立っていたと知って、驚愕した。この物騒な軋轢の直接の原因は、下級役人が惹き起こした国境での一小事件だった。しかし真因は、フランスの狂信的民族主義者が絶えず育んでいる、そしてフランスの大臣たち将軍たちを、自分の選挙民に満足と魅了をもたらすような好戦的演説にしばしば誘いこむ、復讐戦の煽動にある。今回もまた、ビスマルクの冷静で確固たる手腕が、もし起これればほかの欧州諸国も捲きこみかねなかった独仏間の戦争の勃発を阻止したのだった。

テヘランできわめて愉快な二週間——その間には近くのアルボルズ山中へ何度か遠出もした——を過ごしたあと、私たちはカスピ海をめざす旅の続きに入った。そのとき私は、後年おなじところで八年ちかい期間を過ごす仕儀になったときよりも、はるかに好ましいペルシアの都の印象を携えていたのである。

いま前途に続く道は、ほぼ同じ距離の二つの部分に分かれている。初めの部分、テヘランからカズヴィーン〔テヘランの西ほぼ一四〇キロ、カスピ海と西部ペルシアに向かう街道の要衝。サーサーン朝、セルジュク朝、サファヴィー朝を通じて繁栄した古都〕までは充分に平坦で、馬車の通行に耐えるようになっている。ムシュー・ドルヴァルの選んだのはこの交通手段だったが、私はロシア製の重いタラーンタッス、つまりスプリングもついてなければ坐りごこちのいいシートもない車で跳ね上げられながら行くよりは、鞍の方がいいと思った。厄介になった親切な一家と、公使館員一同に心をこめて別れを告げ、午後に出立した。皆が外まで出て、駆歩《カンター》の馬で夜にむかってカズヴィーン街道を踏み出す私を見送ってくれた。

カズヴィーンに着いたのは翌早朝だった。ホテルに入ったが、シャーの命令で町の中央に造られた立派な建物である。ナーセロッディーン・シャーは、一八七三年に最初のヨーロッパ旅行をしたあと、自国が旅行者用宿泊施設の面で遅れていてはならぬと考えた。そしてこのホテルに、ヨーロッパで見られるような快適さを具えさせることを命じた。その結果、客室には寝台、マットレス、テーブルと椅子、ありきたりの備品のほか歯ブラシ（！）までついた洗面台が備えられた。これで欧州からの客を感心させることまちがいなし、とシャーは思ったわけだ。

わが相棒が着いたのは、数時間あとである。私は町をぶらつき、興味の尽きぬバザールはもちろん、昔の美しいタイル張りのモスクや市門を見て楽しむ余裕がたっぷりとあった。この日は、こなしたのは一行程だけで、ハルザーン峠〔標高二三〇〇メートル〕越えは翌朝にまわした。峠からシャールード〔アルボルズ山中の渓谷を西流しセフィード・ルードとなる〕の渓谷へ降りてゆく道では、六時間ばかりを要した。パーチナール〔当時の里程でカズヴィーンからほぼ六五キロ〕に着いたときに、ムシュー・ド・バロワの書記官としてテヘランに行く若いフランス人と出逢った。前方には険しい山が三つあるから、と私たちに注意を促し、畏怖の念を込めてこう言った。

‘Vous avez trois montagnes à pic à passer.’〔越えねばならぬ屏風のような（アビカバッセ）山が三つもあります〕

三つの山には、私たちはついにお目にかからずじまいだった。そしてあの若い探検家がその同じころに、両側があちこちで切り立った一本道を登る一方の丸一日をかけて、ハルザーン峠に取りついていると思って面白がった。マンジール〔パーチナールから約二二キロ、セフィード・ルードの大渓谷。強風で有名〕に来てみると、川幅のある白河《セフィード・ルード》の急湍に架かっていた橋が流失して、急ごしらえの渡し舟で流れを越さねばならない。馬をなだめすかして、いまにも分解しそうな手漕ぎ舟に積荷ごと乗り移らせたが、毎日午後に巻きおこる強風が流れに逆らって水勢を弱めてくれなければ、舟が激流にさらわれるのは必至だった。そのマンジール風は、別の面でもはなはだ不快だった。顔に吹きつけるときは、砂塵だけでなく砂利や小石まで運んでくるのだ。この短距離の舟行は、泳ぎに巧みなことに加えて神への信頼が強固な者だけが敢行しうる体のもので、結構な時間を要し、川の西岸に着いたときは夕暮れになっていた。ときによっては、セフィード・ルードの急流を筏で下ることも可能と聞いた。ラシュト〔ギーラーンの州都〕の英国領事ハリー・チャーチル氏は、フランス人医師の娘である新妻をテヘランから彼女の新居へ連れてきたときに、この川を筏で下る手配をしていた。乗馬にまったく不慣れのチャーチル夫人が疲れはてて、これ以上は一歩も進めないと訴える。夫は元気づけにこう言った——「がんばって。半時間もすれば、早瀬を乗り切る（シュート・ラピッズ）から」。すると返ってきた答えは、「兎を撃つ《シュート・ラビット》なんてご免よ、くたくたですもの」。

まるで絵のようなルードバールの村のバザールを馬で通ったときには、暗くなりかけていた。感じがあまりにもよかったので、ここで一夜を過ごすことにする。夕食のあと、店の屋上で寝ることを承知してもらった〔夏季にはテヘランですら近時まで屋外とくに平屋根の上で眠る慣わしがあった〕。ルードバールは岩と水と果樹林に囲まれ、美しい景観で知られている。対岸の急斜面の上方には、みごとな緑の放牧地に小さな集落が点在して、スイスのどこかのように遠望された。ルードバールは、オリーヴがさかんに栽培される、北ペルシアでたぶん唯一の場所である。ほかの地域では、おそらくオリーヴ樹には気候が乾燥しすぎるか湿度が高すぎるということであろう。

しかし、全旅程を通じて最高の美観が現れたのは翌日だった。岩地にまばらな糸杉が見られた風景は、実に美しい、まったくの処女林へと徐々に移行した。森林の主たる樹種は山毛欅《ぶな》と楡《にれ》であって、それが景観をドイツのどこかにそっくりと思わせる。ただ、繁茂ぶりが欧州のいずこよりもはるかに豊かというのがちがいである。かぐわしい香りが、あたりに漂っていた。駅逓夫《ポストボイ》は、森の高木の幹にからまっている野生の葡萄樹の、ほとんど目に見えぬ花がそのもとだという。カスピ海沿岸の森林とカフカス地方のそれは、まちがいなく葡萄の原産地なのだ。バッカスがカフカスからギリシアに葡萄の樹をもってきたという伝説には、歴史的根拠がある。森林に見られるほか二種の匍匐植物はジャスミンと野生のホップで、前者の甘い香りが開花中の葡萄のそれと混ざりあっていた。道端にもヨーロッパで咲く草や花の多く、プリムローズ、アネモネ、野いちごなどが目につく。ここの景色の美しいことはよく聞かされたものだが、実際に見るものは予想以上だった。私はまた、家郷に近づいたという感じをはじめて覚えた、ただ、川の向こう側で咆哮がしばしば聞こえるという虎のことは別として。喬木の先端の間から冠雪した高山がときどき見え、やがて徐々に、行く手は海の南岸に接する平原の狭い沼沢地に溶けこんでゆく。住民の顔色から看取できたのは、このあたりが非常な不健康地〔肺結核が多い〕ということだった。百姓の耕作するのは主として稲で、彼らは大抵屋根を稲藁で葺いた木造の家に住んでいる。

絵にしたいようなラシュトの町に入ると、ロシア領事ムシュー・ヴラッソフがよこした騎馬の従僕に迎えられた。そのころラシュトにはホテルはなかったから、領事が自邸に滞在するように計らってくれた。ヴラッソフ夫人は、前英国領事の妻だった人である。夫と死別後、彼女はロシア領事と結婚し、こうして以前と同じ町に住み、そこで同じ社会的地位を保っているわけだ。

翌朝は、ピリ・バーザール〔「バザールの聖者」、あるいは「繭市場」。潟湖南岸の漁村の名〕まで馬で行かねばならなかった。木造の建物が一棟あるだけの、うらぶれたところである。当時はそこが、ペルシアの主要港市の港であり船着場であり税関だった。ここで小さな帆掛け舟に乗り、エンゼリー、つまり同じ名の戻り水《バックウォーター》でできた湖の対岸にある村まで運ばれて行った。

私には初めてのペルシアの旅は、ここで終わる。ペルシア湾のシーフの潟湖(1)からカスピ海岸エンゼリーの潟湖にいたる長い、ときにはうんざりさせられた騎行だった。けれども旅は気持ちよく経過し、私には数々の興味深い、美しいところを見せ、非凡な人たちとの出会いをもたらした。ロシア船の甲板に立って、砕け波のかなたに広がる明るい緑の大地と背後の雪嶺を高く聳えさせた青い山脈を眺めていたときには、まさか数年を出ずしてペルシアに戻り、八年間を過ごすことになろうとは夢想もしなかった。

十五カ月のインド滞在とペルシア、ロシア経由の帰国旅行は、私の視野を広め、世界知識に多くを加えるものだった。私は、ペルシア語についてはヨーロッパで学問的に学ぶだけではどうしても到達しかねた域に通暁することを得た。ヒンドゥスターニー語（ないしはウルドゥ語）〔ヒンドゥスターニー語は西方ヒンディー語文語のデリー方言に基づく北インドの標準語。ウルドゥ語はヒンドゥスターニー語をもとにアラビア文字を用い、主にイスラム教徒が使う〕の知識は、インドの地方語出版機関から出るどんな書物であれ新聞であれ難なく読みこなせるまでになった。そして、ひところ北インドのいたるところの劇場で毎土曜日の夜に上演されていた、ヒンドゥスターニー語の戯曲『インダルサブハー』（インドの宮廷）を出版した。（2）私の版には、テクストのドイツ語による逐語訳のほか、ヒンドゥスターニー戯曲小史ならびに戯曲作者の略伝と劇中の詩歌の言葉と歌唱に用いられたヒンディー語表現の文法が述べてある。

インドでは非常な人気があったにもかかわらず、この戯曲は英国のヒンドゥスターニー語教師はもちろん、西欧ではサー・チャールズ・ライアル〔インド政庁文官として四十余年を現地で過ごし、帰国後はインド省に勤務したインド専門家。本来はアラビア語・文学の研究者で多数の翻訳、論文あり。一八四五―一九二〇〕といった学者にもまったく知られておらず、同氏が執筆したブリタニカ百科事典所載のウルドゥ文学に関するすぐれた記述でも触れられていない。出版する前に、私は過去に公表されていないかどうかを調べにオクスフォードへ行ったのだが、ヒンドゥスターニー語教授のシンジン大佐は私の言おうとしたことを聞こうともせず、もろもろの立派な議論でもってそのような類いの戯曲があろうはずはない旨を立証した。私は、ポケットに入れてきた『インダルサブハー』のヒンドゥスターニー語原文を見せてこの親切な老紳士を傷つける気にはなれなかった。彼が言ったことで、この作品が英国で翻訳されたことも批評の対象になったこともないのはよく分かったのである。

また私は、現代口語ペルシア語の簡単な文法書を、現地を旅する人のために執筆しえた。それは、日常会話で現に使われ、日記や芝居でも用いられることもある形でこの言葉を検討した本としては初のものだった〔一九〇頁参照〕。

私にとって東方の諸言語や文学を知ったことよりもはるかに意味があり重要なのは、旅の結果として、政治問題を見る目を養いえたことだ。私は、英国による広大なインド帝国の統治を学ぶ最高の機会を享受し、またしかるべき言語能力がなかった場合よりは密接に、インド現地民の考え方に触れることができた。インド人に対する私の共感は大きかったけれども、やがて私はこのような結論にいたった――彼らの場合は、種族と宗教が多様をきわめるために、集団内で一構成分子が支配力を握るようなほかの社会と同じような具合には、彼らがみずからを律することは長期にわたって無理だろう、と。しかし、これは私が判断すべき事柄ではなかった。

私にとって重要だった問題はただ一つ、ドイツ人の一人として英国によるインド支配の継続を願うべきかどうかである。商用で滞在するドイツ人は、インドでもその属地でも英国人と同じ権利と便宜を享有していたので、ドイツとしてはその状況で利益が得られるに越したことはない。英国は自由貿易の立場に立っていて、当時はドイツの通商が活況を呈することに懸念の目が向けられることはなかったのである。

ペルシアでは帝政ロシアのやり口をしっかりと見たが、それは、アジア各地にロシアの支配が及べばドイツの通商と企業はそこから排除される、と私に確信させるのに充分だった。私はまた、ドイツが何ごとによらずロシアの膨張と支配の計画に奉仕することを肯んじないかぎり、所詮はロシアの友好は期待しえないということも確かめていた。

（1）　シーフの潟湖――ブーシェフルに近い干潟のほとりの村（著者はブーシェフルの項では触れていない）。ブーシェフルはペルシア湾の入江に北向きに伸びた小半島の突端で（外航船用の艀が出るエンゼリーが東西に伸びる細い岬の突端であるように）、シーラーズ街道に出るには半島を南に下がって迂回するよりは舟で対岸のシーフまで潟湖を渡るほうが近道だった。

（2）『インダルサブハー』——Friedrich Rosen, *Indarsabha des Amanat*. Neuindisches Singspiel, Hindustani-Originaltext mit Uebersetzung und Erklärungen, Mitteilungen über das hindustanische Theater, Grammatik der Frauensprache usw. Leipzig 1892.（「インドの新音楽劇、アマーナトのインダルサブハー。ヒンドゥスターニー語原文と翻訳、解説ならびにヒンドゥスターニー語の演劇、女性言葉の文法その他の情報」ライプツィヒ、一八九二年刊）

III　レバノン、シリア

上：レバノンの糸杉（サイプレス）　下：レバノン杉（シーダー）〈121頁〉

1 ベイルートに赴任

ビスマルクの罷免――帝国宰相カプリヴィ伯
――カイロ――ベイルート――ダマスカス訪問

一八九〇年の三月二十九日、私は副領事を命ぜられたベイルートに赴任のため旅券を受け取りに外務省へ歩いてゆく途中、ヴィルヘルムシュトラーセへ曲がったところで通りを埋めつくす群集に目を見張った。すぐに分かったのだが、それは、外務省に隣接する帝国宰相府《ライヒスカンツライ》を去るビスマルクを見ようと待っている人たちだった。ビスマルクが罷免されたのは形式上は三月二十日だが、彼が首都を去るまでに九日が経っていた。外務省の窓はすべて開け放され、この通りにあるほかの官衙や一般の建物でも同じである。外務省の全職員は窓際に立って、彼らが大いに畏怖しつつも敬慕する上司だった大人物の終末を目に納めようとしていた。ヴィルヘルムシュトラーセ七五番館の石段に立って待っていると、やがて幌なしの馬車が七七番館の中庭から出て来て、私の前の通りをゆっくりと過ぎていった。だが道路の両側から群集が寄ってきて、帽子を振り喚声をあげ、侯の坐す馬車を停めようとする。ドイツ帝国創設者の最後を一目でも見たかったのだ。ビスマルクの巨大な頭部は、鬢《びん》のあたりの白髪、太く白い眉毛と相俟って、老いたる偉大な男の崇敬に価する風采にさらに威厳を加えていた。敬礼しようとする者に彼の目はきびしく注がれ、軍帽の鍔《つば》に手をかけて応答した。後部座席に侯夫人と並んで腰を下ろしている高い、背筋の通った姿には、その存在がもはや信じられなくなったこの世から身を退こうとする一巨人を思わせるものがあった。誰もが感じていたのは、栄光の一時代が終焉を迎えたこと、そしてドイツの地平にはまっ黒な霧のような未来が横たわっているということだった。

私はしかし、ほとんどの人が異口同音にいう、ビスマルクは何があってもいてもらわねばならないとか、更迭は不要だとかいう意見には与しなかった。彼の指導性の発揮は、その晩年にいたって前期に比べると衰えていた。内政面では保守からリベラルへ、リベラルから保守へ、自由貿易論から保護主義へと移りかわった。反カトリシズム運動、いわゆる文化革命《クルトゥールカンプフ》〔カトリック政党の中央党による反プロイセン運動に対する一八七一―八七年間の抑圧〕において‘Nach Canossa gehen wir nicht!’[1] と宣言したあと、ビスマルクは結局は「カノッサへ行ってしまった」と見えるくらいに、最後は出発点をはなはだしく逸れていた。またドイツの対外的な立場は、ビスマルクがその強烈な個性で自己の意思を全ヨーロッパに強要することもありうる、神秘的なばかりの英雄にのし上がってゆく状況として後年一般に思われているほど、赫々《かっかく》たるものではなかった。そのような見方は、実情にそぐうものではない。彼の力の第一の拠りどころは、すべての国に抱かせた信頼、つまり彼の政策が平和の維持をめざしており、たとえ外国のはげしい挑発や国内の強い圧力に曝されても好戦的な風潮に道を譲りはしない、ということであった。彼は、ドイツはあたらしい戦争が起こった場合に失うものは大きく、得るものは何もないとよく語っていた。彼は、戦争の惨禍は、勝ちいくさであっても考えうるあらゆる利点よりも大きい、と言うのが常だった。しかも彼は戦争が不可避となれば剣を抜くのをためらわないことを明らかにして、列強の一つとしてのドイツの地位を保った。この、必要とあらば戦うという決意は、おそらくどんな反戦宣言にもまして平和の護持につながったのである。彼は平和の恩恵をドイツ――一八七一年のフランクフルト条約後は充分に満ち足りて、ヨーロッパ中の寸土といえども自国の版図に追加する意思はなかった——のために保有し続けようとしただけでなく、ドイツと直接関わりがあるとは思えないほかの列強間のいかなる戦争も阻止することに尽力していた。地中海の現状《スタトゥス・クオ》を保障する見地から、英墺伊の一協定をドイツ抜きでまとめている。ソールズベリ卿〔八七頁参照〕が、その協定を議会に報告するのに用いたのはつぎの言葉だった——「諸君に、快心の吉報をお届けする」。

ビスマルクはこういった、そして類似の予防措置を講じて、事実、列強間、なかんずく英露間の戦争を阻止するのに成功したのだ。しかし、いかに偉大であれ、国家間の軋轢の原因を除去し、それによって戦争の危険の原因全般まで消散させることのできる政治家はいない。この危険の根源は、他国の国内事情と、隣国に対する有害な煽動が行なわれるのを政治的・人的理由から放置する脆弱な政府にあることがしばしばだからだ。このような煽動がロシアの汎スラヴ主義運動であり、フランスの雪辱論《ルヴァンシュ》〔普仏戦争の敗北〕であった。ビスマルクが、ロシアの野望に対してトルコとの戦争にはけ口を求めさせたことも、フランスに対して自分の穏和で好意ある姿勢を保証してチュニジア、インドシナ、マダガスカルなどの大規模な植民地を獲得させたことも、さらにはフランスがラテン諸国で卓越した地位を占めるのを認めることまでしたのも、ドイツを利するものではない。しかも、それを多とするような動きが、ビスマルクが好意をかけた諸国に見られたためしはない。かえって、それら諸国は、自身が得られなかったことをビスマルクの所為にした。汎スラヴィズムの大望も、フランスの動じやすいところ、野心的なところも和らげられないまま、ドイツへの敵意からこれら諸国はより密接に結びつき、ビスマルクの在任中にも連合してドイツに立ち向かおうとする趨勢をかいま見せていた。この連合に、列強のいずれかが加わるか、あるいは単に好意を見せることでもあれば、ドイツの存立そのものが危殆に瀕する。ビスマルクの cauchemar des coalitions（連合という悪夢）は、ドイツの偽りのない実情から生まれたのである。老政治家はヨーロッパの安寧を英国との同盟、あるいはのちに協商《アンタント》と呼ばれるもの〔一九〇四年の英仏和親協商、一九〇七年の英仏露三国協商〕に求めるが、徒労に終わった。ソールズベリ卿は、英国は「光栄ある孤立」を守るべしという当時の支配的な考えになおも固執した。彼は民主的、議会制的体制のもとでは、ビスマルクが提唱するような確約は英国として不可能と説明している。

ビスマルクが祖国に平和を確保するために策定した案の一つが、当時のいわゆる「再保障条約」である。それは、ドイツがオーストリアと同盟することでロシアの侵攻に対する後者の安全を保障するのと同じ仕方で、オーストリアの侵攻の場合にロシアとの和平を保障するものだった。この秘密条約は、ヴィルヘルム二世を頂点とするドイツ国内の指導者の誰彼からオーストリアへの背信と見られることになり、そのためにビスマルクの後継者カプリヴィ伯〔ゲオルク・レオ・フォン、プロイセン陸軍軍人から帝国海軍長官、第十軍司令官。帝国宰相、在任一八九〇―九四〕のときには更新が行なわれなかった。ビスマルクは解任されたときには、条約更新の寸前だったのである。のちにこの事実がビスマルクから明らかにされると、条約の不更新がヴィルヘルム二世下のドイツを悩ませたあらゆる政治的難局の主因とされて、その見方はいまにいたるも有力である。もっとも私自身は、それで結果が大きく変わったと思う気にはなれない。ロシアとの関係はビスマルク在任の最後の数年にはきわめて緊張していて、条約は更新されても戦争切迫を思わせる状況下では死文化したにちがいない。のみならず、独露の離間の始まりは遠い過去に遡る。それは、一八七八年のベルリン会議に発している。そのときゴルチャコフ〔アレクサンドル・ミハイロヴィッチ、一七九八―一八八三。露土戦争後のサン・ステファノ、ベルリン両会議のロシア代表〕は、コンスタンティノープルとボスポラス海峡に手をつけられなかった自分の失敗を、英国に対抗しようとするロシアの大望にビスマルクが中途半端な支援しか与えなかったことに帰したのである。このようなことを斟酌しても、条約をなんらかの形で更新しなかったのはドイツ政府の過誤であった、と私は思っている。

ドイツ側に残ったなけなしの国は、オーストリア＝ハンガリーとイタリアの両友邦だった。そして前者は内紛で弱体化し、後者の信頼度はとうてい幻想を抱けるものでなかった。

一八九〇年当時のヨーロッパ情勢をこのようにスケッチしてみたのは、ビスマルクが威力と安寧の頂点にあったドイツを去り、またその光輝ある地位を彼の後継者が無謀にも台なしにしたという通念を、読者が鵜呑みにされないように願ってのことである。当時の情勢にくまなく光があてられたのは、ドイツの保管公文書（Die Grosse Politik der Europäischen Kabinette〔ヨーロッパ諸内閣の重要政策〕）が公開されてからのことにすぎない。けれどもやはりビスマルク在任最後の数年間には、物事を真剣に考えて変革が必要と感ずる人が多くいたのである。ビスマルクがカイザーとの間で大きく意見を異にしたのは、労働問題だった。ヴィルヘルム二世が父のあとを継いで間もなく、労働条件の改善に率先して着手したのはよく知られている。労働階級の置かれている社会的条件の向上という見地での立法を、最初に構想したのは彼だった。若い皇帝の熱意は、宰相側の疑念と抵抗に遭遇する。宰相の考え方は、事態を暴動勃発まで放置するというものだった。その場合には、長期にわたり反復は不可能となるほどに軍隊を使って弾圧する決意であった。けれども、臣民の流血で自分の治世の幕をあけることに皇帝を納得させることはできない。これほど重要な問題で深刻な意見の相違が生じたことで、若い君主と年老いた政治家が同じ方向をめざすことはほとんど期待できなくなった。皇帝が人情味のある考え方を完全に放棄し、ビスマルクが肩入れする古めかしい実力行使手法を黙認すること以外では、後者を満足させられそうもなかった。パンチ誌の有名な漫画「水先案内人《パイロット》を引き下ろす」は面白くはあったが、そのころに年若い皇帝が直面していた難問を充分正当に扱ってはいない。それに、たとえ一八九〇年三月の危機を乗りきっても、宰相の年齢と健康問題が、遠からず公生涯を終わらせたことは多分にありえたのを忘れてはならない。

ビスマルク侯《プリンス》に続く馬車には、その日まで外務長官だった子息のヘルベルト・ビスマルク伯〔普仏戦従軍後外務省に入り、父の個人秘書、英・露公使館参事官、一八八六年より帝国外務長官、一八八八年プロイセン国務大臣。辞任後は帝国議会議員。一八四九―一九〇四〕が乗っていた。皇帝は、彼を留任させようとしたが叶わなかった。私には、伯が外務省を辞めるのを残念に思う個人的な理由があった。私に目をかけてくれたし、かつては私の父に対してもそうであって、父の働きを多とし、外交面で父との再会を望んでいたのである。

いうまでもないが、ドイツ帝国宰相で同時に内務外務の全省庁の長であり、かつプロイセン王国首相でもあったビスマルクの後任を見つけるのは不可能に近かった。ドイツ帝国は、宰相のほかには大臣を有しない。省庁を所管する各国務長官は宰相の秘書にすぎず、議会に対しても責任を負わなかった。現実に、ビスマルクが内閣だったのだ。その大物が自分の超人的な体軀に合うように採寸したコートを着こなせる人が、いるものだろうか。この問題をひときわ難しくしたのは、ビスマルクが、子息のヘルベルトは別にして後継者を一人も育てなかったことだ。彼は、地位の上下を問わず、すべての官吏を自分の命令を履行するだけの下役と扱っていた。目の前の用紙にいつも鉛筆書きするだけのメモを、的確に理解できなかった者こそ災難というもの！　咎人は、ビスマルクの部屋（もしくはその寝室、不眠の夜を重ねる彼は起床が遅い習いだったから）に呼びつけられ、猛烈な叱責を浴びるのを免れない。私の同僚の一人はこのようなあるときに、ビスマルクの巨大なマスティフ犬に襲われかけた。格闘沙汰になると思った犬が、主人を助けようと跳びかかったのだ。大概は温順、服従のおかげで高位に昇進した外務省の役人に、自主的な判断や個人的な率先力が期待できなかったのは無理もない。

皇帝が現職の陸軍第十軍（在ハノーファー）司令官カプリヴィ伯を宰相に選んだと聞いたとき、一将軍という皇帝の選択にひろく世間が示した怨嗟を、私はともにしなかった。私は兵役時代〔プロイセンからドイツ帝国にかけての義務兵役〕の上官だったカプリヴィ伯を知っていて、ハノーファーの予備役将校としてその手法に接する機会がしばしばあり、心から敬服していた。感動したのは彼がまれにみる軍のよき指導者で、同時に兵に対してはきわめて人情が篤く、将校に対しても善意にあふれていたことだ。あるとき私がその配慮の的になったことがあり、彼の発した問いかけを通じて予備の一中尉にすぎぬ私に見せた関心のほどに驚いたものだ。加えて、カプリヴィ伯は議会の仕事に素人ではない。すでに海軍長官を務めて、議会演説者としても秀でていた。

ベイルート副領事という私の立場は、多忙をきわめていたにちがいない新宰相のもとに伺うにはささやかすぎた。後になって、かつて軍隊で彼の指揮下にあり、現在は外務省で彼の下で勤務中の青年をよろこんで迎えてくれたことだろうと思い、自分の遠慮を悔やんだものだ。

しかし私はそのころ新任務への準備を急ぐばかりで、四月十四日には妻を伴ってウィーン経由でトリエステに向かい、そこでオーストリア＝ハンガリー・ロイド社の船に乗りこんだ。わずかな船客中に、かわった聖職服で人目につく老紳士がいた。レバノンのマロン派教会〔アンティオキアに本拠をおくユーニアト教会（東方典礼カトリック教会）の一つで、レバノンのキリスト教徒の主体。キリスト単意論に発し四世紀の聖マロンの創始と伝えられる〕の総主教ダフダ猊下だった。まもなく面識を得て、下船するまできわめて親しくさせてもらった。大主教は、私にアラブ関連の勉強に適切な助言に加え、シリア事情について非常に貴重な情報を数多く与えられた。後日、ベイルートで私たちはたがいに行き来して、親交を深めることになる。

トリエステからアレクサンドリアに行き、上陸して数日間をカイロで過ごした。エジプトには子供のころに何度か来ているが、こんど気づいたのは、主として英軍の占領〔エジプト民族運動の高まりの中でアフマド・オラービーによる決起に対して一八八二年に英国が出兵し、以後占領下に置いた〕がもたらした大変化だった。

予定よりも早く、船は四月二十八日の朝にベイルート港外に着いた。妻は、船窓から見える雪のレバノン山脈を背後にめぐらせた絵のようなパノラマを眺めてこう叫んだ――「どこだか知らないけれど、こんなところに住みたいものだわ！」。その願いは、叶えられたのである。いかに船足が速かろうとも、そのあとに否応なく起こる、例のごとき港内での時間の空費があってから、ようやく上陸の許可が出る。船上で英国人医師のブリグストック先生の出迎えを受けたが、サー・ジェームズ・パジェット〔外科医、病理学者。パジェット病の研究者。一八一四－九九〕をはじめ英国の友人たちが私どもの到着を知らせてくれていたのだ。英語を話す在留者にとって、彼の家はベイルートの社交の中心だった。そこで私どもも、音楽を楽しむ夕べの集まりを何度も過ごしている。上司のドイツ領事、ドクトル〔研究者でなく、所定の試験に合格したドイツの大学卒業者の称号。著者も同様〕・シュレーダーは、私どもの上陸の世話と、通関が支障なくすむように、一等カワース〔トルコの武装護衛警官〕を差し向けてくれていた。カワースに案内されて行ったのは、ある英国婦人の経営する小さいながらごく住み心地のいいペンションである。そこで領事団の一同と会ったのだが、なかに英国総領事のヘンリー・トロッター大佐（のちサーに叙された）がいて、まもなく親しくなった。ベイルートには、いわば二通りの社交界、英語組とフランス語組とがあった。私どもは両方とつきあったが、主として交渉があったのは前者である。ドイツ人居住者は少なすぎて、別個に社交グループをつくるにいたらなかった。もっとも、ドイツ人の婦人執事《ディーコネス》〔二八頁参照〕が管理する学校が二つと、病院が一つあった。これらの施設は運営が行き届き、貧富を問わず住民中で最高の評判を得ていた。またイエズス会士が教鞭をとるフランス系の大規模な大学

〔十九世紀初頭に設立の神学校を母体とするサン・ジョゼフ大学〕と、おなじく有力な米国系のプロテスタントのカレッジ〔米・長老派教会による一八六六年設立のシリア・プロテスタント・カレッジ。現ベイルート・アメリカン大学〕があった。私どもはやがてアメリカン・カレッジの学長ブリッス博士とその一家、それに教授たちと親しくなったが、そのなかには何人もの優れたアラビア語学者や立派な内科医、外科医があった。この人たちが地域住民の中でどれほどいい仕事をしていたかを適切に説明するのはむずかしいけれども、ベイルートで、そしてのちにはペルシアとモロッコで知りあった米国人の女性たちには、特別の賛辞を贈らねばならないと思う。彼女たちは、病人を看護し貧しい家庭を援助し、清潔と衛生ということを教えていた。このような女性たちはすべて、未開のきわみのところにあってさえ切り盛りしてゆける、第一級の家政婦だったのである。

総領事はいい上司で、外国人滞在者のたぶん誰よりもシリアに通じていた。気持ちのいいやり方で、慣れない業務の手ほどきをしてくれたのだ。仕事は、困難でもなければ不愉快でもない。彼はトルコ語が母国語なみにできて、むろんアラビア語もできたが、好んで使ったのはベイルートの高官連の用いる前者である。私の見るところ、彼の唯一の欠点は、トルコ人のもっとも得意とする意図的な妨害行為や物ごとの引き延ばし《プロクラスティネーション》の度がすぎると、かっとなることだった。この点と、小柄で巻き毛の金髪のために、彼はこうあだ名された――「クーチェク・アルスラン」、小ライオン。ときとして、彼は相手をやりこめすぎる結果、話をそれ以上進められなくなる。すると、始末をつけるのに私を代理に出すのだが、それは必ずしも容易な仕事とは限らないのだ。

ところが、腰をすえて業務に取り組めるようになる前に、ドクトル・シュレーダーは、一週間の休暇をとってダマスカスに行ってくるといいと言う。私ども夫婦が、いずれこの有名な古都を見に行きたくなるにちがいない、住まいを見つけて家具を入れる前にすませたほうがいい、とのことだ。それで、ある日の朝はやく、私どもは乗合馬車《ディリジャンス》に乗り、レバノン山脈、アンティ・レバノン山脈を越えてシリアの都へ向かった。ディリジャンスは、さるフランスの会社によってきわめて手際よく運行されていた。背の高い郵便馬車の前部座席で御者の隣に坐り、私どもは山脈を二つ横切るまる一日がかりの長駆を心ゆくまで楽しんだ。広大なベカア平原のシュトラで行路を折れ、壮大なバアルベク遺跡を訪れたが、その光景はいつまでも忘れられない。

ディリジャンスのなかで、ある若いシリア商人と知り合い、あとでダマスカスで再会した。彼は、この町の市民では指折りの一人でカリフ・ウマル〔第二代正統カリフ、六四四没〕の末裔の一人というシャイフ・ムサッラムルアマリに私を紹介してくれた。皆でバラダ川の急流のほとりに坐って小さなコップでアラビアコーヒーを飲み、水煙管を鳴らせながら味わった。シャイフは私のアラブ生活への関心を知ると、ベイルート住まいの彼の友人と私を町でもっとも立派なトルコ風呂「ハンマーム・スークルハイヤーティーン」へ案内してくれた。このような招待の仕方が、ダマスカスのイスラム教徒のしきたりだった。客の目から隠しておかねばならぬ女たちがいるので、他人の男を自宅に招くわけにはいかないのだ。浴場で思いだしたのは、何よりもまずアラビアン・ナイトの話である。中央にあるミッジ——非常に硬い赤がかった大理石——を美しく刳《く》りぬいた大水盤と噴水が勢いよく水を迸《ほとばし》らせている丸天井の客間の、奥まって一段高くなったところで衣服を脱ぐ。湯と冷水の出る蛇口がついた白大理石造りの小部屋に入ると手慣れた三助の世話に委ねられる。垢すり、石鹼洗い、マッサージという容赦のない、だが効き目のあるコースに乗せられたが、ほぼ二時間ののちに終わると冷水風呂に入れられる。最後にふたたび丸天井下のホールに戻ると、色ちがいの絹糸を織りあわせた五組のタオルに五回くるまれて、そのあとはトルココーヒーとシャーベットを飲み、水煙管を吹かしながらくつろぐ——。あのみごとな、時を経た風呂屋が一部でも、近年のいろいろな出来ごとが招来した変化を生き延びられただろうか。

また、ダマスカスの人が住まいとする昔といまの建物をあちこち訪れた。すべて、洗練された様式で、きわめて美しい。大抵の部屋は、優美な彫刻を施した大理石の噴水が中央にある中庭に面して開かれている。部屋の装飾は非常にいい趣味で、ペルシアのカーペットとラグ、象牙と真珠貝で象嵌された家具、よく調和した多色でほれぼれするような図柄のダマスク織りの絹でできた壁掛けなどで飾られていた。オリエントのあらゆる地域からもちこまれた芸術品《オブジェ・ダール》が、ものによっては一家系に何世紀にもわたって保有されつづけて、これらの家に蓄積されている。気心のいい現住者は、親切にも自分の家宝を披露してくれたのだった。

それと同じ美的感覚が、大規模なアーチ形天井で蔽われたバザールにも見られた。当時はそこにある日用品の一つ一つが美術館にあってもいいほどだった。職人の使っている仕事台や低い卓子ですら、きれいな胡桃《くるみ》材で作られ、真珠貝で華麗に象嵌されている。このアーチ形天井つきの遺跡をさまよっていて、私どもは銅や鋼や真鍮や、あるいは象嵌のある木材でできた道具類を手に入れたい気になった。そして水差しや盥《たらい》や缶や皿や小卓子などを結構集めて持ち帰ったのだが、それらはやがてベイルートのわが家の什器になった。

ダマスカスのかなりな部分が、フランス軍のたび重なる猛砲撃〔第一次大戦後の委任統治に対する民族運動、とくにドルーズの蜂起を契機とする一九二五―二七年の間の大規模な反乱を仏軍は砲撃、空爆で弾圧した〕に曝されて完全に破壊されたことを思うと暗然とする。現場の写真を見れば、ひろびろとしていたマイダーン〔旧市街の中心広場〕のあたりは瓦礫の山でしかない。

砲火が取り残したものは、砲撃が止むたびに生じた略奪で持ち去られた。古くからの住民の多くも町を捨て、エジプトやパレスティナに避難してしまった。

（1） 'Nach Canossa gehen wir nicht!'——「われらはカノッサに行かない」＝「屈服しない」意の成句。カノッサは、一〇七七年に神聖ローマ皇帝ハインリヒ四世が破門赦免を乞うて、教皇グレゴリオ七世に屈辱的に降伏した北イタリアの村。

2 ベイルートの好日

「サマリア人《びと》の王」の来訪——マロン派代表団
——行政の腐敗——フランスの野望——トルコ人検察官との交歓

ダマスカスから戻ると、私どもはドイツ領事館から遠くないところに手ごろな家を見つけた。間取りは、ベイルートの家はいずれもそうだが、ダールつまり広い部屋が一つあり、北側は非常に大きな一枚窓で、海とレバノン山脈のすばらしい眺めが楽しめるようになっている。サンニーンの高い峰はまだ雪に被われ青空にきらめいて、麓の細いゆたかな田園地帯と陸にくいこんだ絵のような湾の美しい背景を作っていた。高いところにある上に、ひんやりとした白大理石を床に敷きつめたこの部屋は、まもなくやってきた暑い季節の間、私どもには第一の避暑地だった。

私の上司は、帰国休暇をとらない同職の仲間とおなじく暑い夏の何カ月かをレバノン山中で暮らし、市内には私を残して仕事を担当させた。私は公信を毎日届け、週末はよく彼と山中で過ごした。私がベイルートの暑さに苦しんだ、とはいえない。毎日、午後には私ども夫婦は町から南へすこし離れた、人けのない浜辺へ行っては海で泳いで生気を取り戻し、そのあと砂丘を越え、ベイルートとレバノン山脈の間に広がる大きな松林を横切り、長い駆歩《カンター》で馬を走らせて帰ってくるのが習いだった。

この時期のことだが、「サマリア人《びと》の王」シャイフ・ヤァクーブッシャラビという変わった人物の訪問をうけた。彼は自己紹介をして、エルサレム領事だった私の父をよく知っていると語った。父はナブルースに近いエバル山《やま》とゲリジム山《やま》の間の谷で、(1)ときどき野営をすることがあったのだ。その頃から三十年以上が経っているのに、彼は、末永い心からの友誼のしるしにと、ヘブライ語で書かれたモーセ五書〔旧約の初めの五書、ユダヤ教の律法(トーラー)の書〕を私に贈呈したいと言ってきかない。彼によると、この写本は非常な価値があり、それに対しては少なからぬ代価を支払う申し出が何度もあったらしい。しかし彼は、秘蔵の書をかつて親交のあった人の息子に取っておくこととし、その種の申し入れをすべて断ってきたという。このありがたい贈りものに私が当惑したのはほかでもない、相当な対価を払わずに受けとるわけにはいかないからだ。

それとなく言うと、彼は大声をあげて遮り、これほどの秘宝は金では買えぬ、しかも旧友の子息からはいかなる代償ももらう気はない、といい張る。そして私の遠慮にいささか気を悪くして、写本を置いて立ち去った。

ところが、前述のとおりオリエント学者としてたいしたものだった私の上司によれば、モーセの五書はこれまでもサマリア人から何冊も売りに出されていて、こんどのも学問的には別に価値はないとのことである。彼は私に受けとらぬように勧めたが、好奇心から一等カワースのアブドゥッラフマーンに先方の希望を聞かせてみろという。すると、いくつかあらたな異議を唱えたのち、シャイフがもちだしたのは、私の収入ならびに本の価値から見て途方もない金額だった。とどのつまり、彼は本を手放さないことにし、彼の好意と手数に報いるわずかな額を受けとって納得した。

サマリア人はイスラエルの古王国の後裔であって、したがって「失われた十支族(2)」の唯一の生き残りと称している。いまでは数家族にまで衰微して、男女、子供を合わせて一七五名を数えるのみだ。シャイフ・ヤァクーブがかつて英国を訪れ、ダビデ王家の末孫(3)の一人ということでヴィクトリア女王から非常な栄誉をもって迎えられたとは、妙な話である。

もう一つの興味ある訪れは、レバノン山脈のマロン派の代表によるものだ。一八六〇年から六一年にかけてのマロン派とドルーズ〔十一世紀のファーティマ朝エジプトのカリフ・ハーキムに発し、主としてレバノン山中に居住するシーア派イスラムの特殊な分派〕の激烈な抗争が非常な流血を持って終わったあと、シリア問題の処理に列強が介入した。諸国は、キリスト教徒のパシャが統治する独立のレバノン国を創設する。ナポレオン三世のフランスは、ローマ・カトリック教会に属するマロン派の保護者という立場を堅持し、他方英国は当時トルコの、そしてイスラム教徒全般の大友邦と見られていてドルーズに支援の手を差し伸べた。ただ、英国はドルーズが紛争を起こさない限りで彼らの自主に委ねたに対して、フランスは各地の学校、ベイルートの大学などあらゆる種類のプロパガンダを通じて、マロン派をはじめとするキリスト教徒にフランス語とその制度を扶植するのに全力をあげた。これはシリア人の多数に、とくにその若い世代には受けた。彼らは好んで‘nous autres Français du Liban’〔われわれレバノンの第二のフランス人〕と自称し、なかには、ゾラやモーパッサンの小説を一ダースばかり読んで西洋文明の頂点を極めたと思いこむ連中もいた。

けれども私が言いたいのは、フランスの教育面の努力がシリア人の啓蒙教化にさして役に立たなかった、などということではなく、彼らの行動はすべて、オットマン帝国解体の暁に最終的に併合する意図でこの地域を徐々にフランスの勢力下におく政治目的によるのはあきらか、ということだ。このような政治的意図を、住民の知的に高い層の目から隠しおおせるわけがない。極秘の反抗が根ざしたのは、フランスの影響を同胞に広める先頭に立っていた人たちのなかだった。フランスに呼び覚まされ、トルコ人支配者に向けられていた民族的反感は、やがて言い出し人に矛先を向け、長かったトルコの覇権の重荷を振りきる前に、あたらしい支配者の目に見えぬ軛《くびき》から国土を解放しようという動きに結集した。トルコの行政運営がよくなかったのはいうまでもなく、それは進歩を促進するどころか、その障害であった。けれども多大の批判にさらされたトルコの統治の欠陥も、その引き延ばし政策も、腐敗も、太古の昔からこのような悪弊に慣らされてきた住民にとっては、ろくに憤りの的にはならない。「独立の」レバノン国が見せた見本は、レッテルを換えたことで瓶の中身もよくなったとシリア人が納得できるようなものではなかった。

事実、レバノンの政府ほど、司法、行政面の腐敗がはびこったところもない。任期五年のキリスト教徒の総督はまず例外なく、コンスタンティノープルなどの好ましいところで一生安楽に暮らせる資産を在任中にできるだけ蓄えることしか念頭になかった。彼らはこの仕事を手伝わせるのに、目先が利いて、悪事をはたらくことには無感覚な一そろいのアルメニア人あるいはレヴァント人を連れてくるのが常だった。私がベイルートにいたときには、コテリアン・エフェンディというアルメニア人が総督フランコ・パシャの右腕だった。この男が仲に立たぬことには何ひとつできず、彼を確保するのは相当な賄賂なしにはできない。彼は、バフシシュ・エフェンディ（袖の下閣下）というあだ名で通っていた。一夜、ベイルートから遠くない山腹の小さいホテルで食事をしていたとき、私の隣にいた人でオリエントの護符の本を書くために資料を集めていた、ある勢いのいい英国のご婦人から、私は訊ねられた――「上座にいる現地人《オリエンタル》で、あのすばらしく利口そうなのはどなた?」。私は、有名なバフシシュ・エフェンディで、その抜け目のない手がレバノン国の運命を握っているのだと答えた。ぎょっとしたのは、食後にコテリアン・エフェンディを紹介された彼女が、こう叫んだときだ――「お噂はよく承っております、バフシシュ・エフェンディさま、お近づきになれてうれしゅうございますわ」。だが相手は、いささかも気にかける風は見せなかった。

実際、収賄はたとえ度外れの規模のものでも、現地民の気持を傷つけるような悪弊ではない。かえってそれは古くから認められた慣例というほかに、政府との用件を円滑に進める唯一の手段とみなされている。しかし他方、トルコの直接支配という重荷に喘いでいたはずのシリア人の感情には、西欧諸国の指導下で政府が発する改善への変革などというものはいい印象を与えなかったのである。

話がそれたが、これはマロン派の代表がドイツ領事館を訪ねてきたことを正確に理解するのに必要と思われる。代表の主な四名は全員高位の聖職者だったが、彼らがフランスへの苦情をとうとうと述べたて、マロン派集団はできればドイツの保護下に入りたいということに指導層の意見が一致した、といわれたのには驚いた。彼らの想定する利点とは、ドイツが自国の通商と企業に政治的な影響力を行使することだ、という。私は彼らの主張に耳を傾けた上で、その希望を上司に伝えると答えた。

ドクトル・シュレーダーは、私がマロン派教徒にいかなる言質も与えなかったことを是とした。いやしくもそのような希望に応ずれば、まちがいなくドイツはフランスときわめて深刻な紛争を起こす、と彼は言った。正否はともかく、フランスは東方諸教会のキリスト教徒、とくにマロン派の保護者を自認し、シリアを今後の政治的膨張の目標としていたからだ。マロン派が提供できるものが何であれ、考えられる国際的紛糾の危険をいかなる形でも相殺しうるものは皆無だった。

それから十二年ばかりのち——一九〇二年のことと思うが——マロン派の同じような代表団がベルリンに現れ、外務省オリエント課長だった私が応対したことがある。ドイツがシリアの政治情勢になんらかの介入をしうると期待される余地はないことを伝えると、彼らは非常に失望して帰っていった。ホルシュタイン男爵〔フリードリヒ・フォン、一八三七―一九〇九。プロイセン出身の外交官。ビスマルクに育てられたが後年はその政策に批判的だった。ビスマルク失脚後、外相就任を断るが対外施策面の実力者だった〕は、ビューロウ侯《プリンス》〔ベルンハルト・カール・フォン、一八四九―一九二九。プロイセン出身の外交官、この当時は帝国宰相（在任一九〇〇―〇九）、プロイセン首相〕ともども、私の意見に全面的に賛同し、シリア人に話をさらに上層部へ持ちこむ気を起こさせなくてよかった、と言ってくれた。

その後シリア全土がフランスの支配下に入ったことから、こまごまとした記憶がこのように蘇ってきた。当初からセネガル〔十七世紀にポルトガルよりフランスの勢力下に入り十九世紀末に仏領〕の黒人兵などの植民地軍が支えたフランスの統治下で、あのうつくしい国の住民が味わっている失望の大きさは、いまでは周知のことだ。マロン派もドルーズもともに、フランスに対しては死に物狂いだが無益な抵抗を試みた。レバノンの独立は統一行政に席を譲って〔一九二〇年のセーブル条約で、トルコ領からシリア、レバノンに分割されて仏委任統治に〕抹殺され、ドルーズたちは保護者であり友と思っていた英国の援助を求めたが無駄であった。むろん、彼らが国際連盟に訴えることには制約はない。

しかし、私のしあわせなベイルート滞在中には、あらゆる政治的大問題が、遠い将来にはくるのかもしれない解決を嗜眠の状態で待っていたように思われる。わずかに領事そのほかの外国政府職員が、トルコの支配に影響を与えかねないものすべてに警戒の目を注いでいたにすぎない。ロシアはカムサラガンというアルメニア人を軍事密偵としてベイルートに常駐させまでしていた。むろんその行動はすべて、他国の政府職員が監視していたのだが、彼の任務の秘密性は、その仕事の本人がいかにも大物と思わせる以外には効果はなかった。

ドイツは、シリアの政治情勢に対しては関心があったにしても微々たるものだった。以前にドクトル・シュレーダーが、おそらく現存の誰よりも知悉していたこの国についてきわめて興味ある報告書を書いたのは事実である。しかしその報告に対してベルリンからは受領の確認も、間接的な言及すらも一切なかったために、やがて彼はその知識を自身にとどめおくようになり、自分の行動を現地のドイツ人の利害といった些細な問題に絞ってしまっていた。トルコ法の研究が大の道楽だったから、彼はトルコの法廷でドイツ人――またときには偽ドイツ人――の主張を支援するのに楽しみを見いだしていた。その一つに、ベイルートが位置する岬の砂地の一区画にからむ係争がある。地所の所有権を主張していたのはサイヤードという地元の一族で、事案にはあるドイツ人一家が関わっていた。「サイヤードの砂原」に係わる訴訟は、私のベイルート着任時点ですでに二十年ごし続いていた。しかも、予備審問がようやく行なわれたばかりにすぎない。だがそれは、わが上司の時間と関心を引きつける一方だった。

一九〇一年に本省に戻ってオリエント課を委ねられたとき、私はヘル・フォン・ホルシュタインがトルコの将来という大問題の一環としてシリア情勢に関心をもっているのを知った。彼が注目したのは、私のトルコについての悲観的な見方だった。しかし、なおのことそうなったのは、私がオットマン帝国におけるバグダード鉄道〔ビューロウ侯が推進者〕などのドイツのからんだ事業に対する一般の熱中には全面的に加担していない、たぶん唯一の官吏だったためである。私は、この問題の権威者としてドクトル・シュレーダーをしばしば引き合いに出していたので、ホルシュタイン男から、かつての上司に私信を書いてシリアの政情報告を送るように求めてほしいと言われた。もし元上司が応じてくれていたら、彼が望んでいた欧州のどこかに転任できるきっかけを私が作ることになったかもしれない。一九〇五年にドクトル・シュレーダーが退任したとき、私は彼にこのことを言い、なぜ何も書いてよこさなかったのかと訊ねたことがある。彼は、多忙すぎたためだという。

「でも、ベイルートのようなところで、一体あなたの時間をすべて注ぎこむだけの何があったのです?」。

「サイヤードの砂原さ」が、答えだった。

どうやらこの訴訟は、前述の二十年に加えてさらに十五年間継続したのである。世界大戦がけりをつけたかもしれない、けれどもそうと聞いたこともない。

砂原にからむ長年の苦労を辛抱したことで証明されるドクトル・シュレーダーの忍耐心も、トルコの役人の奸策と弛緩を前にしたときの憤慨の激発には負けてしまうことは、先に述べたとおりだ。私のベイルート滞在の末期に起こったある事例だが、「小ライオン」が検察官にむかってあまりにも猛烈に咆哮したため、以後は両者の人間関係が成り立たなくなった。そのため私は、相手のまちがいを明らかにし、かつ彼が典型であるトルコの司法権のお話にならぬ状況へのわが上司の攻撃を続行するべく、その高官のもとへ行かされた。検察官の部屋で腰を下ろし、おきまりの小さなコップでコーヒーを飲んだところで、相手の紳士が古典アラビア語の知識は完璧〔非アラブでも司法関係者として法源のコーランに通ずる必要のため〕なのに、その言葉では言いたいことの伝達が非常に困難らしいと私は気づいた。

「でもあなたは、トルコ語は話されないのですか？」と彼は言うのだ――「なんといってもわれわれのいるのはトルコで、ここはトルコの法廷です。私と話をなさるのにトルコ語を充分にご存じないとはどういうことですかな」。

私は、これまで出頭した法廷ではすべてがアラビア語で処理されていたこと、またアラビア語、ヒンドゥスターニー語、それにペルシア語ができるほどには、トルコ語を学ぶ時間がなかった、と答えた。

「ペルシア語ですと！」と彼は叫んだ――「ペルシア語を話されるのですか？　ではお互いに充分に分かり合えます。私はクルドで、ペルシア語は母国語と思っています。ペルシアの文学は知っているし、大好きです。自分でもペルシア語で詩作もしました」。

そして詩の引用を始め、会話はまったく文学的な方向に転換した。私もペルシアの詩文に知識があり、サァディーの『薔薇園』やハーフェズの抒情詩のすばらしい詩句は多く暗誦できると分かると、彼は、自分にもっとも大事なことを理解し嘆賞しうる者がベイルートでようやく見つかったことに歓喜してやまない。二人は、持ちこんだ問題に触れさえもせずに二時間を費やしてしまった。ようやく気がついて私が言いだすと、相手はこう言った。

「あんなくだらないことは、五分で片づけましょう。それからもう半時間、時間を割いてくださるなら、私のペルシア語の書道の見本をお見せしたいのですが」。

双方の納得できる形で法手続きの問題を処理してから、彼は小さな本をもってきた。頁の色がそれぞれちがっていて、きわめて美しいペルシア語の書字で埋まっている。彼はその多くを、きれいな話し方に対する、オリエントでしか見ることのできないあの熱情をこめて私に読みあげた。それは、十一世紀の人でその作品にはいまも人気があるペルシアの詩人、アブドゥッラーヒ・アンサーリー〔ヘラート生まれの神秘思想家。一〇〇五―八九〕の「よき助言」から彼が書きとった抜粋だった。ちかく私がベイルートを発ってペルシアに赴くと聞いて、彼は貴重なその小さな写本を私への餞別としてくれた。このあとまもなく、私は「よき助言」をドイツ語の韻文に訳した。この種のものでは、私の最初の翻訳である。それは『ハールートとマールート』(4)と題した東方詩の小詞華集に収録して一九二五年に公刊されている。

(1) ナブルースに近い…… ――ヨルダン川西岸の高原の町ナブルースは、「呪いの山」エバル（旧約ヨシュア記八―三〇／三五）と南方の「祝福の山」ゲリジム（申命記一一―二九）との間にあって、世界最古の町の一つとされる（古代名シケム、創世記一二―六ほか）。ゲリジム山はサマリア人がユダヤ人に対抗して異教神殿を建てた（列王記上一六―三〇／三二）ところで、いまなおサマリア人の故郷となっている。

(2) 「失われた十支族」――ユダヤの十二族のうち、前七二二年頃にサマリアを侵したアッシリアの捕囚となり、ユーフラテスの支流ハボルの河畔ゴザンに連行されたという十支族。その後の行方が不明とされる。一四二頁のウルフの項参照。

（3）ダビデ王家の末孫——イスラエル統一王国の祖ダビデの子ソロモンの死後、分裂した北王国初代の王ヤラベアム一世から五代の孫オムリ（在位前八七六—八六九）とその子アハブ（前八六九—八五〇、訳注1の異教神殿の建造者）の時代に、サマリアが成立したとされる（列王記上一六—二三／二四）。

（4）『ハールートとマールート』——*'Harut und Marut, und andere Dichtungen aus dem Orient'*, Berlin 1925, ペルシア、アラビア、トルコ、インドなどの古詩のドイツ語訳詩集で、ペルシア風の装丁を施したもの。「ハールートとマールート」は、旧約創世記第六章の記述をもとにコーランII—九六やハーディースの数カ所で述べられている二堕天使の名。人間の女の誘惑に負け、人を殺し人間に妖術を教えたという。

3 レバノン山周遊

レバノン杉――ヴィーナスとアドニスの故地
――英貨物船でトリポリより帰る

私のベイルート滞在は短くて、行けば大いに興味をそそられたにちがいないティルスやシドン〔現在名はスール、サイダ〕といった古代フェニキア都市を訪れることはできなかったが、二人のいい伴侶とレバノン杉を見に行けたのは幸いだった。連れの一人はドイツ人実業家のリュッティケ領事〔ダマスカスで銀行を営み、かたわら領事を務めた〕で、シリアを徹底的に知っており、この国に関する学問的知識の広さでは大方の大学教授をしのぐ人である。遠出で携えていった荷物はわずかで、私たちと騎馬の馬丁の鞍袋に納まった。オレンジ、桑、オリーヴの緑濃い樹林で被われた狭い沿海部をあとにし、シュエイル高原〔ベイルートの東北約四二キロ〕に着くと、いいベッドのある小さいが清潔な宿があった。自炊することにしたが、ヘル・リュッティケはこの道の大家だったのだ。あとの数日間は、雪の積もったサンニーン山〔レバノン山脈の主峰の一つ。ベイルート東北約六〇キロ、標高二六二八メートル〕の中腹の、人影もない絵のようなところで過ごす。有名なアフカの泉〔サンニーンの北側。海岸のビブロス（ジェベイル）から東方四五キロの山中〕があり、垂直に切り立った岩の奥深い洞窟から水が迸《ほとばし》り出ている。これがアドニス川の水源であり、シェイクスピア〔『ヴィーナスとアドニス』一五九三作〕にいたる過去無数の詩人に歌われてきたヴィーナス、アドニスの恋物語を生んだ舞台である。夏の初めには融雪でいまはナフル・イブラーヒームと呼ばれるアドニス川が増水し、山腹の赭土《あかつち》で色のついた水が流れる。それが、野猪の牙に咬まれたアドニスの傷から流れる血と信じられてきた。アドニスの死は春の終わりの象徴で、シリア全土とエジプトで祭られた。泉の近くに、古代のアドニス神殿の遺跡がある。この古い建造物が取り壊されたのはコンスタンティヌス大帝の命によるもので、彼がキリスト教を受け入れ、異教信仰の痕跡を一掃したときのことだ。アフカの泉の周辺には、糸杉の木が無数に生えていた。糸杉は、ヴィーナスに献ずる樹木とされている。この木は樅《もみ》に実によく似ているため、ほんとうに糸杉と分かるまで時間がかかったほどだ（中扉写真参照）。

ところで私は、ソロモンの神殿の用材として旧約聖書に述べられた木は、いまわれわれが杉《シーダー》と称するものではなくて、野生の糸杉《サイプレス》だと確信している。シーダーの木の幹は、梁に使えるほどまっすぐでなく（中扉写真参照）、白い木質は堅くもなく耐久力もない。サイプレスの方はまっすぐな高木で、木質は堅く、また樹脂を多く含んでいて何世紀でももつ。一四〇〇年前のクテシフォン〔バグダード下流のティグリス左岸、パルティア、サーサーン時代の都市跡。二三八、二七二頁参照〕の遺跡で、サイプレスで作った垂木《たるき》を見たことがあるが、まったく新品同様だった。サイプレスは、ペルシアを含む中東の広域に生育し、手に入る山寄りの地方ではいまも屋根を葺くのに使われる。この重宝な材木は、虫も喰わない。サイプレスの木で作った箱は、いたるところで毛織の衣類の防虫に用いられている。旧約列王記（上）五、六章には、シーダーとサイプレスの両方がソロモンの神殿造営に使われた、とある。二種の樹木がもつ性質のちがいを知る者としては、この名のつけ方は逆なように思われる。もっとも、ヘブライ語の「アレズ arz」〔＝cedar〕はわれわれが杉《シーダー》と呼ぶ木のアラビア名〔「アルズ arz」＝cedar〕にあたり、ヘブライ語で「ベローシュ beroch」〔＝cypress, pine, spear of cypress wood〕といえば必ず糸杉《サイプレス》を意味するようだ。ただあるいは、ベイルートなどの沿海の町にきわめて特有の、松《パイン》の木を意味することもあろう。この町の名も、「ベローシュ」から来ているのかもしれない[1]。

サンニーン山を馬で下りるのは、容易なことではない。道路はなく、獣道のようなものがあるだけだが、私たちの馬は岩も崖も難なく越えてくれた。ナブゥル・ラバン「ミルクの泉」とナブゥル・アサル「蜜の泉」という二つの泉からあふれ出る急流を跨いでいる天然の橋を渡った。深くえぐられたファラヤの渓谷では、マロン派の長老《シャイフ》の歓待に与った。家の女たちをよそ者の目から隠すイスラム教徒とはちがい、そのシャイフは、若くて美しい妻が非常に美味なもてなし料理を支度してくれたあと、彼女を私たちとともにテーブルに向かわせた。シリアやパレスティナのアラブ婦人が会話を楽しむときの、心やすいけれども品位のある物腰には、しばしば経験しては感銘をうけたものである。

ファラヤから杉《シーダー》のところまでは、登りづめだった。ワーディー・カディシャ「聖者たちの谷」〔下っていけばトリポリに出る〕の険しい、あちこちで垂直になった側壁の端を伝ってゆくのだ。絶壁の突端に引っかかっているような村や小集落を通り過ぎ、湧き立つ泉がみごとな滝に冷たい水を注ぎこむ、渓谷の口にようやく達した。この滝のすぐ上にあるのが有名な杉の木立、往古の大樹林の唯一といっていい生き残りなのだ。八十三本の古木は世紀を重ねて巡礼の地であり続けたのであって、樹々はその名声に価する、と言わねばならない。広く伸びる枝の下にテントを張っていたとき、ベイルートの友人、アメリカ人の医師で宣教師のヴァン・ダイク博士が一緒になった。死の床についている老いたる総主教、そしてわれらの友なるダフダ猊下〔一〇四頁〕を診察のため、マロン派の僧院に呼ばれたのである。人の力ではもはやどうにもならず、ヴァン・ダイク博士の尽力も、老師の苦痛を和らげるのに現代医学が与えうる手だてをつくすだけだった。

「ドクトル・ローゼン〔著者の父、ゲオルク〕に、くれぐれもよろしくお伝えください」が、総主教が口にした最後の言葉の一つだった。

「会いましたならば、かならず申し伝えます」と言うと、

「まもなく会われることでしょう」と、まるで予言者のような答えが返ってきた。学識全般と他信教への寛容の面ではるかに時代に先んじ、状況をはるかに超え、そして私の知る限りその同胞の多くが日常茶飯事とした陰謀のゲームに決して自分を近づけなかった一人の聖職者の死を、私たちは皆、惜しんだのである。

ヴァン・ダイク博士から、この旅中に撮られた写真をいただいた。本書に載せたものは、冗語を費やすよりもレバノンのサイプレスとシーダーについて私が述べたことのいい説明になると思う。テント生活の楽しさを心ゆくまで味わうにはいたらず、それはヴァン・ダイク博士も同じだったが、シーダーのほとりでの滞在を延ばしてみたい気になった。しかし務めはベイルートへ戻ることを命ずる。それで翌早朝、一同は渓谷の北壁を下った。切り立った谷に馬を牽いて行きつつ、私たちは、とぎれもなく曲折する「聖者たちの谷」と背後の巨峰が形づくる壮大な景観に酔いしれた。

下山に長い夏の一日をほとんど費やしたあと、レバノン山脈の麓がトリポリの青々と繁った林と樹園に溶け合っている平地に達した。細い急流の岸にオリーヴの老木が並ぶところできれいな場所を選んで憩いをとり、残り乏しくなった食料を片づけていると、馬に乗ったアラブ人が一人現れて、私たちに加わり、食事をともにさせてもらってもいいかと訊く。困ったと思ったのは、鶏に米飯を詰めた昼食の残りのほかには上げるものがなかったことだ。けれどもそのアラブ人は、ご馳走よりも私たちと一緒に過ごしたいのだ、と言う。鶏がすぐになくなると、彼は自分の鞍袋から大きなキッベを取り出した。キッベとはシリア料理の傑作というべきもので、作るには結構時間がかかる。主原料は肉と全粒小麦《ブルグル》をまぜて叩き潰したもので、それを焙った松の実とともに中空の団子にしてオーヴンで焼く。家内でキッベを作ると、焼いた者にいくらかを与え、残りを隣人、友人を招いて賞味する。このアラブの習慣は一部の米国人宣教師が取り入れており、私ども夫婦がこの有名な料理を初めて味わったのも彼らの家でのことだった。

もてなし役でもあった客人に感謝しつつ、オリーヴ林でいましばらく彼とともに過ごしたいところだった――コレラが発生し、検疫隔離が迫っていることを彼から知らされなければ。できるかぎりに急いで馬を飛ばして、トリポリに着くと、翌朝に検疫規制が発動される前の夜中にもう一隻だけベイルートにむけて出る船のあることが分かった。英国の貨物船で、乗船すると甲板のいい場所を選んで外套と鞍でベッドを拵えた。ところが、甲板はたちまち、この最後の機会を逃さずに、汚くて不快な収容所で二、三週間も過ごす検疫隔離を免れようというアラブたちでぎっしりと埋まってしまう。トリポリのイスラム教徒はクリスチャンへの友好ぶりで知られるダマスカスのそれとは異なり、さっそく当方のいる処へ押し寄せては脅かすような態度を見せ、ほかの乗客もそれに加担するので、私が英国人の操舵手を見つけて状況を説明するまではやや不安な気持だった。ところが、正真正銘の船乗り英語で彼が二こと三こと言ったのが、暴徒の群れを黙らせてしまう。地中海沿岸の言葉でしゃべれるのはどれか、と訊ねると、彼の答えはこうだった――「きつい言葉《ストロング・ランゲェジ》でさ、できるのは。サー」。私たちは、雲のない空にきらめく星の下ですばらしい一夜を過ごし、明け方にベイルートの停泊地に投錨すると、検疫官の健康検査がすむまで待たねばならず、またわが家が見えるくらいのところで三週間の隔離所入りとなるだろうと言われた。これは、ヘル・リュッティケにはとんでもないことだった。トルコ当局者の抗議を無視して、彼は自分の武装警官《カワース》が舷側につけていた手漕ぎ舟に乗り移り、副《(ママ)》領事閣下というその官職上使用権限のあるドイツ国旗を掲げ、誰かが制止するより先に私どもも連れて上陸してしまった。東方におけるその頃の領事の権威は、このようなものだった。

（1）二種の樹木がもつ性質のちがいを……　――旧約列王記に述べられた樹名は、ヘブライ語原典ではアレズ（複数形アラズィーム）とベローシュ（複数形ベローシーム）、英訳聖書ではそれぞれ cedar と fir であり（邦訳ではそれぞれが文語版で香柏と松、口語版でレバノン杉と糸杉、版により香柏と「いとすぎ」）、用途は、前者が強度の必要な梁、柱、（ならびに垂木、屋根・天井板、壁板、祭壇など）、後者が床板、扉といったところである。「もっとも……」以下の著者の指摘は、聖書のヘブライ語原典と英訳との間で、樹名や建材としての使用部位に訳出上の取り違えはなく、したがって樹木の性質からみた使用部位の混乱は翻訳上の問題ではなくて、ヘブライ語原典の樹名の記載自体が逆であることによるとの趣旨であろう。

4 ベイルートを離れる

テヘラン勤務を命ぜらる——コンスタンティノープル——トルコ人の物語——ドラゴマンの終焉

私ども夫妻がベイルートにいたのは、十一カ月に満たないごく短い間である。ベルリンの本省からの発令で、可及的速やかに——この種の場合に必ず用いられる指示だ——テヘランに赴き、ドイツ公使館でオリエンタル・セクレタリー(1)の任につけとある。私どもは多くの知友に別れを告げ、持ち馬やピアノや家具を売り払い、きわめて住み心地のよかったあの美しい町を去るのが心残りでならなかった。携えていったのは、長椅子《ディワーン》やソファに敷いていた何枚かの敷物と若干の骨董、そして思い出の品の類いのみだった。

私どもはコンスタンティノープルまで汽船で行ったが、寄航したのは、そのころは盛時で住民もほとんどがギリシア人だった町、スミルナ〔現イズミル〕だけである。時間があったので古代エフェソスの跡を訪れると、ある英国人の牧師が、聖パウロ〔パウロは、二回目、三回目の伝道旅行でエフェソス（聖書のエペソ）に都合三年間滞在〕をしのぶ野外の礼拝を勤めているところだった。ダーダネルズ海峡をゆっくりと通過していたときには、トルコ人がその都をキリスト教徒から守るために沿岸に造った要塞がいくつも見える。これらの砦がのちの世界大戦で重要な役割を果たすことになろうとは、知る由もなかった。マルモラ海で一晩を過ごし、翌朝早く、この世のものとも思えぬほど美しく壮大な眺めを心ゆくまで楽しみつつ金角湾に入った。堂々たるドームや高い光塔を擁する驚くべき町のことは、すでに語り尽くされているのでここでは述べない。一週間余も滞在して、その驚異の数々を嘆賞し、多くの興味ぶかい人たちに会えたというにとどめる。

駐在のドイツ大使はヘル・フォン・ラードヴィッツで、ビスマルク侯の覚えがよく、さらに高い地位を期待してもおかしくない外交官だった。しかしビスマルクの解任で彼の盛期は終わりを告げ、その意には大きく反して重要度の低い駐マドリード大使に転じ、そこで勤務を終えた。彼がいま一度外交の表舞台に出たのは一九〇六年のアルヘシラス会議[2]でのことだが、これについては別著に譲りたい。

大使は、自身が高評していたペルシア大使を訪問することを私に勧める。そこである日、私はスタンブル側〔イスタンブルのうち、金角湾とマルモラ海に囲まれたかつてのコンスタンティノープル固有の区域〕にあるペルシア大使公邸を訪れ、ペルシア語で二、三語鉛筆書きした名詞を通じた。ムフシン・ハーンは、自分の母国語を解し高く評価しているヨーロッパ人の来訪を喜んだとみえ、心から歓迎してくれた。さっそくペルシアの詩が話のたねになったのは、いうまでもない。彼が引いた詩句のなかに、フィッツジェラルドの訳では「獅子と蜥蜴《とかげ》」が歌われているウマル・ハイヤームの四行詩もあった。それがペルセポリスの廃墟に彫ってあったのは、私もかつて見ている。ムフシン・ハーンは私にはペルシア語を使ったけれども、十八世紀の大貴族《グラン・セニョール》のようなフランス語も話した。またコンスタンティノープルの外交団主席《ドワヤン》を務めていて、その立場を、各国大使全員が満足の行くように、むしろ礼賛の的にすらなるほどに、充分に果たしていた。ヘル・フォン・ラードヴィッツのいうところでは、もろもろの難題が解決されあまたの紛争が未然に防げたのは、ムフシン・ハーンの配慮と力による。ペルシア料理の食事に招きたいと言われたが、出発を控えた私はお受けできなかった。その後まもなく、彼はテヘランの司法大臣に就任したが、そこでの彼は駐在の外交団を極上の西洋料理でもてなしていた。ところがある日の午前中、私が要務で彼をテヘランの官邸に訪れたとき、彼は、昼食時まで残って本式のペルシア料理の枠をつき合わないかと言う。私は承知して、ではそのときに戻ってくると言うと、「いや、それじゃだめ、本当にいい食事をしようと思えば、自分で作らねばなりません、手伝ってください」。よって二人で調理場につづく裏庭に行き、そこで司法大臣——'chose qui du reste n'existe guère en Perse'〔そもそもペルシアでは無きにひとしいもの〕——は肉を切り香草で味をつけるなどし、その間に彼の役所の高官連と私は馬鈴薯の皮をむき玉ねぎを刻み、シチュー鍋の番をしたりした。その結果が、作業全体のめずらしさなみに大いに結構なものだったのはいうまでもない。

コンスタンティノープルのドイツ大使館のなかに一等通訳官のドクトル・テスタという、きわめて興味深い人がいた。ジェノヴァの古い家柄の出で、コンスタンティノープルで生まれ育ち、ドイツ各地の大学で過ごした数年間を除けば、それまでここを離れたことがない。コンスタンティノープルのあらゆること、あらゆる人が彼の頭のなかに入っていた。目先のきくことで知られたが、その中身の大半は同僚が彼の性分と認めていた以上の率直さ、誠実さだった。トルコの首都でドイツ大使館が長年にわたって享有してきた特別の立場は、かなりな程度に彼のおかげであった。トルコ人にむかって決してうそを言わず、然るべき配慮をもって対処したから、彼らの信頼は篤かった。大使は入れ替わり立ち代わっては功績らしいものを自分の能力に帰したが、テスタは変わることなく、みずからより良き判断と信ずるものに従って黙々と業務に携わっていた。賢明、正当にも、ドクトル・テスタの真価を認めたヘル・フォン・ラードヴィッツは、駐タンジール弁理公使に彼を推薦した。一通訳官、しかもレヴァント人にとっては未曾有の昇進と思われたのだが、不幸にも大失敗に終わった。新任地ではテスタは陸にあがった魚で、一種の精神的破綻をきたしたのだ。ベルリンに報告書を送らず、明瞭な質問に回答すらしない。

外務省の訓戒も多数の友人の忠告も、効果はなかった。短信一本すらも彼から引き出せないまま、ついにかつては高い評価を与えていたビスマルクに免職されてしまう。テスタはタンジールを発ち、召還を受けたベルリンへ直行した。そこでも自分の常軌を逸した行動を説明できない。弁解をするでもなく、ただ非を認めるたけだった。

「しかし、一体貴下をどうすべきや？」。

「起訴するなり、首を刎ねるなり、いかなりともご随意に」。

「それにしても、貴下自身の意向は？」。

「さよう、希望を述べさせていただけるなら、コンスタンティノープルの前職にお戻しを賜りたい。地位、称号にはご心配不要。称号は剝奪されたく、礼式で小生を煩わさないでいただきたい、従前どおり、一等通訳官で充分」。

こうしてテスタは大使館でのもとの仕事を再開したのだった。

かつて、地位の高いトルコ人にヨーロッパの言葉を習う気がなかったころには、通訳《ドラゴマン》の重要さは限りないといってもよかった。列強とトルコ政府《ポルト》との間の、そして列強内部のさまざまな策略謀略を織りなす秘密の糸は、すべて彼らの手を経たのである。ときには外務大臣が、実際に何が起こっているのか知らないこともある。そのころは、トルコ人と「異教徒」との間には社交的な関係は存在しなかった。十七世紀には、外国の大使とは、母国のトルコに対する良き行動を保証する人質とみなされていた。なかには、かなりな期間を獄中で過ごした人もある。スルタンに拝謁を許されても、非常に低い椅子に坐らされて屈辱を味わい、誇りを傷つけられる。このような粗暴なしきたりが一応終わっても、ヨーロッパの大使をその官邸に訪問するほど腰の低い大宰相《グランド・ワジール》は長い間いなかった。その狂信的態度がいくらか和らいだのは、十九世紀の半ばになってトルコが西欧列強、なかんずく英国の支援を求めたときのことにすぎない。そのころですら、外国人は劣等で不道徳と見られていた。ダンスは紳士淑女にはみだらなものとされ、男が妻以外の、襟ぐりの深いドレスをまとった女と踊るときはとくにそうだった。大宰相――ラシット・パシャだったと思う――が英国公使館に招かれて、出かけることを初めて承諾したのは、サー・ストラトフォード・キャニング〔一八一〇―一二公使として、一八二五―二八、三一、四二―五八の間は大使として、長期間コンスタンティノープルに駐在。一七八六―一八八〇〕が駐トルコ政府《ポルト》英国公使を務めていたときの話である。しかし大宰相は舞踏室に足を踏み入れず、その奇怪な見ものを歩廊から眺めたにすぎない。

「半分裸の女と一緒にくるくる回っている、金の刺繍の上衣を着た、頭の禿げたあの男は誰かね?」と大宰相が訊く。

「ロシア公使でございます、フランス公使のX侯の夫人と踊っておいでです」。

「胸をあらわにして男どもの目にさらしている女と踊っている、同じような刺繍のあるコートを着た、あの太った小男は誰かな?」。

「フランス公使で、相手はオーストリア公使Y子爵の夫人です」。

大宰相は驚きからわれに返ると、サー・ストラトフォード・キャニングにむかって言った――「今宵まで、英国はキリスト教国の首位にあり、他国は多少とも貴国に追従しているという貴殿の言を、私は信用していなかった。だがいま、英国の使節がほかの大国の代表にいとも賤しい職業の人間のように無作法な踊りを披露させているのを見て、英国が卓越した強国で、ほかは属国だと信ずるようになった」。

私の父が外交官勤務の初期にコンスタンティノープルにいた頃には、この話がよく人の口にのぼったという。

キャニングがまだ在勤中に、ラシット・パシャが大宰相になった。彼はパリである程度は教育を受けていて、フランス語を完璧に話した。旅行者がコンスタンティノープルまでくるのが、まだめずらしかったころである。各国公使の力の拠りどころは、かなりな程度に本国政府との通信連絡がとぼしいこと、困難なことにあった。公使たちは、電報、無線電信、迅速な陸海の交通の発達した現今よりは、はるかに独立を享受したものだ。

あるとき、自分の遊航船《ヨット》でコンスタンティノープルに着いた英国の貴婦人があった。クリミア戦争の前で、一八五二年か五三年のことだ。彼女はスルタンに私的にお目にかかりたいとの希望を述べた。大使はそのような願いはもってのほかで、公けの使節ですら拝謁の許可は容易にとれないのを分からせようとするが、徒労に終わる。貴婦人は我を張って、ロンドンに戻ったらこんな些事ですら手配できないようではキャニングの力量も自分でいうほどでもないと、王宮や政府関係者に言いふらすとほのめかす。大使は大宰相――例のフランス語を話す人――のもとへ行き、窮境を脱するすべはないかと相談した。

「わけもないこと。明朝十時に、ご婦人を宮殿に来させなさい。ただし、礼儀上ありったけの宝石を体中に着けてくること、と言ってください。充分に持っていないなら、公使館のご婦人方に貸してもらいなさい」。

十時に、貴婦人は宮殿で大宰相に迎えられ、人には見えぬところで一老貴人が寝椅子《ディワーン》に坐って長煙管《チブーク》〔床まで届く、ときには数メートルもある煙管〕を吹かしている、広い部屋に通される。婦人は膝をかがめて挨拶し、大宰相は床に触れるほど頭を下げるとトルコ語で言った。

「陛下、都に現れましたことでお耳を煩わせましたキリスト教徒の物売り女が参上しまして、陛下のおみ足の埃に口づけさせていただきたいと申しております。仕事を簡単にするために、女は品物を自分の体につけて参りました」。

スルタンいわく、「売りものが見えるように、その女を近う寄らせて、全部でいくらほしいのか訊ねてみよ」。

大宰相（フランス語で）「陛下は、このたび初めてオットマン宮廷のきびしい作法をやぶってまでしたしく面談の機会を作りえた人は、さだめし英国貴族の一員なるべしと、深い満足の御意を洩らされました。陛下は、玉体の方にいま少し進むように望んでおられます」。

貴婦人「陛下のご面識をいただけましてうれしゅうございます、また、このたびの拝謁で両国の宮廷と政府の間にますます友好が深まりますように念じております、とこのようにスルタン陛下にお伝えくださいませ」。

大宰相「五十万ポンドより一ペニーも引けない、と女は申しております」。

スルタン「そのけしからぬ女を、ただちに叩きだせ！」。

大宰相「陛下は、貴女の訪問がことのほかお気に召して、お庭拝観をとくにお許しになりました」。

かくして、この厄介な外交問題は、関係者すべての満足する形で解決をみた。

以上のような挿話を述べたのは、トルコ語とヨーロッパの何語かに通ずる人がかつて行使しえた強大な影響力と、十九世紀後半にトルコを襲った変化を示す例になると思うからだ。アブデュルハミト〔二世、第三十四代スルタン。在位一八七六―一九〇九〕の時代に始まった欧化運動は、私たちが知っていたオットマントルコの風俗習慣のみならず旧来の考え方や制度のすべてをまったく放擲させてしまった。時を経るにつれて、トルコ人のパシャそのほかの高官で自国語しかできない古いタイプの人はいなくなった。あたらしい人は皆、フランス語、ときにはドイツ語や英語を完全に読み書きする。この結果、それまでは最重要だった一等通訳官とかドラゴマンといった職位は不要となる。ドクトル・テスタも、正式に勤務を辞し、その業務知識が重宝された分野、つまりトルコの公共負債に対するドイツの利益代表として余生を送った。

　いまでは外交業務のほとんどは通訳を介さない、通常の形で行なわれている。こうして、コンスタンティノープル特有のものだった昔からの制度、ドラゴマンは消滅した。かつては、彼らを乗せた手漕ぎ舟《カイク》が、どこかの役所や大使館から別のところへ移るのに、ボスポラス海峡や金角湾を四方八方へ休む暇もなく忙しげに漕ぎ行き、漕ぎ帰っていたものだ。コンスタンティノープルの水辺では、黒っぽい水鳥〔ミズナギドリのこと〕の群れが、これという目当てもなさそうに海面すれすれに飛び交うのが見られる。それは、亡くなったドラゴマンたちの霊魂が、死後も休むところを知らずに水の上を渡り続けているのだといわれている。カイクでボスポラスを行き来するドラゴマンがいなくなったいま、この鳥たちもいつの日か見られなくなってしまうのだろうか。

（1）　オリエンタル・セクレタリー——言語の壁が大きいオリエント諸国の英国公館において、通常の書記官や現地人通訳《ドラゴマン》とは別に、現地の言葉と事情に通じた腹心として長を補佐する立場。ドイツ語ではDolmetscher（通訳）だが、ここでは英語の呼称を用いたもの。後述のガートルード・ベルは、大戦後のイラクで高等弁務官サー・パーシー・コックスの特別秘書として現地問題を切り盛りしたときにこの肩書を与えられた。

（2）　アルヘシラス会議——十九世紀末まで独立の首長国だったモロッコは、一九〇四年に仏西密約によって分割され、英国はエジプト支配黙諾の見返りに仏がモロッコを勢力下におくことを認めた。これに対し〇五年三月（進行中の日露戦争敗退による露の影響力低下も好機として）カイザー・ヴィルヘルムがみずからタンジールに乗りこみ、仏の排除を試みた結果、独仏関係が極度に緊迫（第一次モロッコ危機）。米ルーズヴェルト大統領の調停により、〇六年一―四月にアルヘシラス（ジブラルタル半島西対岸の町）で開催の欧州十一カ国とモロッコ、米国の参加した会議で協定成立、モロッコは国際管理下におかれた（一一年にドイツが軍艦を派遣した第二次危機を経て、一二年以後は独が仏より仏領コンゴの一部割譲と交換に仏のモロッコ保護国化を承認、第二次大戦後の独立にいたる）。一連のモロッコ問題は第一次大戦の背景の一つとされるが、著者は、一九〇五―一〇年に駐タンジール公使として全経過をつぶさに体験して、特別の関心があった。

Ⅳ　ペルシアふたたび

シムラーンの山荘「バーゲ・フィルドゥース（天国の庭園）」〈141頁〉

1

テヘラン転任

黒海、カフカス、カスピ海
――アルボルズ山脈――カズヴィーンまで

いつの世にもペルシアは行き着くのがむずかしい国、そして当時のロシアは通り抜けるのがむずかしいところであった。バトゥーミ〔カフカス南部、黒海沿岸の町〕の税関では、テヘランへの旅が公用であるのに私ども夫妻の荷物は徹底的に調べられた。鞍、面懸《おもがい》、フェルトの鞍敷、そして二人の毛布やキルトの上掛けまで、特別にうさんくさそうに見られた。汽車も馬車もホテルもないところを陸行するには、これらは不可欠だと躍起になって説いたのだが、徒労に終わった。ロシアで旅行必需品と認められるものの一覧表を見れば、鞍そのほかは載っていない。サンクト・ペテルブルグのドイツ大使に電報を打ったが、ものごとの是正されるずっと前に、カスピ海のペルシア岸、エンゼリーへ向かうロシアの郵船に乗るためにバクーへ発つ時間がきてしまった。わびしいエンゼリーの村を目前にして波に揺られつつ〔遠浅のため当時は接岸できず、艀のくるのを沖待ちした〕、私は、足もとを密林に埋め、カスピ海南岸を縁どるエメラルド・グリーンの細い帯に溶けこませている、ターリシュやギーラーンの雪に被われた山々を心をこめて仰ぎ見た。

船上では、無数の紙巻煙草の煙が充満した狭い食堂で出るしつこい料理がのどを通らなかったので、エンゼリーの茶店でおいしいペルシアのお茶を一杯飲み、すばらしい白チーズの一切れと、ペルシアにしかない、パンケーキの形をした焼きたてのパンを口にしたときはしあわせな気持ちにひたった。またロシア語は一語も解さぬ私のことだから、ペルシアの人たちと自由に話ができるのは、まるで家に帰ったような思いがした。

潮風を帆にはらませた舟が私どもを乗せて、エンゼリーのムルダーブ「死んだ水」〔と呼ばれる戻り水の潟湖〕を渡ってゆく。だが小さな川の河口に入ってからピリ・バーザールまでは、舟は三人の男が曳いてゆくのだ。ここのみすぼらしい建物のことは前にも述べたが〔九三頁〕、まわりには俵や梱包材などが雑然と山積みされ、ぼろをまとった大勢の人が喚きながら深い泥濘を歩きまわっていた。時間を無駄にし、忍耐心も限界を超えるのを免れなかったが、ある騾馬追いを摑まえて、彼のもつ駄馬に私どもも跨り荷物も載せて、ギーラーンの州都ラシュトへ向かった。実に絵に描いたようなところで、内陸の町や村とはまったく異なる。バザールや民家の建築も一部は木材が使われているし、瓦葺きで、平屋根ではない。多雨のため地域全体が緑のなかにあり、草木が繁茂し苔が壁を被い、岩の裂け目には羊歯《しだ》の類が生えていた。

私はバザールへ直行し、雅趣には富むが乗り心地はいまひとつのペルシアの鞍を二台と、非常に厚くて柔らかなフェルトの敷物を何枚か買い求めた。あとのはもともと馬に着せるものだが、山越えの長丁場で私どもがマットレスに使うのである。気のいい刺子《さしこ》屋がいて、生綿《きわた》をカラムカールというイスファハーンの手捺染綿布にくるんだ、キルトの大きな上掛けを二枚作ってくれることになった——それも二、三時間のうちに。こうして午後には、まずまずの馬に乗り、荷物は騾馬に載せて出発することができた。

このような按配で旅が始まったことで、ピリ・バーザールで妻が受けた情けない印象には埋め合わせがつき、数時間後にギーラーンの大密林の縁に位置する宿駅、クドゥームまで来たときには、彼女はその美しい景観に有頂天だった。妻はまた、ペルシアを旅する人のために書いた私の小著[1]をたよりに、一生懸命にペルシア語で話しかける体験を楽しんでいた。

　夜は、大抵宿駅《チャーパール・ハーネー》の掃除が行き届いた床にフェルトを敷き、キルトにくるまって気持よく過ごし、日中はまたとない絶景に目を奪われた。広い川幅に奔流が泡立つセフィード・ルードに沿って、樹木の間から冠雪した山脈をかいま見つつみごとな原生林を抜けてゆく道筋のことは既述の通りである。ときには逆方向をめざす騾馬のキャラバンに出会うこともあった。荷を満載した駄獣の列をやり過ごすには道が狭いので、先頭の騾馬が下げる大鈴の重い音が聞こえるやいなや、私どもは退避場所を見つけねばならない。この鈴は、多くは長さが二フィートほどもあり、蜂窩状の形をしている。あるところで、妻の乗った馬が通り路の山側に四羽の大きな鷲《わし》がとまっているのを見て動かなくなったときは、間一髪の危ないことだった。片側は数百フィートの絶壁で、谷底には川が逆巻いている。おびえた馬は力づくでは動かせず、馬から下りる余地もないのである。鷲を追い払うのも、危険だった。その大きな翼の羽ばたきが、馬の恐怖を駆りたてるに決まっているからだ。そうこうするうち、大キャラバンの鈴の音が近づいてきた。急場を救ってくれたのは、羊飼いの少年だった。面懸を持って馬を曳きつつ鷲の前を通り、枝谷の始まるところまでおだやかに連れて行き、キャラバンをやり過ごしたのだ。のちに、私はキャラバン用の大鈴を買い求めた。それはいま、私のいなかの別荘で食事の呼び鈴の役目を務めている。

　私どもにとって大恩人となった少年は、渡した謝礼に大喜びだった。そして長い距離を一緒について歩いてきたが、それは、彼の断言によればあたりにはびこっているらしい悪鬼《ディーヴ》がこわかったためなのだ。なかでももっとも凶悪なのはディーヴィ・セフィード「白鬼」で、これは千年以上も昔に古代ペルシアの英雄ルスタムに退治されたと詩人フィルドゥーシーが有名な『王書《シャーナーメ》』〔約三〇年をかけ一〇一〇年に完成〕で語っているのだが、このあたりの山民はいまだにそれを怖れている。悪鬼とは、ἀθάνατον κακόν〔アタナトーン・カコーン「不滅のわ

(2)ざわい」〕なのだ。少年は、旅に行き暮れた末にこういった化けものに攫われ、食われてしまった旅人の話をいくつも聞かせてくれた。

彼はまた、ある悲劇の現場となった川中の島を指さす。星占いに蛇に咬まれて死ぬといわれていたルードバール〔九二頁〕のある金持ちの男がいた。咬まれるのを逃れるため、男は蛇が近づけないその島に移り住む。食料は毎日、島と岸との間に張り渡した綱に吊るした籠で運ぶ。ある日、籠一杯の葡萄をその世捨て人に送ったところ、葡萄を取ろうと手を入れた男は中にいた蛇に咬まれてしまう。これは、宿命を逃れること、つまり初めもなく涯《は》てもない日の朝から定まっている死の訪れの時刻を遅らせることは、何ぴとにもできないという証明なのだ。

ウマル・ハイヤームが、フィッツジェラルドの訳していないある四行詩で言うように、

見て来よ、かの銘板を。初めもなく涯てもない日に能筆の手が、
起こるべきことすべてをそこに刻んでいるから。

（筆者による逐語訳の第三〇歌）

私どもの小キャラバンがカズヴィーンに着くには、六日間を要した。最後の夜は、泥壁をめぐらせ、なかに泥作りの陋屋がかたまっている四角い村、アーガー・バーバー〔カズヴィーンの西方約二五キロ〕で泊まった。場所全体が清潔で整頓され、住民の一人が提供してくれた部屋はとくにそうだった。大気は切るように冷たく、マンカル、つまり木炭を詰めた陶製の大火鉢で部屋を暖めねばならない。妻は酸欠で窒息しはしないかと心配したが、ペルシアでは扉や窓が閉めてあっても犬猫が通れるようになっているから大丈夫だ、

と私は言って安心させた。これは、翌朝のために皿にいれて取っておいたミルク粥が、夜のうちに猫に食べられてしまったことで立証された。

カズヴィーンからテヘランまでは、並列四頭だての馬車を利用することができた。二四キロメートルごとに設けられた駅に着くと馬を替える、というやり方だった。

（1） 私の小著——*'Shuma Farsi Harf Mizanid?'* Neupersischer Sprachführer. 3., verbesserte Aufl., Berlin 1925.「新ペルシア語会話ガイド『あなたはペルシア語を話しますか？』一九二五年刊改訂版」。初刊年度は不詳。

（2） アタナトーン・カコーン「不滅のわざわい」……——「女は不滅の、かつ必要なるわざわいなり」（フィレモン）を引くものか。

2 テヘランの日常（一）

テヘラン着――外交団事情――サー・ヘンリー・ドラモンド・ウルフ――サー・フランク・ラセルズ――勉強と狩猟と鱒釣り――ペルシア人との交際――変装で禁断の聖所を訪れる――ペルシア女性の状況

テヘランに着いたのは、ベイルートに向かってベルリンを発ってから正確に一年目だった。四月十四日のことで、どこの庭園もまだ春の装いをまとっていた。薔薇の香りとナイチンゲールの囀《さえず》りが、各国の公使館とヨーロッパ人ほとんどの住まいがある市の北部をくまなく満たしている。馬車がドイツ公使館に止まると、私どもはそのまま山荘のなかに設けられた気持ちのよさそうな住居へ案内された(1)。待ち望んでいた入浴をすませて衣服をあらため、主屋に行って、いまは上司となった公使シェンク・ツー・シュヴァインスベルク男爵に挨拶し、朝食をご馳走になった。公使には、建物と庭園と、八頭の乗用馬のいる厩舎を案内してもらった。四年前に会ったときと彼は少しも変わらず、快活な物腰もかつてのままの様子だった。その午後には、美しいペルシア風カントリーハウスに庭園のある、ユースファバード〔夏のドイツ公使館よりはやや下手、当時のテヘラン城外西北約五キロの地〕のフランス公使館でのガーデンパーティがあると言われた。ホスト役のフランス公使ムシュー・ド・バロワとは面識があったが〔八八頁〕、最近結婚してペルシアに帯同した若い夫人とは初対面である。そのころは、各国公使館の間は館員も含めてきわめて仲がよく、独仏両公使館には特別の親交があった。それは大抵の出先で言えたことで、外交官同士が犬猿の仲にあるようなところですら、そうだったのである。

テヘランの内外に散在する、程度の差はあれ美しいことにかわりのない無数の庭園は、すべて共通する特徴をもつ。地下の導水路で山水を引いてくる流れに沿う、北から南へつづくりっぱな並木道だ。けれどもその並木道を本当に美しく見せるのは、麓を首都として高く連なる、雪を頂いた山脈が背後にあることだ。アルボルズ山脈のもっとも手近な峰トウチャールは、ほぼ三八〇〇メートルの高さである。それが町に、清新の気と澄んだ――あり余る量の、とはいえないが――水と、厖大な万年雪のつくる爽快感をもたらす。東の方にはあまり遠くないところに、標高約六〇〇〇メートルで年中雪に被われた円錐状のデマーヴァンド山が望まれる。

　前回に厄介になったサー・アーサー・ニコルソン[2]は、私が立ち寄ってまもなくペルシアを去っていて、そのあとにはサー・ヘンリー・ドラモンド・ウルフがシャーの宮廷への英国公使に任じられた。サー・ヘンリーは非凡な人だったが、あるいはその父[3]の方がさらに非凡だったかもしれない。イスラエルの「失われた十支族」、つまりアッシリアに捕囚として連行されたままパレスティナに帰らなかった人たちを、中央アジアのどこかで見つけようと考えた人である。現在のユダヤ人はすべて、エルサレムを都とするユダ王国を創った二支族、ユダとベニヤミン〔ヤコブの子である十二人の族長の二人。創世記二九―三五〕の末裔と称している。失われた方の支族を見つけるという問題は、十九世紀半ばの英米で多数の人の心を捉え、その行方が不明なことについてさまざまな推論が唱えられた。それは、これらの支族のことが私の知るかぎり、聖書のどこにも、あるいは古代史のいかなる資料にも二度と出てこないことによる。北王国〔ソロモンの死後、統一王国がエルサレムのユダ・ベニヤミン両部族と、シケムを都とする北方十部族の南北二国に分裂したときの北王国。アッシリヤ侵入による七二一年のサマリア陥落までの約二世紀間持続〕の唯一の後裔がサマリア人《びと》で、今日にいたるまで故国に住みついており、私がベイルートで会ったのは、その王というわけだ。

　それゆえ、どこかに彼らを捜さねばならない。アメリカ・インディアンが「神の選民」の末裔という人もあれば、その栄誉は英国民に帰属するとの見解を述べた人もある。東方では、アフガン人が「イスラエルの子孫」と唱えていて、彼らの歴史書の多くにはソロモン王を民族の祖とする伝説が述べられている。イスラエル人の痕跡がありそうだとウルフ氏が考えたのは、中央アジアである。彼は探査を計画するが、そのあたりは当時つまり十九世紀中葉ではほとんど未踏査で、立入りも容易なことではない。彼は著名人、資産家に関心を持たせるまでにこぎつけ、接触した相手に一人あたり十ポンドの醵金を説いてまわった。聞いた話だが、彼が失われた十支族の探索という計画を持ってパーマストン卿〔一八三〇年代より外相を三度、首相を二度歴任、一七八四―一八六五〕を訪れたとき、卿はこう答えたという――「あとの二族も行方が分からなくなったら〔＝ユダヤ人が地上からいなくなれば（ウルフがユダヤ系であることを踏まえて）〕、百ポンド上げよう」。ウルフ氏の中央アジア探検は主目的を達成できなかったが、興味深い、また事実上未知だった地域に関する知識をひろげるのにかなりな実績を挙げたのである。ウルフ氏の計画を後援した人のなかにディズレーリ〔初代ビーコンズフィールド伯ベンジャミン、保守党首相在任一八六八、七四―八〇。イタリア系ユダヤ人の出身〕がいたかどうかは、私は知らないが、前者の子息がビーコンズフィールド卿の公生涯の前期に深く関わっていたのは事実である。彼は東方問題についてはソールズベリ卿の政治活動の強烈な支援者だったし、その後繰り返してエジプトとコンスタンティノープルでの重要な外交任務を任されている。

一八八八年にサー・ヘンリー・ドラモンド・ウルフが駐テヘラン公使に任じられると、彼は率先してペルシアにおける英国の新しい権益の創出に取り組んだ。カールーン川航行権(4)といったいくつかの案件では成功したが、鉱山会社、道路会社などの設立計画は失敗に終わっている。

着任後あまり長くないときに彼ははげしい情緒障害に陥り、ついには騾馬の背に乗せられてアルボルズ山脈を越え、カスピ海岸に運ばれて帰国した。この、きわめて痛ましいエピソードがまだテヘラン在住の外交官の話題に残っているうちに、彼が健康を完全に取り戻し、しかも駐スペイン宮廷公使に任じられたという意外なニュースが届いた。その後しばらくして、私がヴァレンタイン・チロル〔外交官勤務後に十六年間に及ぶ海外体験を経てタイムズ紙に転じ、国際部で広く活躍したジャーナリスト。一八五一―一九二九〕にこの異例の人事をどう解したらいいのかと訊ねたところ、彼はこう答えた――「考えられる唯一の解釈は、ソールズベリ卿が切り裂きジャック《ジャック・ザ・リッパー》〔一八八八年ロンドンを騒がせた、売春婦連続殺人事件の犯人。事件は迷宮入り(5)〕で、サー・ヘンリー・ドラモンドはこのおそろしい秘密を知るたった一人の生き証人ということさ」。

ウルフの活躍で、シャーの国における英国の立場が楽になった、ということはない。それはただちにロシア(6)の警戒心を目ざめさせ、より強力な政策をとる方向に駆りたてたからだ。サー・フランク・ラセルズが、ペルシア駐在英国公使に任じられるにはすこし時間がかかった。ラセルズは外交官としてきわめて評価が高かっただけでなく、私にとっては永年の友人となった人だ。古い昔からの職歴を通じて私が出会った、あるかぎりの外交官を長いリストにして見直してみても、サー・フランク・ラセルズほど外交官の模範として完璧と思われる人は見いだせない。その資質のうちで最高のものは職業上においてさえ彼が一人の紳士だったことで、一度たりとも不実のためしはなく、抜け目がなさすぎるようなこともまったくなく、つねに情報に通じ、そして試練に立たされても平常心を失わなかった。ただ少なくとも一つだけ、あまり誉められないところがあった。おそろしく不精なのだ。矛盾と思われるかもしれないが、ともかく事実である。国際関係に有害な点では、せわしなく立ちまわる外交官以上のものはなく、猜疑と反感を醸しだすにはどんな会話でも自分が報告書を作るたねを探し、場所柄を弁えない質問をあえてする、詮索好きのお節介やきにまさる者はいない。サー・フランク・ラセルズはそもそも仕事らしいことをしているようには、とても見えなかった。朝はゆっくり起き、館の公務は朝食と昼食との短い合間に片づけ、午後は乗馬やテニスで過ごし、そして夜はホイスト、まだ当時は世界を席捲するブリッジに駆逐されていなかったあのゲームに興じていた。部下には個々の活動の機会を充分に与え、彼らの仕事を指示するより以上に掌握していた。いわば自分の公使館という馬を、手綱もゆるやかに行きたい方へ行かせたが、しっかりと乗りこなしていたのだ。中央アジアの政略をめぐる英露の非常な確執は、だれにも早晩戦争は必至と思わせ、両帝国の在テヘラン出先の個人的な関係にも影を落としていた。しかしラセルズは、言い合い、張り合いの場面での瑣末な論点にはろくに関心も示さないため、反論する側も戦意をそがれてしまう。これは生やさしい仕事ではない、というのはロシア人にはほかのヨーロッパ人集団に溶けこむ気のないのもあり、彼らの公使館は他国の外交官の住居とはかなり離れた旧市街にあったからだ(7)。年配の紳士で、大家族の長であるムシュー・ド・ブーツォフが当時のロシア公使である。彼は個人としては親しみのもてる性格なのだが、国家を背景に行動する私企業のみならず、ロシアの政策自体を動かしているある趨勢の流れに逆らって泳ぐことは無理だった。二人の美しい娘、ニーナとオルガも、ほかの若い人と一緒にテニスをしたかったのに、フランネルのシャツとフランネルのズボンを「スカーフ一本で締めた」‘attachés seulement par um mouchoir’〔＝ズボンはサスペンダーで吊るすものという作法に反して〕若者の軽装にモスクワ人《びと》の礼法はおそれをなし、かわいそうなことに令嬢たちはこのふしだらなゲームの観戦すら許されないのだった。

ペルシアに出先公館をもっていたのは英露の二国のみ、といってもとんでもない誤りではあるまい。両公使館に属さない外交官は、ただの見物人にすぎなかった〔一八九〇年時点の在テヘラン外国公館は、大使をおくトルコを別格に、英、露、仏、独、伊、墺が全権公使、アメリカ、ベルギー、オランダが代理公使、弁理公使級を派遣、ないし派遣準備中。人数は家族を入れて数十名どまり（カーゾン）〕。彼らは皆、自分では流刑地と思っているところでの人生をあきらめ、もうすこし活気のある任地に転ずるのを待っていた。唯一の例外がフランス公使のムシュー・ド・バロワで、この人はペルシア語もでき現地事情にも通じていることを鼻にかけていた。この思いあがりは悲しむべき愚行であって、それにふさわしい悲しむべき償いを強いたのである。仏政府はその専門知識を高く評価するあまり、彼を二十五年を超える長きにわたってこの地に据えおき、彼自身も倦みはてて、ついには辞任を申し出るにいたった。ほかの外交官は、卑見にまちがいはないと思うが、ペルシア語もできねば、およそペルシアに関することは何も知らぬ風を装っていた。そしてほとほと退屈しきって、またそれを他人に分かってもらいたがった。ところが、英国公使館員には、このすべてが当てはまらない。賢明な施策のおかげで、彼らは生活し仕事をする国の言語を学ばされる。インドの場合の「下級」にあたる、ペルシア語の試験に合格すると五十ポンドの割増し給〔年額。十九世紀半ばの英本国中流家庭の生計費二カ月分超〕がもらえた。私の記憶では、英公使館の若手は皆この試験を受け、サー・フランクの令嬢で十七歳のミス・フローレンス・ラセルズも合格していた。そもそもは金で釣ったのだが、またこの試験の準備にはさしたる学習も必要としなかったが、英国人書記官のほとんどがこの国の言語、文学、歴史に興味をもつようになり、よその大抵の若い外交官よりもその面の知識を深めるようになった。サー・アーサー・ハーディングやサー・チャールズ・ハーディング(8)は、この手の英国外交官の例である。前者は一九一二—一三年にリスボンで私と同職にあったが、ペルシア事情の知識が深いことで私を驚かせたものだ。それに比べると知識は浅かったが、より以上に才気煥発のいとこであるサー・チャールズ・ハーディング、のちのペンズハースト・ハーディング卿は、インド総督のときに公式行事でペルシア語の式辞を聞き、あるいは述べねばならぬ際に、つい最近までインドの伝統的公用語だったペルシア語の心得があることを大いに重宝したにちがいない。英国公使館の一等通訳官シドニー・チャーチル氏は、もちろん完璧なペルシア語学者だった。専門は書誌学で、大英博物館やインド省の図書部に多くの稀覯写本をもたらしている。

ペルシア学者といえば、サー・アレグザンダー・ホウタム・シンドラー将軍のことを抜かすわけにいかない。私のように、ペルシアが興味と研究の対象であった者すべてにとって、神託宣者のごとき存在だった。ドイツの生まれだが、インド・ヨーロッパ電信会社に入って英国臣民となった。私は先のペルシア縦断のときに知り合ったが、こんどあらためて旧交を温めた。彼がさっそく訊ねたのは、ここで何をするつもりかだった。

「公使館の仕事にきまっているじゃありませんか」。その返事に、彼は全然満足しない。

「ほかに何もしないのなら、そもそも来る必要もないのです。あなたのところは、ロシアと英国が当地でやっていることを、二、三の報告書にして送る以外にすることはありません。つまらぬことで時間を無駄にしないで、なにか題目をきめて徹底的に勉強するのです、この国の地理、歴史、哲学、詩、美術、動植物などなど、いくらでもありますから。何を選ぶか、いまでなくてもいいから、よく考えて、あとで言ってくだされば結構です。何であろうとお手伝いをしますので、私の助言と蔵書を役立ててください」。

数日後に、過去二世紀の歴史の研究と詩を読みたいと、私は返事した。シンドラーは頷いて是認し、終始変わらず多大の援助を差し伸べてくれた。彼には、いまも非常な恩義を感じている。

初めて来たときと今回との間に、著作の資料を集めてペルシアを広範囲に旅してまわっていた出世途次の一英国会議員があった。カーゾン氏で、後年の著名政治家ケドルストン・カーゾン卿〔ジョージ・ナサニエル、一八五九―一九二五。インド総督（一八九八―一九〇二）、オクスフォード大学総長、外相などを歴任。ペルシア訪問は下院議員だった八九―九〇にかけてのこと〕である。その旅は、（あまり謙虚とはいいかねるが事実いうとおりにちがいない、「ペルシアに関する規準書《スタンダード・ブック》」と自称する上下二巻の大著『ペルシアとペルシア問題』〔六七頁参照〕に結実した。この著は、そこに盛られた事実の少なくとも十分の九を、自分の蔵書と研究ノート、未発表の著述や論文類を自由に利用させたシンドラーに負っている。カーゾンはシンドラーを略奪した、そして自分の成功の源泉であり、その援助なくして著作はできなかった人への敬意を充分に払わずじまいだった、とはよく言われてきたことだ。[9] この批判は苛酷に過ぎる、と私は思う。カーゾンがシンドラーのノートや助言を手にしなければ、後者の蓄えた知識はまるまる、ほぼまちがいなく後代に伝わらなかった。ところがカーゾンは、それをもとにすばらしい著作をものしたのであって、認めねばならないのは、その混然たるものに彼が驚嘆に価する量の検討と巧緻な仕上げを加えた結果、ペルシアを学ぶ者すべてが得るところも多く満足とともに読むにちがいない書物ができあがった、ということだ。カーゾン氏に多大の関心を寄せていた私は、後年ロンドンの議会下院で〔一八八六―九八は下院議員、一九〇八年以後上院〕、ある友人を介して彼に紹介してもらい、非常に興味ある対話をもったことがある。それに比べて楽しみにはほど遠い経験は、カーゾン卿がロンドンで外相を務め私がベルリンで外相だった一九二一年のことだ〔著者の閲歴については「訳者後記」参照〕。そのことはたぶん別著で述べることになろう〔*'Aus einem diplomatischen Wanderleben'*, Bd.1-2, 1931/32, Bd. 3-4, 1959（『一外交官の遍歴の生涯』全四巻。前二巻は一九三一―三二年、後二巻は没後五九年に刊行）〕。

私のペルシア初体験と二度目のそれとの間には、もう一人の著名人、ケンブリッジの東洋語学教授エドワード・G・ブラウン〔一八六二―一九二六。一九〇六年より死去までケンブリッジ教授。主著 *A Year amongst the Persians*, 1893, *Literary History of Persia*, 1902-24〕の来訪があった。きわめて魅力のある紀行文『ペルシア人のなかでの一年』はそのすぐあとに出版され、著者が亡くなった一九二六年に再刊されている〔昨二〇〇二年に Kegan Paul Ltd., London より復刊〕。私がようやくブラウンと面識を得たのは一九〇八年にコペンハーゲンで開かれた東洋学者会議でのことだ。けれども彼とは非常に親しくなり、私は、ペルシア人のいう「心の先達」として彼を見ていた。彼のことは、あとでまた触れることがあろう。

振り返ってみて、私はシンドラー将軍の助言にしたがってよかったと思っている。ペルシア学をめざさなかったなら、取りうる唯一の道は年中カード遊びに興ずるしかないところだった。それを選んだとて、金はたいして失わなかったろうが、失ったにちがいない時間は大変なものである。私は、社交におけるカードの効能をみくびるつもりはない。それは、会話の途中で自分の持つ情報や計画を洩らしてしまう誘惑に駆られずに同職の人とつきあって、時間をつぶす手段である。そして私が知ったのは、外交官でも少なくとも人によっては、たとえばラセルズのように夜ごと夜ごとをカードのテーブルで過ごしつつ、つねに驚嘆するような情報を仕入れていた、ということだ。

では気晴らしの面で私が何をしていたかといえば、戸外の運動、乗馬、とくにテント・ペギング〔馬を駆りつつ槍を使ってテントの杭を抜きとる競技〕と、乗りこなしていない馬の調教などだ。ペルシアには南部産のアラブ種、西北部産の力のある短脚のカップ、背高があり細身で屈強なトルコマン種など、いろいろな良馬がいる。その頃テヘランには馬車の数はごく少なく、自動車はない。私たちは、テニスや茶会や夕食会などに出かけるには、とくに城外の場合は馬で行くのが常だった。

また、山中にも平地にも、すばらしい猟場があったが、私は殺生が好きになれず、狩猟にはよく行ったが獲物が目的というよりは遠足のつもりだった。大型の猟獣では、アルボルズ山脈には熊が、またカスピ海に接する山腹を被う密林には虎もいた。ムフロン〔大きな巻き角のある山岳棲の羊〕や山羊、アイベックス、鹿《スタッグ》、獐《のろ》、豹、山猫《リンクス》、猪などが、アルボルズのあちこちに数多くいた。十三種もの鶉《パートリッジ》のほか、しぎ《スナイプ》、山しぎ《ウッドコック》、雉、鴨も豊富だった。鮭、そして鱒もカスピ海に注ぐ冷たい渓流には多かった。英語というのは、素人の遊猟家にとってはおもしろくない言葉だ。ドイツ語やフランス語でも auf die Bärenjagd〔熊狩りに〕、à la chasse au tigre〔虎狩りに〕行けるが、英語だと go tiger shooting/bear shooting〔「虎を」狩りに行く、あるいは、「熊を」狩りに行く〕としか言えない。ところがドイツ語、フランス語だと、必ずしも何かを狩らなくてもいいのである〔ドイツ語で auf die Jagd gehen, フランス語で partir en chasse といえば、目的物を示さず単に「狩りに行く」になる〕。

私も、高い山のなかで熊一頭、あるいはアイベックスの群れを追って危険で苦しいロッククライミングに何日も費やしたことがたびたびある。こうした獣が多く通った跡は見つかる、だが弾がまともに命中することはめったになく、私の獲物は大体のところ自慢できたものではない。けれども絵のような高山や、その裾野の砂漠での野営生活は愉快だった。乾燥しきった天候がとぎれもなく、長いあいだ決まりきった形で続くことから、一度のテント住まいが何週間、あるいは何カ月かに延びても平気だったのだ。暑い夏の間は、大抵はラール渓谷〔テヘランの東方約七〇キロ、デマーヴァンドの火口原を流れてカスピ海に注ぐラール川の渓谷。テヘランの外国人や富裕層が避暑に利用した〕へキャンプに出かける。そこでは鱒釣りを、高度に発達させた技術の通則にしたがって実行するほかは何もしない。持っていたのは英国から取り寄せた最良の竿と釣り針で、短いたそがれが訪れて急いでテントに戻ってくると、あれこれの毛針、あるいはその組み合わせの取り柄を語り合って長い宵を過ごす。鱒がたっぷりと捕れると雪に詰め、夜を徹して特別の使いでテヘランの町なかかシムラーンに残っている夫人たちに届ける。私たちは、抜け目のない魚を捕ることでは神技に到達したと思っていた——だからある日、遊牧民の男が私たちの捨てた針を一本、短い、曲がった棒に普通の糸の切れ端で結びつけ、そのとんでもない道具を投ずるや、二、三分のうちにみごとな魚を三尾も釣り上げたのには恐れ入ってしまった。もっとも、それでやる気が失せたわけではない。

各国の公使館はシムラーンに夏の公邸をもっていた。そこはアルボルズ山脈に向かって最初の、低く連なる台地にひろがった地域で、テヘランからは一〇マイルばかりのところである。シャーも、ペルシア人貴族の多くもシムラーンに離宮や庭園をもっていた。春ごとに、ペルシア人とヨーロッパ人の大脱出が、秋まで暮らすシムラーンのあちこちの村や庭園にむけて起こる。私ども夫妻は、上司のシェンク男と一緒にディザーシャブという村へ移った。そこに、絵に描いたような家が二棟ある広い庭園を借りてあった。こういった山荘はすべて空き家なので、マットやカーペット、寝具、家具、ガラス器や陶器類といったものはあらゆる種類の備品、食料とともに町から持って行かねばならない。ガラスや陶製の品物は大きな丸盆に並べ、人足が頭に載せて目的地まで運ぶ。破損が起こるのは、ごくまれだった。壊したものには運び屋の組合が責任をとる。卓子、椅子などの家具類は、騾馬や驢馬に運ばせるので輸送中に衝突も起こりうる。私は、こういったキャラバンの後ろから下僕を一人連れて馬で行くことにしていた。彼は、私が椅子や卓子の脚やそのほかの破片が路傍の土砂に散らばっているのを拾い上げては放りこむ、大きな鞍袋を持ってついてくるのである。

被いのついた荷物車《フルゴン》も、あることはあった。三、四頭の馬の牽く大型の荷車で、ピアノや、書籍箱といった重量物を運ぶ。シェンク男は、私どもとこの荷車を一台共有して、まず彼と私どもがランプに使う灯油のタンクを二本運ぼうと言ってくれた。到着してみると、片方のタンクは洩れがあってすっかり空になっていた。一こと言っておきたいが、シェンク男という人はきわめて親しみのもてる上司で、シャーの宮廷に親任状を提出したドイツ公使をすべて考えても、もっとも庶民的だったかもしれない。男らしくスポーツマンで、快活で客扱いがよく、そして常識ゆたかだったから、後年私ども夫妻は、むずかしい決断を迫られるとよく自問したものだ、「シェンクならどうしたろうか」と。彼とはごく親しくしていて、彼が馬で遠出するときは私どもに同行しないかと声をかけないことはめったにないほどだった。ただ、私どもが充分に同意しかねることが一つだけあった。外交官が、ほかのあらゆる部類の人間に対して生得的に、本来的に優越しているという、絶対的な確信をもっていたのだ。誰かが利口だとか魅力的だとか頼り甲斐があるとかいう分にはかまわない——しかしある一点、すべての事物に対する深い洞察力、卓越した知性、それを具えているとみずから言いうるのは生え抜きの外交官のみ、というのだ。見たところ、シェンク男がふつうは手の届きそうもない、かような高貴な資質の持主とはとても思えなかったが、そこに来たのが灯油タンクの一方が空になるディザーシャブへの移転の日である。実用の面では二本ともまったく同一で、持主を示すマークも記名もないのに、彼はたちどころに、私どものが空で、満杯なのが彼のだ、と見てとった。穴のあいたタンクは私どものだとどうして彼が言えたのか、いまにいたるも私には理解できず、彼の知的卓越を認めないわけにはいかない。

私どもは、仕事は毎日昼食時までとした。午後になると乗馬に出たり、英国公使館の夏の公邸のあるグラヘーク〔市中から北へ約一〇キロ。米公使館もあり木立に囲まれた一等地〕でテニスをしたりで過ごし、ときにはペルシアの王族や大臣をその美しい庭園に訪ねることもある。こういうときには、私は上司の通訳をせねばならない。それは、いつも容易なこととは限らなかった、というのはシェンク男はペルシア人やその習俗に彼独特の考えをもっていたからだ。ある日、私たちは大蔵大臣アミーヌルモルクを訪れた。大宰相の弟で、イスラム教徒としてはきわめて謹厳、敬虔な人だが、同時に金貸しでもあって、高利で貸し出すことを目的に兵士や官吏の給料支払を滞らせていた。私の上司は、シャンパンをふんだんに振る舞い、美しいご婦人方が大勢姿を見せる舞踏会に大臣閣下を招待せよ、という。また、快活で美しいペルシア女性を同伴されるように大臣に頼んでみよとのことだ。さようなことを言えば、婦人がきびしく隔離され、他人には彼女たちの健康具合を訊ねることすら許されない当時のこととて、非常な憤慨を買うことは必至だ。私は、二の足を踏んだ。「言ったとおりに、彼に伝えなさい」と上司は促す。一方、アミーヌルモルクは私が躊躇しているわけを知りたがる。とうとう私は、つぎのようないわば勝手訳の言葉を伝えた。

「上司のドイツ公使は、閣下の財政政策のよろしきを得てペルシアが享受しております恵沢に思いを致し、閣下のご隆昌を日夜お祈りしておりますことを、何とぞお心にお留め置きくださいますように、と申しました」。

ドイツの果たすべき力に重大な妨げをきたすことなく、上司の考えにできるだけ近いことを言うには以上がせいぜいで、これで両人は満足したのだった。

ペルシアには、知力、学識で卓越した人が数多い。事実、上流の人士はまちがなく教養ゆたかで、その洗練された物腰で会う人すべてを魅了した。またきわめて歓待心に富み、西洋人の訪客があれば善美をつくした自分の居館でもてなす。なかには、各国公使館の最高レベルの料理にひけをとらない洋風の晩餐会を催す人もある。ただ、彼らがこういった洋風《フランギ》の食事をするのはそれを好むからではなく、ヨーロッパ人の意を迎えてのことである。大宰相アミーノッソルターン〔八四頁訳注3〕が新築した館で初めて催した、公式大晩餐会のことを思い出す。長い献立がやっと終わりに近づいて、バタとチーズが出たとき、大宰相は、首相ともどもペルシア・チーズの一かけを手に取った。そのとき大宰相が、朋輩と頷きあってこう言っているのが耳に入った——「なんといっても、パンとチーズが一番ですなあ」〔平たいパンに羊乳特有のさくさくした白チーズが素朴なペルシアの食事〕。その意味するところは、彼に関するかぎり、凝りに凝った料理も全部犬にやった方がまし、ということだったのだ。

そのころには、ダンスはペルシア人にはみっともなく、ふしだらなことと思われていて、男が他人の妻と組むときはとくにそうだった。オリエントの人も踊りは大いに好むが、自分では踊らない。そのためには奴隷とか、職業的な踊り子を抱えている。かつてのトルコと同じで、彼らには半裸と見える恰好をして人前で踊るヨーロッパ人の女性を軽蔑していた。舞踏会には、そもそもペルシア人を招かない方がよかったのだ。もっとも、いまでは状況は一変している。

ヨーロッパ人で純粋にペルシア風のもてなしに与ることのできた者は、例外なく料理が独特でめずらしいと思う。客は男専用の広間に請じ入れられ、いろいろな植物の種子、ナッツ、ピスタシオ、アーモンドなどの取り合わせと小さなガラスコップで飲む極上のお茶、そしてアラク、葡萄から作った強い蒸留酒を供される。同時に、カリヤーン、つまり大きな水煙管、ハブル・バブルが手渡しでまわされる。多くの場合、こういったパイプの火皿は銀あるいは金でできていて、またトルコ石などの貴石が鏤《ちりば》めてある。それに用いるシーラーズ産の煙草は、かぐわしい香りと味わいがある。煙は、水を満たした器を通ってくることで冷やされる。通常、楽師、歌手がこういった場面で姿を見せる。そしてカーペットに胡座《あぐら》をくんで坐し、風変わりな弦楽器を奏でる。それはきわめてリズムに富む曲で、聴くほうはもちろん歌う本人を忘我の境に誘う。ペルシアの歌は情がこもっていて人を惹《アントレナン》きつける。ハーフェズなどの大抒情詩人の句も、ペルシア人の歌い手が吟唱するのを聴かないとその本当のよさは分からない。ときには、ただしごく親しい仲間うちだけでは、唄のあとに踊りがはいることもある。踊り手は、大抵女装で化粧をした美少年である。しばしば、このような踊りが、われわれがたしなみと礼節と目する域を越えてしまうことがある。この種の余興が続くのは、主賓が空腹を訴えて食事にしたいと言うまでだ。すると隣室との間の扉が開くが、そこにはカーペットに大きなテーブルクロスが広げてある。テーブルクロスの大部分は料理の皿で被われ、端だけが客の坐るために空けてある。料理は、コースで順に供されるのではない。全部が初めから並べてあって、客は好きなものをとる。左手は不浄とされているので、食べるには右手だけを使う。食事の前後に、水差しと水盤が手を洗うためにまわってくる。食事全体で、二十分ほどですんでしまう。コースの合間もなければテーブルスピーチもないから、目の前に並んだご馳走を堪能するにはそれで充分なのだ。

ペルシア料理には、きめのこまかい味わいがある。何種類もの鶉《うずら》、鶏、鹿あるいは羊の肉を大量の米飯と一緒に食べる。ペルシア米の味は世界一で、炊く前に細心の注意で下ごしらえをする。ペルシア人のコックなら、ただしく米を炊くだけに二十四時間をかける。肉は必ず充分に調理し、よく火を通さないことは決してない。さもなければ、手を使うわけだからとても切り分けられない。純ペルシア風の食事では、ヨーロッパ人は別としてナイフ、フォークは用いない。食べ終わって水差しが一巡すると、全員立ち上がって「アルハムドゥリッラー」——神は讃うべきかな〔ごちそうさま〕——と称え、そしてほとんど直ちに自宅へ、あるいは寝所へ向かって立ち去る。たっぷりと腹に入れた晩餐が早々と熟睡をもたらしてくれるように、というわけだ。

しかし、このもてなしに最大の光彩を添えるのは教養のあるペルシア人の機知に富み洗練された会話である。これほどまでに、自国の詩文に通じ、自国の詩人の言葉を適切に引用することのできる民族は、まずあるまい。

ペルシア人が多少なりともみずからの楽しみとして学ぶことのうち、首位にあるのは哲学である。テヘラン滞在中に、私は哲学を語る集会を持つ人たちがつくる三つのグループに入っていた。彼らは皆、西洋哲学の考え方を知りたがっていたが、それを評価することはまれだった。通例それは、あまりにも事実中心的、物質主義的とみなされる。私は、シャーの女婿で式部長官のザヒールッドウラと親しくしていたが、彼はまたダルウィーシュ、神秘思想家でもあった。他人の信仰に対する絶対的寛容が彼の教団の基本精神の一つだったことから、彼は私にも入団を勧誘した。私がキリスト教の信条を棄てることは問題外だというと、ダルウィーシュとしてふさわしいかどうかは信条の問題ではなく、心のありようだ、と彼は答えた。

　ある日、彼は私にペルシアの服装をさせて、人々の崇敬するシャー・アブドゥルアジーム〔テヘラン東南のレイにあるシーア派の聖所。カーゾンの考証では、九世紀にバグダードから逃れて隠棲した聖者アブル・カセム・アブドゥルアジームに由来〕を訪れようという。テヘランの近郊だが、これまでキリスト教徒で入ったものはない。聖所の境内へ異教徒を近づけないために設けてある関門をすべて通り抜けるのは危険きわまりなく、私のように高い体軀と外見が北方人であることを示す場合はなおさらだ。しかし彼は、私がペルシア語を話すのを聞いておれば誰も疑念を抱かないから大丈夫だという。金のドームとトルコ石色のタイルを張った高い光塔を持つ美しいモスクの入口に着くと、私たちは靴と鞭は外へ残し、二人の白いターバンをつけたモラーに手を引かれてアラバスターの石段を昇った。モラーたちはアラビア語の詩句と巡礼の礼拝用式文を誦した。それを正調のアラビア語発音で復唱せねばならないのだが、さいわい私にはそれはできた。ついで、高価なカシミアのショールとペルシア刺繡で被ってある石棺、つまり聖者の墓にめぐらされた銀と青い琺瑯《ほうろう》の手すりに沿ってゆっくりと案内されたが、その間もずっと、二人のモラーの詠ずる言葉を復唱する。巨大な黄金ドームの内側を形づくる鍾乳飾り〔下向鍾乳石のような形にタイルや鏡の小片を貼りつけた飾り〕の円蓋はプリズム状の鏡片で美しく装飾され、内壁下部にはアラバスターのパネルが嵌めてあった。同じようにして、二番目の聖墓〔シーア派第八代イマーム、レザー（七六五―八一八、カリフに毒殺されたといわれ、マシュハッドのその廟はシーア派の大聖地）の弟ハムザの墓〕と、聖所全域を見てまわった。婦人用のモスクも含めてだが、たまたまそこには人影もなかったのである。ところが不意に気づいたのは、コーランを声高に読んでいた数人の男が私に目を注いでいて、ある時機をみて座を跳びあがり、興奮しやすく狂信的でもある群集に私を引き渡す構えでいることだった。心配になって連れを見ると、彼は声をひそめてこう言うだけだ――「しゃべって」。コーランを朗読していた人たちは、私がペルシア語をすらすらと話すのを聞くと安心したらしく、ふたたび読誦に戻った。それでも私たちは、境内を出て馬に跨ったときには、本当にほっとした。ザヒールッドウラも、あるいは私以上にあの瞬間の危険を感じとっていたのかもしれない、彼はただちに下僕の一人に馬を飛ばさせて町へやり、私の無事を妻に伝えたのだから。あとで彼は、万一私が非イスラム教徒と分かれば、あそこから生きては帰れなかった、また死体すら激昂した群集に切り刻まれたろう、と語っていた。

　静かな冬の日の午後、私は何度もテヘランのザヒールッドウラの屋敷へ行き、古今のペルシア語典籍を集めた、ほかには比べるものもない彼の蔵書に目を通して過ごした。貴重な写本が数多く、飾り模様や精妙な細密画で美麗に挿画されたものもあった。なかでももっとも価値のあったのはサァディーの『薔薇園《グリスターン》』で、あの大詩人が存命中の一二五八年に無惨な死を遂げたカリフ・ムスタアシム〔アッバース朝最後の第三十七代カリフ（在位一二四二―五八）。モンゴルのフラグ・ハーンの侵略をうけ、欺かれて捕らえられ袋にいれて撲殺された〕の用に著名な書家ヤアクート・ムスタアシミー〔アッバース朝末期の能書家。名はカリフ・ムスタアシムに仕えたことにちなむ。一二九八没〕によって書かれたとされるものだった。私がこの無類の珍品に強い関心を見せれば、寛大なわが友はまちがいなく私への贈りものにしてくれたことだろう。そんなことになっても、受けとってはならぬ、と私は思っていた。それで私は、賞賛の思いを述べるにも大いに注意をせねばならず、かような秘宝が六世紀以上もの間保存されていたことにも「アッラーの望み給いしことは成る」を意味する「マー・シャー・アッラー」をいつもつけ加えるのを忘れなかった。十数年のちの一九〇九年、革命運動〔カージャール朝末期の一九〇五―一一年に起こった立憲運動。首都と主要地方都市で革命、反革命の武力抗争が相次いだ末、立憲君主制に移行〕のさなかにザヒールッドウラの屋敷はまっ先に砲撃をうけ、略奪され炎上した。『薔薇園』最古の写本は、そのときに永久に消滅したのではないかと思われ、私は自分の潔癖と遠慮が悔やまれてならない。

ザヒールッドウラからは、大麻《バング》吸飲の秘法を伝授された。この有害薬物は、アラブがハシーシュと呼ぶものと同じである。インド大麻（*Cannabis indica*）の樹液からつくられるものだ。効果は阿片の千倍も危険で、常用が習慣化した人をアラブはハッシャーシーン（ハッシャーシュの複数形）と呼ぶ。十字軍時代に、陶酔状態のハッシャーシーンが狂乱して殺人に走り、行く先々で出会うキリスト教徒を刺殺することが起こった。この言葉を、フランス人が採りいれた。フランス語のアササン assassin〔暗殺者〕および英語のアサッシン assassin は、それに由来する。私は一回だけ試したことがあるが、量がごくわずかで何の作用もなかった。わが友も、好奇心で試みたあと、耽溺せずじまいだった。彼はまた、ワインやスピリッツは種類を問わず味わったことがないと言っていた。ところが一日、われわれの当時の夏の住まいグラヘークを訪ねてきた際、彼は夕食時にコニャックを小さなグラスに一杯所望した。使用人頭《バトラー》がグラスを満たすと、わが友は瓶を摑み、またほしくなったときのために残しておくように言った。それから、無言のまま、つぎつぎにグラスを干して瓶を空けてしまうのだが、何の変わったところも見せなかった。強い蒸留酒を一パイント〔約〇・五七リットル〕も無難に飲んだ人が、アルコールにまったく未経験などということはありえない、と私は思った。しかし、ときたまの例外は別として、彼はもっとも厳格な、絶対禁酒家と公言していたのだ。概して言えば、ペルシア人は酒を飲まぬ民族である。彼らの大部分がワインの味を知らぬまま生き、そして死んでゆく。ペルシアという所は、気候も乾燥《ドライ》し酒もたしなまぬ《ドライ》、あらゆる点でドライな国なのだ。ところが一旦飲むとなると、泥酔するつもりで飲むのが普通である。とにかく、罪は犯してしまった——ならば毒を食わば皿まで、というのがその理屈だ。ペルシアでも所によっては、とくにシーラーズの近辺では、極上のワインが作られる。ペルシア詩人のほとんどがワインを礼賛し、飲めや歌えやの快楽を讃えている。しかし、こういう詩はすべて神秘思想での解釈が可能で、それによれば詩の文句も無害になってしまう。

ザヒールッドウラの夫人は、ナーセロッディーン・シャーの王女だった。私は会ったことはないが、ある折に夫人の健康を訊ねてみるだけのことはさせてもらった。それは非常な好意と異例の昵懇《じっこん》のしると見るべきものであった。ただ私の妻はプリンセスとその娘たちをしばしば訪問していて、娘の一人はいままで見たうちでまさに完璧に美しい少女だったという。当時の一般の慣習に従って、気の毒なこの令嬢は夫を選ぶことは許されぬまま、愛情などは毛頭もない富裕で吝嗇なある老人の嫁に出された。シャーの娘を娶るものは、同じときに別の婚姻関係をもつことが許されない。総じていえば、一夫多妻の例は、ごくまれであった。

（1）山荘のなかに…… ――外国公館や富裕層が夏を過ごすアルボルズ山麓シムラーンの別宅や貸し別荘は、ゆるい斜面を利用した広い敷地に、主屋のほか独立したコッテージ風の建物が何棟かあることが多い。

（2）サー・ヘンリー・ドラモンド・ウルフ――一八八八年にテヘランに着任し、非常に果敢な手法で英国の権益創出を推進した。カールーン川開放、ペルシア帝国銀行設立を実現後、八九年にナーセロッディーン・シャー訪欧に同行して帰国、同年帰任、煙草レジー問題に関与（訳注5）の過程で九〇年発病、奇跡的に回復して帰国。九一年駐ブカレスト、六カ月後に駐マドリード各公使、八年間勤務して引退。一八三〇―一九〇八。

（3）その父――ジョゼフ・ウルフ師、一七九五―一八六二。ドイツ生まれのユダヤ教ラビの子ながらプロテスタントの学校で学び、古典語を習得、十七歳でキリスト教に改宗。チュービンゲン大学を経てローマではカトリックの神学校二ヶ所に入るが放校され、英国に移って英国教会に改宗、ケンブリッジ大学でオリエント諸語を学ぶ。

一八二一年以後東方各地を伝道（エルサレムでユダヤ人にキリスト教を説いた最初の宣教師）、二八年「失われた十支族」探索に出て、ボハラ、バルフ、カーブルまで非常な冒険旅行（奴隷に売られ、あるいは強盗に身ぐるみ剝がれて約千キロを全裸で踏破するなど）を敢行、インドを経て帰英。三六年、エチオピアに行き、伝道活動で在留中に罹病したサミュエル・ゴーバー師（二〇頁）を救出しアラビアに運んだあと、イエメン、インド、米国経由で帰国。四三年、現地アミールに逮捕抑留されていた二人の英軍人を救出のためボハラ再訪（二人はすでに前年に斬首されていた）、二年後帰国。晩年は英国で牧師として過ごす。語学的天才と信仰遍歴と冒険精神が渾然となった生涯を送った、きわめて特異な人物。

（4） カールーン川航行権――カールーンはザーグロス山脈を水源として北に向かった後ディズフール近辺で南流し、アフワーズを経てホラムシャハルでシャットルアラブ（ティグリス、ユーフラテスの合流した下方）に注ぐ、西南イランを貫通する大河。内陸河川だが、ウルフの強力な働きかけで一八八九年に外航船に開放された。ウルフは引き続きアフワーズとイスファハーンを結ぶザーグロス横断鉄道の建設を計画したが、資金難で見送られた。

（5） このおそろしい秘密を……　――このくだりは、ウルフの在任中に始まり、帰国後に全国的な反対運動に発展した煙草利権譲許の問題に関わる。一八九〇年に英国の業者タルボットに供与されたペルシア煙草の独占取扱い権《レジー》は、必需嗜好品を異教徒に委ねる行為として宗教界の禁煙令に発する広範な煙草ボイコットを惹起し、大規模な大衆抗議運動となる。シャーは締結したばかりの契約の解除を余儀なくされ、賠償金五十万ポンドを英国（英資本のペルシア帝国銀行）からの新たな借款で支払った。解約後も実態が容易に知られなかったが、ロシアがペルシア産阿片の独占取り扱いを策したときには英国が介入して中止させた経緯もあり、国際的にも疑念を持たれつづけた。第二次大戦後に関係国の厖大な資料を渉猟した Nikki R. Keddie, *Religion and Rebellion in Iran, The Tobacco Protest of 1891-1892*, London, 1966. が公刊されて全貌が表に出たといっていい。ウルフが果たした役割が多大なことは容易に察せられるが、たとえば一八八九年にシャーの訪欧に随行して一時帰国したときの具体的な関与内容などは明瞭でない。ウルフの発病は、計画中のインド訪問の直前に起こった急性疾患で、一時は危篤状態といわれた。帰国後も体調は完全に回復せず、テヘラン帰任は不可能とされた。当時の在テヘラン各国公館で英国の行動は注視されたが実態は伝聞・推測の域を出ず、著者着任時にはすでに万事隠蔽されていた。レジー問題でゆらいだ英・ペルシア関係を修復したのは、ラセルズ、デュアランド両公使の尽力とされる。著者は、自分の不在中のこととはいえ英国への配慮からレジー問題への言及を避けたのであろう。

(6) サー・フランク・ラセルズ――第二代へアウッド伯ヘンリー・ラセルズの孫。欧州各地、ワシントン、アテネ、カイロ、ソフィア、ブカレスト(ウルフと交代)の勤務を経て、煙草レジー問題後の一八九一―九四年に駐テヘラン公使。その後は駐露大使、駐独大使を経て枢密顧問官。一八四一―一九二〇。

(7) 彼らの公使館は……――ロシア公使館は開設されたカージャール朝初期より下町のバザールに隣接し、一八二八年に王宮域に移転後も当時の市街北端に近い地に設けられた他諸国の公館とは二キロばかり離れていた。ちなみに英公使館(のち大使館、以下も同様)は二万坪以上の敷地をもち、道一つ隔ててトルコ大使館、ドイツ公使館と接し、のち英公使館の北側により広大な敷地を確保してロシア公使館が移転した(いずれも現存)。カージャール時代には、これらが面する南北の街路をヒヤーバーネ・アラウッドウラ「大使たちの大通り」Boulevard des Ambassadeurs と称した。

(8) サー・アーサー・ハーディングやサー・チャールズ・ハーディングは……――インド統治前期の大立者(総督一八四四―四八)だった元帥ヘンリー・ハーディングの長男の子が後者、次男の子が前者で、従兄弟にあたる。チャールズ(一八五八―一九四四)はテヘラン公使館一等書記官(一八九六―九八、二九二―三頁参照)のあと駐露大使(ラセルズの後任)、インド総督、駐仏大使などを歴任。アーサーは駐ベルギー、駐ポルトガル公使を務めたがテヘラン在勤については不詳。

(9) カーゾンは……――カーゾンは、同書序言で謝辞の最初に「ペルシア政府で各要職を務めたあと、現在はテヘランのペルシア帝国銀行〔一八八九年にナーセロッディーン・シャーから英国のジャーナリスト・通信業者、ロイターに譲許された利権で設立された、紙幣発行権をもつ資本金百万ポンドの英系銀行〕の顧問である紳士、A・ホウタム゠シンドラー将軍」を挙げている。シンドラーの具体的な協力内容を述べて深い謝意を明らかにしているのだが、著書の内容に照らせばとうてい不充分だ、というもの。

3

テヘランの日常（二）

ナーセロッディーン・シャー・カージャール――英露の角逐

――サー・モーティマー・デュアランド――大宰相アミーノッソルターン――大宰相を救命

ここでいくらか言葉を費やしておきたいのは、ペルシアの統治者のことだ。「シャー、シャーの子、諸王の王、大いなる頭首、世界の頼り、神の影、ナーセロッディーン・シャー・カージャール、神よ願わくばその治世と王位を高められんことを！」、これが正式の称号であるナーセロッディーン・シャーは、ダレイオスやアヌーシールヴァーン〔サーサーン朝ペルシアの王（ホスロウ一世）、在位五三一―五七九。ビザンツと西アジアの覇権を争った。文芸の保護者としても知らる〕流の、最後で実在の「大王」といえるだろう。中背以上の体格ではないのに、堂々として、大いに畏敬されていた。町を馬車で通るときの彼の表情には矜持と冷淡が入り交じっていて、人の印象に残った。つねに独りで馬車に乗り、馬を駆るときは傍らに馬を並べることを誰にも許さなかった。ヨーロッパ人に会うときは威厳で相手を圧倒し、また他国、特にその地理歴史について思いもよらぬ知識を有することで感銘を与えた。外国使節にはいつも丁寧で、彼自身のフランス語もまずまずだったが、会話には通訳を用いていた。しかしペルシア人の臣下しかいないときは、キリスト教国、少なくともその出先外交官に対する侮蔑を隠そうとはしない。聞いたところでは、外務大臣から書信を受けとると王は訊ねる、「誰からだ？」――「イタリア公使からでございます、畏れながら」――すると、当の書信を放り出し、「グーレ・ペダル・アシュ（その父親の墓を穢してやる）」というのが口癖だった。臣民に自分の偉さを銘記させるために、こうするのだ。しかし彼は、何ごとによらず自国内で外国人への配慮の不行き届きがあることを許さなかった。

シャーは、二百人から三百人の妻妾を蓄えていた。これをダスタ、つまりいくつもの「組」に分かち、おぞましい黒人宦官に取り仕切らせていた。人々の大きな羨望の的であり、しかも不幸な、こういった王家の籠の鳥たちが馬車に乗って私の前を通り過ぎ、自分の面被《ヴェール》をひそかに持ち上げるのがちらりと見えたことが何度かある。彼女たちの多くがまれに見る美しさで、肌はきめこまかくて白く、きわめて人の目を惹く顔立ちで大きな黒い瞳をしている、といわれる。黒い眉毛は、鼻の上で一本につながるように染めるのが多い。ヨーロッパ人を訪問することも、宦官の付添いなしでハレムを出ることも、絶対に許されない。ハレムに侵入した者は即時残酷に処刑されるが、最期の模様が王宮外に洩れ伝わることはない。

ナーセロッディーン・シャーは、熱烈な狩猟愛好者だった。自分の時間のほとんどを、アルボルズ山中の狩りの旅に費やしていた。必ず妻妾のいくつかの「組」と大勢のお供を帯同するが、それとともにお気に入りの、というよりむしろマスコットのアジーズッソルターン(1)を連れてゆく。この少年は、普通ならとてもありえない、シャーとの遠慮のいらない関係を許されていた。本書に掲載の写真は、シャーが猟場で一休みしながら何かを読み聞かされているときに、背後でその少年が捧げ銃《つつ》をしてふざけている場面である。この小童に対するシャーの偏愛は、ある遠出のときに起こった出来ごとに由来する。シャーが貧しい百姓女のあばら家に雨宿りをしたところ、母親が外へ連れ出した乳呑児が絶え間なしに泣き喚いてうるさくてたまらない。シャーは我慢ができなくなり、赤子を黙らせせよと母親に言おうとして外へ跳び出したその瞬間、柴に何重にも粘土を載せて葺いた小屋の屋根がおそろしい勢いで崩れ落ちたため、シャーが中にいたらまちがいなく圧し殺されたところだった。シャーは男の子を命の恩人と思って連れてゆき、手元に置いて一刻も離さなかった。しかし、万人それぞれに決まっているという死の時刻がナーセロッディーン・シャーを訪れたときには、シャー暗殺の場となったモスク〔前述、シャー・アブドゥルアジーム〕にアジーズッソルターンがいても、主君の命の救いにはならなかったのである。

王の訪れが、その栄誉に与った地域の住民には大災厄であることはいつの世も変わりはない。古い慣習によって、運のわるい住民はシャーに従う多数のお付きによって容赦なくむしり取られるためだ。サアディーが歌う、

民の誰かの庭でシャーが林檎《りんご》を一つ召しあがれば、
お供はその樹を根こそぎにしてしまう。
卵五個を取ってもかまわぬとスルターンが思し召せば、
兵どもは鶏百羽を焼き串に刺す。

という言葉は、私がペルシアにいたときはまだ生きていた。王の立ち寄りは、首都近郷と狩りの鳥獣にめぐまれたあちこちの地域の極貧化が進むのに寄与したのである。あるときの遠出で、私は、例のない繁栄ぶりを見せているところへ来合わせた。幅の広い、肥沃なターリカーン〔テヘラン—カズヴィーンの中間を北に入ったアルボルズ山中の村〕の渓谷でのことだ。驚いたのは、生気の満ちた村や田畑、ゆたかな果樹園に葡萄畑、補修の行き届いたキャラバン用の道路や、危険を覚えずに馬を進められるしっかりした橋などがあることだった。この国では大抵のところが馬に乗ったまま橋は渡るべきでなく、川は渡渉すべきではないのに、である。セイ

エド〔預言者モハンマドの後裔とされる人〕の古老に会ったので、これらすべての奇跡に感心したというと、彼は欣然としてこう説明してくれた。

「ナーセロッディーン・シャーの即位のときに、私たちターリカーンの住民はテヘランへ代表を送って新王への忠誠を誓い、お祝いに金貨で一万トゥマーン〔一八九〇年時点で三二〇〇英ポンド〕を献上したのです。この贈りものは、陛下が仁慈をもって私たちの地元におみ足を踏み入れられない旨を、コーランにかけて約束してくださることと引き換えにしました。シャーは献上ものをお納めになり、約束を守られました。これが、ターリカーンが国中でもっとも盛況にある理由です。願わくば、アッラーの思し召しでシャーの聖寿の末永く、御代の盛んならんことを！」。

ペルシアでは、ほかのどこへ行っても道路、橋梁、隊商宿《キャラバンセライ》がまったくみじめな状態にある。いつの時代にも、隊商宿、橋、井戸、浴場などの公共施設の造営に多額の金を投じた富裕なペルシア人が多くいたのは事実だ。大抵が人生の終わりに近くなって、若いときに犯したことの償いとしてそれを実行する。ところが補修が行なわれることはめったになく、こうした建造物の多くは朽ちはてる一方だ。かつて、西アジア巡歴のすべてを通じて、私の知るなかでもっとも驚くに足るものは何かと訊ねられたことがある。それは、シリア〔現レバノン〕のトリポリの町と港を結ぶ小さな並木道だった。その並木道では、植わった樹が若いのに取り替えられていた。東方に多少とも経験がある人は、私がこの珍事実を語ったとき、信じられないという面持ちで私を見つめたことだった。

ナーセロッディーン・シャーは、とくに欧州旅行〔一八七三、七八、八九年の三度〕をしてから、実際にいくつかの立派な道路を造ったが、それらも国民の役に立つことを考えてのものではない。町や村を結ぶものではなく、シャーの離宮や猟場へ通ずるだけだった。こういった道路の一つがアルボルズの三重の高い山なみを横切ってカスピ海まで通じている。高所のカンダヴァーン峠(2)からチャールース川の岩が露出した荒々しい大峡谷に沿い、広大な原生林を下ってゆく道は、私がいつかの遠出で通ったときに嘆賞措く能わざるところだった。ヴァリアバードという寒村では村民全部が預言者の子孫と称し、したがって緑色のターバンをつけている。そこの村長が自慢でなくもなさそうに見せたのは、道路が通っている小さなトンネルときれいに仕上げた小亭で、そこから壮大な景観と岩に迸る渓流が一望できた。この道路は、「ヘザール・チャム」――千の曲折――と呼ばれている。人も動物も、この道を行く分には何の苦労もいらない。村の長は、道を造ったのはティロル生まれの技師ガシュタイガー〔一八七〇年代にペルシア政府に雇われ、道路建設に携わったオーストリアの技術将校〕で、その功労を讃えてシャーがハーンの称号〔「可汗」の転化した遊牧民の族長をいう言葉に由来する、君主、大官の称号〕を授けた人だ、と語った。ガシュタイガー・ハーンは、一体どうやって村民に仕事をさせたのだろう、と村長に訊ねてみた。当時ペルシアでこれほどの難工事を実行するのに、ときには棍棒で殴打するくらいのことは避けられなかったはずだが、預言者の末孫であるこの村人を殴るのは許されないからだ。彼はこう答えた。

「ガシュタイガー・ハーンは公正で賢明な人で、緑のターバンをつけている人たちに払うべき敬意をよく弁えていました。反抗的で手におえない男に体罰を課する必要があれば、あの人は相手の頭から緑のターバンをそっと外して清潔な布の上に置くのです。男を懲らしめたあと、ターバンに口づけをしてから丁寧に男の頭に戻しました。すると当分の間は、問題なく作業ができたのです」。

シャーによる王宮での外交団招宴というものはなく、新年元日にシャーが外交団からの祝意言上を受けるだけだった。ペルシア暦の元日は春分の日、三月二十一日である。ただ、盛大な祝宴がシャーの寵姫アミーネ・アクダス〔訳注1参照〕を最上位とする後宮のご婦人方によって催された。外交団の夫人たちは、このような祝宴に出席する習いだった。元日に、シャーは廷臣、大臣たちに金貨、銀貨を詰めた小袋を配る。かつてはこの贈りものにはなにがしかの値打ちがあったが、近ごろは王室鋳貨所で専用の偽貨を鋳造する方が経済的と分かった、つまり貨幣は今でも金あるいは銀ではあるものの、ごく薄くて、流通しない。しかしハレムのお祝いにはシャーも顔を出して外交官夫人を迎え、各自に金貨一枚、二トゥマーンを手渡す。これをいやがる人もいて、あるときサー・フランク・ラセルズの後任英国公使の夫人レディ・デュアランド〔インド外務省育ちで、インド周辺の国境画定者、テヘラン公使としてラセルズの後任、ついでマドリード公使としてウルフの後任、のちの駐米大使サー・ヘンリー・デュアランド（一八五〇―一九二四）の夫人エラ〕は、お金を受け取らなくてもいいことがはっきりしない限り祝典には出ようとしなかった。その気持ちを尊重する、とのシャーの言葉が届いたので、彼女は私の妻とともに王宮に赴いた。ペルシア語ができなかったから、私の妻に通訳を頼んだのだ。彼女を認めたシャーが近寄り、自分の肖像を新年の贈りものとして受け取ってくれぬか、と訊ねた。レディ・デュアランドがよろこんでいただきますというと、シャーは二トゥマーン金貨を手渡し、こう言ったのである――「私の肖像はこの金貨に打ち出してありますから、お断わりになってはいけません、記念にお持ちください」。

カージャール朝の創始者、アーガー・モハンマド・シャーは、奇妙なことに宦官であった。その甥のファトフ・アリー・シャー〔カージャール朝第二代のシャー、在位一七九七―一八三四〕はナポレオン一世と同時代の人だ。栄光という面でそのころのペルシア人から比肩するものとしてあげられたソロモンなみに、妻妾千人を超えたといわれている。その多産なことは非常なもので、死亡時の子女は数百人にのぼった。私の滞在時には、プリンス、プリンセスなるものが無数にいて、その多くはごくつつましい生活態度に徹していた。バグダードからテヘランに旅したときに、ケルマーンシャー〔イラン西部、ザーグロス山脈北部の都市。古来ペルシアとバグダードを結ぶ隊商路の要衝、テヘランからの距離は約五六〇キロ〕に立ち寄った際のことだが、この町では電信局員と小役人のほぼ全部がプリンスだった。バグダードで私が雇っていたペルシア人のコックはしきりにケルマーンシャーに帰りたがっていたが、そこに残していた妻もプリンセスである。この婦人は、私が夫を彼女のもとに戻してやったことを非常に恩に着て、下着類の洗濯を、さらに使用人のそれまでも引き受けたいとみずから申し出た――願ってもない話だったので、私はよろこんで承知した。彼女は料金を受け取らなかったので、いくらかの食べもの、砂糖の塊〔大きなものでは高さが三〇センチもある円錐形の塊。金槌で砕いて口に含む〕といったこまごましたものを届けてやった。彼女は非常にありがたかったらしく、コックがはればれとした面持ちでやってきて、内親王殿下はことのほかお喜びで、私がご機嫌伺いを申しあげることをお許しになった、と言ったのである〔通常は挨拶としても許されない、貴人の女性の健康状態を訊ねることを認める言いまわしを宮廷言葉の敬語で述べたもの〕。

ファトフ・アリー・シャーは、ロシアとの二度の戦争で広大な帝国のうちカフカス地方を失った。それは一部には彼の吝嗇《りんしょく》のおかげである。ペルシア側では、ロシアが侵入した地方州の総督だった彼の子息アッバース・ミールザー〔自軍に英国の軍制を導入した改革者。一七八九―一八三三〕が遂行したいくさの戦費を出し渋った。戦争は、当の地方州にしか関わりのない局地的事件、と言明したのだ。アッバース・ミールザーは父王の在位中に死去、その子モハンマド・シャーがファトフ・アリー・シャーを継ぐ。そして一八四八年に、その子ナーセロッディーン・シャーが即位した。彼の治世は太陰暦での五十年間に及んだ。初期にあっては、シャーはバーブ教徒〔三一二頁参照〕の武装蜂起に大いにてこずっている。この運動からバハーイー派が生まれ、これはついにはアメリカにまでひろがる。バーブ教徒の反乱は、言語に絶する残酷な弾圧を受けた。後期には、西洋文明の影響もあってのことだろうがシャーには人間味が出てくる。それでもやはり彼は、本物の犯罪人のみならず自分の望まない人物は殺すことを躊躇しなかった。私がテヘランにいた間に、シャーのある従僕が有名な孔雀玉座〔ナーディル・シャーが一七三九―四〇年にデリーから奪った、ムガル帝国シャー・ジャハーンの秘宝の玉座。模造ともされる〕に鏤めてあった宝玉をいくつか盗んだことがある。王宮の庭に隣接する広場で咎人が処刑されるのを、私の友人が目撃した。シャーは木陰で一部隠れていたが、手すりの後ろに立ち、死刑執行役に羊と同じ要領で男の首を刎ねよと命じた。その間、私の友人には、シャーの虎のように残忍な眼が見え、しわがれた声でこう呟くのが聞こえたという――「サル・アシュ・ビブル、タマーム・アシュ・ビブル！（首を切れ、完全に切り落とせ！）」。ついで、一刀のもとに、命令は実行された。

　シャーが人を処刑する気を起こすのは、大抵が、腹立ちまぎれの、初めのときだけだ。通例、それは侍者による絞殺で行なわれる。侍者が帯にしていたショールを外し、要具に用いる。ナーセロッディーン・シャーの治世初期には、刑罰として手足を切断することはまれでなかった。だが咎人に充分な金を払う時間と冷静さがあれば、刑は罰金にすりかえられることもあった。こんな話を聞いたことがある――かつてシャーは、一廷臣が自分に関わりのないことに聞き耳を立てたために両耳を切り取れと命じた。その不幸者は手術後の一時期はいうところの「至福のご前」に姿を現さなかったが、しばらくして宮廷行事に参列し始め、徐々に尊厳なる主君の間近に侍するようになる。ある日、激怒が収まって久しいシャーが彼を認め、やさしく会釈して言った。

「ああ、思い出した。いつかお前の耳を切り取らせたのだったな？　ちょっと頭の毛皮帽〔アストラカンなどでつくった鐘形の深い縁なし帽〕を取ってみろ、耳がないとどんな具合か見てみたい」。

　男は「諸王の王」に無帽でまみえるのは畏れ多いといって容易には応じなかった（事実、それはペルシアの作法に反する）。しかし陛下は、どうしてもと迫る。ラムスキンの帽子を取ってみると両耳ともそろっていて、頭髪と被りもので簡単に隠せる程度の、わずかに小さくなった傷痕が見える。シャーは嚇怒した。

るか、教えてやる、やつを絞め殺せ！」。

「こんなだらしのない、出来そこないの仕事をしたのはどこのどいつか？　命令を聞かないとどうなるか、教えてやる、やつを絞め殺せ！」。

ほかの廷臣がみなで割って入り、シャーの怒りを鎮めようとする。一人がこう言う。

「『世界の頼り』に申しあげます。所詮、人間は生身のものでございます」。

「何の意味だ」。

「陛下の生贄《いけにえ》にこの私が用いられんことを、そして陛下の聖寿に加えんがために私の命が縮められんことを！　いうまでもございませんが、この男は切羽詰ったあげくに、耳を落とす者に金を摑ませたのでございます。かような仕儀は、人性の埒内に収まりうることと存ぜられます」。

「いくらほど呉れてやったのだ」と、シャーは訊ねた。商売気の好奇心が、憤怒に打ち勝ったのだ。

「百トゥマーン〔三二英ポンド〕でございます」。

「お前たちは、なんという愚か者ばかりなのだ！　わしに呉れたなら、十トゥマーンで奴の耳にはまったく手をつけずにおいてやったのに」。

話の信憑性は保証しかねるが、とにかくこれは、ナーセロッディーン時代初期におけるペルシアの様子をよく伝えている。

欧州旅行を重ねるうちに、逐次シャーには人間性が出てきて、ファランギスターン（ヨーロッパ）の見聞と西欧風の考え方を自分の臣民に教えこもうと試みる。三度の欧州旅行の日録と、国内の旅日記も公刊された。これらの書物は私も持っているが、きわめて奇異なものだ。シャーが話をするときの言い方とまったく同一の文体で書かれていて、一見してかなりに単純素朴という印象をうける。しかしそこには、著者たる王が目新しい事物に油断なく見開いた目と健全な判断力をもっていたことが示されている。見本の一つに、ロンドン消防隊についての記述を読者にお見せしたい。

英国の消防隊

大臣たちそのほかに会う前に英国の消防隊が来て、われわれのいる宮殿の前庭で演習をした。宮殿の上階が火災を起こしたとの想定で、梯子をかける。梯子を、完全な迅速さ、敏捷さで立て、焼けた者、半焼けになった者、もしくは無傷の者を、あるいは自分の肩で担ぎ、あるいは腰にしっかりと締めたロープで吊り下ろした。

すばらしい人命救助の術を考え出したものだ。しかし不思議なのはここのところ——つまり一方で人を死から救うのにこれだけの労をいとわず、このような装具を編み出しているのに、他方、イングランドのウリッジ〔ロンドンの一部、テムズ川南岸。陸軍士官学校、兵器庫の所在地〕やドイツのクルップの兵器庫、造兵廠、作業工場で彼らは人類をより速く、より多く殺戮するためにカノン砲、マスケット銃、発射物といった新しい道具を考案している。人間をより確実に、より能率よく撲滅するものを発明した者がそれを自慢にし、名誉の勲章をもらっている。

ナーセロッディーンは、悲劇の最期をとげた。治世最終の数年間に、コンスタンティノープル在住のなぞめいたアフガン人、シェイフ・ジャマールッディーン[3]の主導する革命運動が発生する。この人物の心酔者の一人〔ミールザー・レザー・ケルマーニー、一八九六年死刑〕が、当時テヘラン知事だったシャーの子息〔王位継承権のない第五子で、軍と警察を掌握したカムラーン・ミールザー。一八五五—一九二七〕の手にかかって非常な虐待を受け、この王子の殺害を決意していた。しかし、彼にむかってシェイフ・ジャマールッディーンは、国情に変革をもたらさぬ限り暗殺は無益と説く。自国における正義の欠落に責任のあるシャーを殺す方が望ましい、というのだ。この凶行案は、一八九六年の五月早々に実行された。それはシャーの記念祝典の前日で、めったにはない在位五十年（太陰暦）を祝う稀代の行事の準備に国をあげているときだった。王宮に、そして首都全域に設けられたまばゆいばかりの灯火。貧民へのほどこし。各所で祝宴が催され、招待状が配られる。このような祝賀が予定された前日に、王はシャー・アブドゥルアジーム聖廟への参詣を思い立つ。しばらく前に、私がペルシア人を装って訪れたあの金張りドームのあるモスクのなかである。人の群れが近くに押し寄せると、シャーは近侍の者にこう言った――「今日は、皆が好きなようにそばまで来させたらいい、制止するな」。ある男が直訴状を差し出し、シャーに手渡そうとする。刺客だった。文書の下に拳銃を隠し持ち、シャーの心臓を直射する。即死同然だった。かすかに「大宰相、汝にペルシアを委ねる」というのが、どうにか聞き取れたのみである。大宰相アミーノッソルターンがその日に発揮した沈着な行動と気力は、みごとなものというほかはない。重傷かどうかも誰にも分からぬうちにシャーを別室に移し、ついで遺体を馬車に座位で安置した。そのため町へ戻ってくるまで、だれもがシャーは命に別条はないと信じ、重傷を負ったとも思わなかった。その上で大宰相は、シャーが健在であり、またルーティー〔カージャール朝時代に現れた、無頼の一種の侠客〕はすべて逮捕、投獄したと発表した。のみならずあらゆるパン屋の店に二名のコサック兵〔ロシアのコサック軍団を範に、招聘したロシア軍人の指導で訓練・編成したペルシア騎兵〕を配備し、人々がもういらないというまで強制的にパンを焼き続けさせた。ペルシアで暴動が起こるのは、かならずパニックの発生とその結果パンが不足することによると彼は知っていたのだ。パンが手に入る限り、事態の緊迫を思う者はいない。「テヘランの住民が、黴《かび》くさいパンでも二週間は食べる気があるなら、手持ちさせておけ」と彼は言った。これだけの事前措置を講じたあとで、やっと大宰相は、当時タブリーズ総督だった王位継承者〔第五代シャー・モザッファロッディーン、在位一八九六―一九〇六〕に電報を打ち、シャーの死を全国に公表したのである。
その日の午後には、前にも言ったように城内の下町にあるロシア公使館で、園遊会が催されていた。ロシア公使は、招待客がバザールの雑踏のなかで危難に遭いかねないと心配し、出席したわれわれの全員に二名の騎馬コサックをつけて帰宅を見届けさせた。しかし万事平静で、その後も変わりはなかった。このきわどい日々の間に、私には大宰相を見る機会がしばしばあって、その都度、彼があらゆる問題を処理する冷静、周到なことには感嘆せざるをえなかった。この百年以上の間、ナーセロッディーン・シャー暗殺直後のときほど、ペルシアで統制が行き届いたことはない、というのが万人の見るところだった。はなはだしい遷延ののち、新しいシャー、モザッファロッディーンが首都に到着すると、物ごとの運びは途端に円滑を欠くようになってしまった。

時が経つにつれて、ペルシアの事態――内政も対外関係も――は難しくなる一方だった。国境を接する二大強国、ロシアと英国は、この旧態依然たる中世的帝国に絶え間なく圧力をかけていた。この圧力が、丸天井の煉瓦が両側から均等に圧迫することで天頂のかなめ石を支えるように、長い間ペルシアの立場を守っていたのである。しかし、圧力の均衡が崩れ出すとともに、ペルシアの地位が危うくなり始める。ロシアは中央アジアで際限もなく膨張を続けていた。友好的な意見表明も威嚇も条約も、ロシアの蚕食をくい止めることはできない。吸取り紙に落ちた油の汚れが広がるのを止めるのに、鉛筆で線を描くようなものである。私のペルシア滞在中にも英外交は相当の抵抗を試みていたが、全体としてロシアは、アジアの諸隣国にとって、英国――広大な英領インド帝国も含めて――よりも強力で危険な存在と思われていた。当時のある英外交官は、その飽きたらぬ情勢の原因を、ソールズベリ卿が緊急時にも命令を発することをなかなか認めない姿勢に求めている。

ロシアの侵食は、ときとして英国の政治家や世論の根気づよい忍耐が理解できなくなってくる態のものだった。二十年以上もの間、英露戦争の勃発はただ時間の問題、というのが自明の理であった。一八八五年から一九〇五年までは、英露の武力衝突の確度に疑問を呈する人があれば国際政治の分野では度しがたい愚人と思われたにちがいない。逆に、戦争行為発生の切迫を予測して公言すれば、先見性、洞察力を認められたであろう。多くの場合にそうであるように、二つの見方は誤りであり、正しくもあった。英露間にはいまにいたるも戦争はないが、英国の新しい盟友、日本とロシアとの間では戦争が起こった。敗れたロシアはその高圧的なやり方を一時は放棄し、ペルシアとほかの中央アジアの問題で英国と折り合うことに同意した。この協定は、ようやく一九〇七年に調印されている。そのときから大戦の中頃まで、英国はペルシア北辺に対するロシアの政策を支持し、ロシアが協定で定められた拡張の限界を越えることについては目をつぶった。

ロシアの手法とは、ペルシアにとっておよそ真の進歩になりそうなことは妨げ、繁栄をもたらしうるあらゆる機会を奪うことだった。ペルシア政府が財政改革のために高度の財政能力をもつ米国人モーガン・シュスター〔ワシントン生まれの弁護士、銀行家。米領時代のフィリピン政府に勤務後、一九一一―一二年ペルシア政府財政顧問。一八七七―一九六〇〕を招聘したとき、ロシアはこの有能な顧問の罷免を要求し、英国はロシアの抗議に同調して、シュスター氏に彼の任務と、もはや独立国とはいえないペルシア帝国を放棄することを強いた。英国は、ペルシアにおけるドイツの政治活動が危険だという完全な妄想の所産のために、この国を犠牲にしたのだ。でも私は、テヘラン在住時という枠を越えてさまようことにふけり、この目で見てもいない物ごとに足を踏みこんでしまった。自分の物語に戻ることにしよう。

ナーセロッディーン・シャーの在世中には、英露の均衡という虚構が生きていた。この路線はサー・フランク・ラセルズによってきわめて巧みに踏襲され、彼の必ずしも装っていただけでもない無関心を通じて、ロシアの局地的成功の効果を減殺させていた。同時に彼は、国内に英国のあたらしい経済権益を創出するにあたって、サー・ヘンリー・ドラモンド・ウルフが採った方法〔派閥抗争を利用した利益供与によるシャー政権中枢への喰いこみ〕を継承するのを避けている。古来の英国式戦略の線を守り、政治的陰謀という眠っている犬を起こすようなことは一切しなかった。一八九三年にサンクト・ペテルブルグ駐在の、またその後しばらくしてベルリン駐在の大使として枢要の地位につくべくペルシアを去ったときには、英政府としては後任者の選定に頭を痛めたに違いない。結局後任はサー・モーティマー・デュアランドに落ちつくが、彼も疑いなく新しい任地に対するいっぱしの資格を有する人だった。アメリカの読者は、サー・モーティマー・デュアランドが一九〇五年まで英国の駐米大使を務めていたことを記憶しておられようし、ワシントンで彼と面識のあった人ならまちがいなく、人間として、また外交官としての資質の高さを評価されることだろう。

　私は、彼とレディ・デュアランドとは一八八六年から八七年にかけてインドで知り合い、懇意にしていた。当時、彼はインドの外務長官だった。彼の手に、英領インド政庁とインド土侯国〔英国の保護下にあった五六二を数える藩王国〕、ならびにインドの隣接国、ティベット、アフガニスタンなどとの多くの錯綜した関係の解決が委ねられていた。彼は、インドの一種の儀式用語で、アフガニスタンの公用語だったペルシア語を特別に学習していた。またアジアの統治者とつきあってゆく上で多大の、そしておそらくは類のないような体験を積んでいて、彼がその堂々たる風采とありのままで威厳のある態度を通じて得たものは大きかった。これらのことすべてから私は、ペルシアにおける英国公使としても彼が大成するものと期待した。驚かされたのは、事実はまったくそうでないと、おいおい分かったときである。ペルシア人には、彼が自分たちの言葉で話してくれるのは受けがよかったが、やり方が気に食わなかったのだ。ペルシア人は、彼がインドの藩王、大臣たちに威張りちらしていたことを嗅ぎとり、彼を傲慢と見た。そのよそよそしいところは傲慢よりもむしろ用心深さの表れだったのに、ペルシア人には疑いの目を向けさせることになった。しかし多くのペルシア人のサー・モーティマーに対する信頼をもっとも裏切ったのは、着任早々に彼が英国公使館で昔から相談相手だった人たちの勤めを打ち切り、知識経験が進取の気性や野心についていかない新人の言うことを採用したことだ。この結果、サー・モーティマーは、おそらくはその意思に反してだろうが、愛国的動機にかこつけて実は私利と栄達を求めているにすぎないペルシア人の政治派閥にくみすることになる。こういった新しい人脈がまず実現を図ったのは、大宰相アミーノッソルターンの打倒である。彼はファルマーン・ファルマ親王に取って代わられて、カーシャーンに蟄居《ちっきょ》させられた。

大宰相を片づけてしまうと、その敵はあらゆる手段に訴えて彼の抹殺を図る。ある日、私が確かな筋から聞いたところによると、彼に対する殺害命令が優柔不断のシャー〔モザッファロッディーン〕に署名され、ある重臣がこの恥ずべき任務を与えられている由だった。私は、賢明な政治家として永年知ってきた、わが友でもある一人の男を救うのにあらゆることを試みようと決心した。ドイツ公使館を出たところで、サー・モーティマー・デュアランドが通りを馬で行くのに出会った。私は、いままさに犯されようといている罪を拱手傍観しては、ヨーロッパの出先機関すべての恥ではなかろうか、と彼に言った。サー・モーティマーがアミーノッソルターンと対立する立場とは分かっていたが、彼の道義感と人情味豊かな気質に訴えても無駄ではあるまいと思ったのだ。シャーに有効な進言のできる力のあるのは英露の公使のみで、ほかの外交使節には何の言い分もない、と私は言った。そのところは彼も認めたものの、英国公使の提言には何ごとであれロシアはやみくもに異を唱える、それがアミーノッソルターンにとって事態を悪くするだけだ、として反対した。そこで私はサー・モーティマーに、ロシア公使ムシュー・ド・ブーツォフのもとへすぐに赴き、この措置に同調するように依頼することを求めた。彼と同職にあるロシア人が、そうやすやすと拒めるはずはない、と私は思ったのだ。

ちょっとためらったあと、サー・モーティマーは言った、「よし、やってみよう」。そして、ただちにロシア公使館へ馬を向けて行った。午後、彼が伝えてきたのは、ムシュー・ド・ブーツォフもアミーノッソルターンのために一肌脱ぎたかったのだが、英国の反対が予想されて躊躇していた、ということだった。両公使は、連れだってシャーを訪れることにその場で話を決めた。シャーは、競争相手の二大国の代表による共同行動にいたく感銘を受けた。大宰相の命は救われ、後日もとの地位に復帰し、しかも自分の殺害者でありえたモザッファロッディーンによってアターベク〔II−3、訳注3参照〕という高位にまで引き上げられた。これは、ペルシアでは最高の称号である。アミーノッソルターンが、私がとりなしの労をとったことを耳にしたかどうかは知らない。けれども彼はわが友であり続け、それは一九〇九年〔正しくは一九〇七年〕に、ついにテヘランで暗殺されるまで変わらなかった。長い旅から帰国し、故国が陥っていた無政府状態を終わらせようと試みていたときのことだった。彼を反動的とみなした、いわゆる愛国者に狙撃されたのである。

(1) アジーズッソルターン――ナーセロッディーン・シャーの溺愛をうけて宮中でわがままに育ち、周囲がもてあました少年。著者が述べているのも含めて、虚実さまざまな話が伝えられる。アッバース・アマーナトの考証によれば、シャーの愛妻の一人、貧しいクルド人の出のアミーネ・アクダス（一八九〇没）の弟で小姓を務めていた男がハレムの女の一人と結婚させられてできた息子で、生まれながらにシャーの寵児となり、誰も手をつけられなかった。タージ・アッサルタネ原著／アッバース・アマーナト編・田隅訳『ペルシア王宮物語』（平凡社・東洋文庫、一九九八年刊）に詳細な記載がある。

（2）カンダヴァーン峠――大褶曲山系のアルボルズには東西に走る山脈がいくつもあり、その間にはかなり広い平原も横たわる。テヘランからほぼ真北のカスピ海岸チャールースまで約二〇〇キロの道は標高四〇〇〇メートル超の山脈を越え、カンダヴァーン峠（現在は自動車道路のトンネル）で沿海のマーザンダラーン州に入る。

（3）ジャマールッディーン・アルアフガーニー――イラン生まれの反体制煽動者、ジャーナリスト、一八三八―九七。アフガニスタン、インド、中東各地、欧州各国を転々として抵抗・変革を説き、西欧、イスラム双方に多大な影響を与えた。汎イスラム主義の立場からスルタン・アブデュルハミトに迎えられるが、やがてコンスタンティノープルで軟禁され死亡。ナーセロッディーン暗殺の教唆人とされる。

4 テヘランの日常（三）

ミス・ガートルード・ベル——英国公使館の若手たち

私は、よく思ったものだ——こだわりなく回想できるあちこちの所にまして、かつて住みなし、降りかかってくる難題の心労を免れるべくもなかった町への愛惜の思いを持ち続けさせるのはいったい何だろうか、と。

ペルシアの場合、かの国が勉学の対象だった面でいうと、私の追憶につながるものに幾多の興味深い経験がある。それは別にして、私ども夫妻が愉快につきあったいい知友のことが記憶にあれば、その交友の日々と場所を振り返ってみたくもなるだろう。私が、これほど多数の親しい友にめぐまれ、あるいは知るに価する人をこれほど多く知り得たところは、ペルシアを措いてほかにはない。この恩恵がなければ、テヘラン在住を余儀なくされた八年間は退屈で、砂を嚙むようなものだったろう。ところが現実は概して結構な歳月だったのであり、そのあいだに得られた、もしくは復活させた交際は永く続くものだったのである。

ペルシアでの知友のなかで第一にあげたいのは、のちに世人の多大の注目を集めることとなった女性で、その名声は本人を知る人たちよりもずっと長く残るにちがいない。その人は、ミス・ガートルード・ベルだ。(1)

ミス・ガートルード・ベルがテヘランに来たのは、伯父母にあたるサー・フランク・ラセルズ夫妻と、その娘で当時は十七歳だったフローレンスと一緒だった〔正確には一八九二年五月に、前年赴任ずみのサー・フランクをレディ・ラセルズ、フローレンスとともに訪ねてきて九月まで夏の公邸に滞在〕。彼女たちの来訪はちょっとした事件で、われわれ在留外国人のいささか単調な日常に大変化をもたらした。二人の娘は溌剌として、好奇心のかたまりだった。ラ・ジョワ・ド・ヴィヴル〔la joie de vivre,「生のよろこび」〕の化身で、自分たちの行動圏に入ってくる人すべてに、それを分け与えていた。

中枢的な大都市では、外交団の成員は多かれ少なかれ公的行事で顔を合わせるだけで、お互いをろくに知らないこともある。小さいところだと、ほとんど連日出会うことになり、テヘランでは日に三度くらいは会う。そしてわれわれは、アルボルズ山麓のシムラーン一帯に馬を乗りまわし、村々を片端から訪れ、万年雪から出る清冽な水流が造り上げた渓谷を一つ一つ探訪して歩いたものだった。

このような遠出にはサー・フランクはいつも参加して、シャーや、ほかのペルシア人貴顕があちこちに持つ夏の住まいのことを私が話すと強い関心をもって聞き入っていた。訪ねてくるヨーロッパ人を歓迎して門を開けてある美しい庭園での茶会や、月明かりのもとのピクニックを楽しんだこともよくあった。トルコ石色のタイル張りの溝で庭を流れている水のほとりに楡《にれ》の大木がつくる陰に坐って、ナイチンゲールのさえずりに耳を澄ませ、あるいは澄んだ水の池に翡翠《かわせみ》が跳びこむのを眺めるのは、馬に乗ってきた草も木もない褐色の丘陵でのこととはうって変わって楽しいものだった。

ミス・ベルとミス・ラセルズは二人して、ペルシア語の会話とともにその読み書きを習い始めていた。英国公使館の書記官たちの学習も、この魅力ある競争で大いに活気づいた[2]。ある庭園でのティー・ピクニックを思い出すが、ガートルード・ベルとヘンリー・カドガンが、ほかの客のおしゃべりに邪魔されずにハーフェズの抒情詩を朗読しようと門の上によじ登った。二人は大声で私を呼び、語学教師《ムンシ》の説明ではよく分からなかった詩句を解説してほしい、と言う。問題の主なものは、ペルシア語のなかにあちこち挿入されているアラビア語の詩句のためだった〔ガートルードはアラビア語の達人となるが当時は未修〕。アラブ詩の説明が終わったとたんに、二人が欣喜して韻律の美しさを味わっているのが見られたのは、うれしいかぎりだった。

　数年経ってから、ガートルード・ベルは、ハーフェズ詩選を英語韻文によるすばらしい翻訳にして出版した〔Gertrude L. Bell, *Poems from the Divan of Hafiz*, 1897.（訳注1）記載の『ペルシアの情景』に訳者によるごく簡単な解説を付す〕。その翻訳が原詩をあざやかに再現させているのは、フォン・ローゼンツヴァイク＝シュヴァーンナウによる有名なドイツ語訳を彼女が随意に利用していることなど、忘れさせてしまうほどだ。当時彼女にはアラビア語よりもペルシア語の方が取っつきやすかったのに、その後半生ではアラビア語でまれに見る練達を手にして、若い頃のペルシア語の学習は止めてしまったのを思うと奇異な感じがする。もっとも、それは主として境遇のなせるところだ。ペルシアにいる間、彼女はシェイフ・ハサンについてペルシア語と必死に取り組んでいた。このかわった人物のことを、彼女は『ペルシアの情景』のなかでおもしろく語っている。それがまったく事実通りだと証言できるのは、私もシェイフ・ハサンと一緒に勉強して、彼のことはよく知っているためだ。

　彼女がペルシアの都にいた全期間を通じて、と思うが、私は代理公使を務めていて、したがって誰の干渉も受けずにすんだことは、仕合わせな偶然である。おかげで仕事はすべて朝の早いうちに終え、正午から就寝までを社交や遠出に費やすのも思いのままだった。私はシムラーンのグラヘーク村に庭園つきの家を借りていた〔それまでのディザーシャブから移った〕のだが、それはある前のシャーから英国政府に寄贈されたものである。隣りが英国公使の夏の住まいで、そこには公使と家族のための家屋のほかに公使館事務棟と館員用の建物があった。書記官たちは食事を公使とともにしていたが、もともと彼らが自分で賄いの面倒を見るのは無理だったからで、公使にはそのために特別の手当が支給されていた。つまり、英国公使館の職員は一つの大家族のようなものだった。これに加えて、ラセルズ一家やほかの外交官の数家族が、在留ヨーロッパ人のほとんどと多数のペルシア人貴顕をごく鷹揚に接待していたことを思えば、当時のテヘランの社交生活とはどんなものだったか、誤りなく理解できよう。

英国人書記官のうち、ヘンリー・カドガンのことは前に触れた。およそ型どおりでない男で、ために同僚の受けはよくなかった。サー・フランクとレディ・ラセルズは別として、彼に好感をもっていたのは私ども夫婦だけと思われる。彼は、ささやかながら選り抜き揃いの蔵書をもっていて、訪客には見てもらいたがった。一日、彼は美麗な装丁を施した好みの著者の述作が並んだ書棚の一列を同輩書記官の一人、グラント・ダフ〔スコットランド出身のインド軍人・行政官ジェームズ・グラント・ダフの孫と思われるが不詳〕に見せて言った。

「いまじゃ、これが全部、俺の旧友さ」。

まずいことに、グラント・ダフが取りあげた一冊はまだページが切ってなかった。小生意気に、彼はこう言ったのである。

「旧友を切らなかったのは、結構なことで」。

カドガンが蔵書のほとんどを読破していたことは事実だから、これは単なる小災難にすぎない。その蔵書のなかにルナン〔ジョゼフ・エルネスト、一八二三—九二。仏・言語学者、歴史・宗教学者〕の『イスラエル民族史』Joseph-Ernest Renan, *Histoire du Peuple d'Israël*, 1877–93. の四巻本〔全五巻であるので、この時点での既刊四巻の意〕があった。レディ・ラセルズはこの名著にすっかりのめりこんでいて、私にも強いて読ませた。それは、まさしく天啓であった。私は、この書を精魂こめて熟読した、というのは、「離散《ディアスポラ》のユダヤ人(3)」は大部分がフェニキア人の末裔であって、イスラエル人《びと》のそれではない、ということを明らかにする本を書こうと漠然とだが考えていたためだった。この考えは私自身のものではなく、父の説なのだが、父はその執筆前に死亡したのである。ルナンの本を読み終えた私は、カドガンが再読することはなさそうだったから、売ってくれる気はないかと尋ねた。けれども、そのような研究に私ほど興味がないと見られるのは彼としても心外のようだったので、私は話を取り下げた。

カドガンは大の音楽好きで、私の妻がピアノを弾くのに耳を傾けていた。私どものところで、バッハ、ショパン、ヴァーグナーなどを聴きながら夜を過ごしたこともよくある。また別のときには、書物を持参して私どもに読んで聞かせた。それが、彼のよく知る、そして賞賛するドイツの詩集のこともあった。誰かが不意に訪ねてきて、音楽や朗読が中断させられると、ひどく怒った。邪魔の入るのを防ぐために、わが家の門番に言い含めて来客に居留守を使わせる。それが、私どもの招いた人に起こることがあった。米国公使のトラクストン・ビール氏は、なぜいつも戸口で追い返されるのか分かったときに、路上でカドガンに殴りかからんばかりで、射殺してやるとまで言っていた。他方カドガンは、ボクシングの腕を頼りに備えを固めていた。流血にいたらなかったのは、私が仲裁に入ったためだったろう。

同僚たちは彼を冷たいと思っていたが、それは彼の人となりの一面しか見ないものだ。実は、彼ほど気前のいい男もなく、誰かが欲しがっているかと思えばどんなものでも呉れてやるところがあった。

ある日、私どもに外交行嚢〔本国政府と出先との間で文書などを運ぶために特別扱いされる郵袋〕で、ペルシアでは未曾有の値打ちのある品物が届いた——ひと塊のハム！　カドガンは、この稀代の珍味を、自分の好みのみならず、本物の美食家としての感覚でもって賞味したのである。それを食べた翌日、彼は私の妻に一筆よこして、その夜は気がくさくさして夕食をとりに下へ降りる気がしないと言ってきた。妻に、申し訳ないがあのハムを一両日貸して下さるまいか、というのだ。数日後、戻ってきたハムを見れば骨だけになっていたが、まだ豆スープの出しをとるくらいの用には足りた。私どもは腹が立つよりは笑ってしまい、もし彼がハムを持っていてこちらが貸してほしいといえば、彼のことだから貸してくれたに違いない、と思ったことだった。

サー・フランク・ラセルズが駐サンクト・ペテルブルグ大使に任じられたとき、カドガンはたまたまイスファハーンへ行っていた。その地で、彼はインド・ヨーロッパ電信を通じてこのニュースを知る。即刻、彼はラセルズにこう打電した――「ルツ記第一章第一六節。カドガン」。聖書をひもとき、読んでみたその一節にあったのは、「汝を棄て汝を離れて帰ることをわれに促すなかれ。われは汝の行くところに行き、汝の宿るところに宿らん」。

上司についてロシアに行きたいというカドガンの願いは、叶えられなかった。氷のように冷たいラール川で鱒釣り中に、彼はひどい悪寒に襲われる。そしてオドリング医師〔英公使館の医師〕の懸命の努力もむなしく、数日後に自分のテントでなくなった。遺体は、友人がテント布にくるんでグラヘークに持ち帰った。われわれは全員、馬で彼の柩の後について、テヘラン近郊のいいようもなく寂しい墓地〔現在は町なかだが当時は市外東南のソレイマニエ地区にあったクリスチャン墓地〕まで行った。私としては、彼がなくなった、そして英国人のキャンプ場だったチェヘル・チャシュメ（四十泉）の岩山の下に埋葬した方がよくはなかったか、と思う。ともかく、その方が彼自身の詩的なものの見方によくそぐうようだ。

あわれを催すが、あとで私は、カドガンの遺品が売り立てにかけられたとき、ルナンの『イスラエル民族史』を買い取った。それを私はいまだに持っているが、後述するユダヤ人とフェニキア人についての著述をするときには充分に利用させてもらった。

カドガンの後任となったのは、グラント・ダフである。不運に見舞われた同僚とは、まったく別の人柄だった。カドガン死亡の報がグラヘークに届いたあとの午前六時に、私はグラント・ダフが死亡通知を書き、発送するのを手伝うつもりで英国公使館に赴いた。彼はすでに仕事にかかっていて、このつらい務めを果たしているその気力に、私は頭の下がる思いがした。そしておいおい、カドガンの生前に思っていたよりもダフが気に入るようになった。

　ある春の日の気持ちがいい朝に、私はダフとともに熊撃ちをめざしてアルボルズ山中のもっとも辺鄙なところへ遠征にでかけた。ペルシアの熊は、体が非常に大きく、毛皮には美しい光沢がある。ただ、狡猾でわれわれのような遊猟グループにはめったに姿を見せない。キャンプを張ったのはマーザンダラーンの大森林との境にあるカンダヴァーン連山〔一六六頁〕のある峰だった。山全体が、よく茂った草と花の咲く灌木で被われていた。春の間に熊を誘うのは、これなのだ。熊は肉食よりもむしろ草食性で、牛とまったく同じように若葉を食う。野営地のまわりには一面に足跡があるのに熊は一頭も目撃できず、やがてはあきらめざるをえなかった。それに、私は任地をあまり長く留守にしたくなかった。当時は代理公使で、代わりはいなかったのだ。ロウラー川の渓谷へ下りてゆくと、案内人がとある岩山を指して、そのなかに氷の張りつめた洞があるという。蠟燭の明かりで奥深い洞窟のなかへ入っていって、ところどころで伐ったままの糸杉の幹を歩いたと思ったら、それは深いクレバスに差しかけてあるものだった。つきあたりの岩の裂け目が広がると、教会の礼拝堂と見まがう空間が現れた。柱は明るい透明の氷で、壁は氷の結晶で被われている。柱の背後に蠟燭をかざしたときの眺めは驚異的だった。氷ができるのは夏の間だけで、冬には融けるという。それが奇跡とされ、洞窟は聖域になっている。そして、ヤフチャール・ムラート――「氷洞」の意、ムラートという聖者（むろん、民族的大聖人アリー〔預言者ムハンマドの女婿、シーア派イスラムの初代イマーム」の家系に属する）の名を冠した――と呼ばれていた。

　まるで絵のようなロウラー川の岸に馬を進めてゆくと、あちこちに地滑りのようなところがあった。クマーという山の植物を束にして、そこで急峻な山腹を谷底まで転がして落とす。芹《せり》科のこの植物は、六フィートあるいはそれ以上のかなりな高さになる。肉厚で中空の、多汁質の茎には、イノンド（姫茴《ひめうい》香《きょう》）に似た、結構いい味がある。最後の花が咲く前に刈り取ると羊の飼料にもってこいなので、冬季用として貯蔵するのだ。私たちが見たのは、大勢の非常に美しい、また力のありそうな若い娘がクマーを刈り取り、運んでいるところだった。彼女らは束を頭の上に載せて村へ運び、自家の平屋根に高く山積みにする。羊は大抵、家屋が寄りかかっている山肌をすこしずつ掘り抜いた大きな洞穴に追いこんである。融雪時に家を危険にさらし、ときには破壊することもある雪崩から羊を守るためだ。

　つぎの晩をシャーリスタナクという村で過ごしたときには、日の射す平地のほとんどで雪は融けていたが、峡谷では何ヤードも残っていた。新しいルートを見つけてグラヘークへ戻りたいと思っていたら、深い谷を埋めている雪を利用してトウチャール峰の西肩を越せるかもしれない、とのことである。私たちは、村人ほどバーマン、つまり雪崩をこわいと思わなかったから、思いきってこのあたらしい路に足を踏み出した。ところが最初の谷に来てみると、雪の下の方が一部水で押し流されていて、大きな雪の橋を渡るような羽目になったと分かった。さらに行くと、あたらしく現れる谷は先へ行けば行くほど前のよりも大きく抉《えぐ》りとられていて、最後のいくつかの橋はごく薄く、渡るのは危なそうだ。しかしここまで来てしまったことだし、グラヘークも近いと思われたので、私たちは馬を下り、面懸《おもがい》を取って馬を曳き、災難には遭わずにこれらの橋を渡り切った。積雪地をあとにしてシムラーンに向かったときには、融けかけた雪の橋など二度と渡るまい、と二人で誓い合った。

グラント・ダフとは、彼がペルシアを離れてから会ったことがない。彼の最後の職は、ベルンの英国公使だった。

ペルシア在住の八年間には、当然ながら各国公使館の若手職員に絶え間なく交替があり、あたらしい人が旧友に取って代わった。こういった若い人たちのすべてが、愉快で気の合う仲間だったことを思い出す。そのうちではただ一人、ホレース・ラムボウルド(4)にしか、私はのちの生涯で会っていない。一九〇五年に短期の出張でカイロを訪れたときに彼と邂逅し、また最近のことだが、うれしいことに駐ベルリン英国大使としてのサー・ホレース・ラムボウルドと会う機会が得られた。ベルリンでの同氏夫妻の人望は、長続きする質のものと思われる。

(1) ミス・ガートルード・ベル――トラヴェラー・考古学者、オリエンタリスト、アラブ事情専門家、一八六八―一九二六。北イングランドの富裕な産業資本家(製鉄・炭鉱)の長女に生まれ、二度の世界周遊のほか、ペルシア、パレスティナ、シリア、ヨルダン、トルコ、アラビアを頻繁に訪問。第一次大戦中は英軍情報機関アラブ・ビューロー(イラク担当)に所属し、のち在バグダード民政部で英高等弁務官サー・パーシー・コックスの特別秘書《オリエンタル・セクレタリー》として戦後処理にあたる。T・E・ロレンスとともに対トルコ戦を指導したアミール・ファイサルを擁してイラク王国を成立させる英政府方針に従い、現地出先として政策実行に尽力した。王国発足後はバグダード国立考古博物館を設立、その運営に努力中に急死(自殺とされる)。著者(ローゼン)は、家族ぐるみの交際から出発し、結果として彼女を中東専門家に育てる役割を果たした。主要著書 *Safar Nameh—Persian Pictures*, 1894.(『ペルシアの情景』田隅訳・法政大学出版局)、*The Desert and the Sown*, 1907(『シリア縦断紀行』同訳・平凡社東洋文庫)、*Amurath to Amurath*, 1911, *The Palace and Mosque of Ukhaidir*, 1914. など。『ペルシアの情景』は、本書IVに述べられたことの多くを来訪者の目で描いたものである。著者との関係については訳者後記参照。

(2) ヘンリー・カドガン——アイルランド系の第三代カドガン伯の孫で、この当時は三十三歳、翌一八九三年死亡。ガートルード・ベルの半年弱の滞在中に彼女と恋仲となるが、ガートルードの父が結婚を認めなかったのは、彼女の伝記作家によればカドガン家の資産のなさに加えて本人の性格の欠点(賭博好きで横暴なこと)による。著者(ローゼン)が二人の関係に気づかなかったとは思えないが、ガートルードの死の翌年出版された彼女の書簡集(三〇九頁参照)でその間の消息を伝えるものが意識的に除かれた事情への配慮から、本書では触れなかったとも考えられる。

(3) 「離散《ディアスポラ》のユダヤ人」——前六世紀のバビロン捕囚以後、いろいろな機会にパレスティナから離散したユダヤ人、また彼らの居住地に住むその子孫。狭義では紀元七〇年のティトゥス帝によるエルサレムの破壊で離散した人をいうが、著者は広い意味で用いている。

(4) ホレース・ラムボウルド——第九代ラムボウルド準男爵、一八六九—一九四一。駐ウィーン大使で引退した第八代の子息。テヘラン勤務は本人の希望で、一八九五年より二等書記官として二年間駐在した。カイロにはクローマー卿のもとで勤務。一九〇七年から一三年まで参事官として東京駐在。第一次大戦後は駐トルコ、スペイン各大使を経て一九二八年より三三年まで駐独大使。

5 ペルシア学と私

ペルシア近代史――サー・E・デニソン・ロス――ペルシア口語文法――ウマル・ハイヤーム四行詩の翻訳

ここで、私のペルシア学に触れておきたい。近代ペルシア語に用いられている抽象的な言葉はほとんどすべてがアラビア語由来のものなので、アラビア語を知っていたことは非常に役に立った。時の経過とともに、私は近代史の分野で入手しうるかぎりの文献を読んだ。その多くは写本として存在するのみで、印刷されたことのないものだ。しかしもっとも興味深く、そして重要な写本には、テヘランでは見るべくもないものがある。それを読むには、休暇のときにロンドンの大英博物館図書部門〔一九七三年の独立・改組で現在は国立英国図書館 British Library〕に行かねばならなかった。そして徐々に、いろいろなことが分かり始めた――大ペルシア帝国が一七二二年に一握りのアフガン人戦士によって倒され、イスファハーンという大都が包囲されて陥落し、王や王族男子が両眼を刳りぬかれ、あるいは命を奪われるということが起こりえたこと。また遊牧民の一首領が救い主として躍り出てついにナーディル・シャー〔在位一七三六―四七〕という名のもとに王位につき、無敵のペルシアの大軍を率いてユーフラテス、オクスス〔アム・ダリヤ川の古称〕、そしてインダスまで越えるにいたったいきさつ。そしてこの大征服者が一七四七年に暗殺されると、さまざまな者が王位を狙って争うなかで最終的に覇権はカージャール族の長の手に落ち、現支配王朝が生まれたこと――過去は、現在を理解するのに役立つ。歴史は、政治の基盤をなすものだ。しばらくの間、私は十八、九世紀のペルシア史の本を執筆する考えをあたためていたが、この仕事に必要な時間が私には大きすぎることが分かった。

大英博物館写本部で資料を調べていたときに、同じように歴史を研究中の若いオリエント学者と知り合った。それが、いまはサーの称号をもつE・デニソン・ロス氏〔東洋語学者、ロンドン大学教授、カルカッタ・マドレッセ学院長。初期にガートルード・ベルにペルシア語、アラビア語を指導した。一八七一―一九四〇〕だった。私たちは親交を結び、現在にいたっている。私がウマル・ハイヤームの四行詩の古写本の公刊〔訳注2参照〕に取り組んでいたときに、サー・デニソンから受けた助力、助言にはいまも深い感恩を覚える。ロンドン大学東洋学研究所長として、氏はペルシア語アラビア語を教えるのみならず、東洋学のさまざまな分野で多数の見るべき論文、著書を刊行していて、きわめて有益な業績をあげておられる。

ペルシアに在勤中に私が書いた唯一の著述は『現代ペルシア語口語文典』*A Modern Persian Colloquial Grammar*, Luzac & Co., London 1898. である。英国人の友人たちにその種のものを書くことを薦められたため、私はそれを英語で執筆した。一八九八年、ロンドンのルーザック社からの出版である。刊本がはじめてテヘランに届いたとき、私は市内に一軒だけあったヨーロッパ商品を扱う店の主人に、それを売り捌いてくれないかと訊ねた。彼はまず現品を見たいと言い、翌日にくれた返事は、ペルシアで売れるものではない、というものだった。にもかかわらずこの本は、多数の新来者がこの言語をあまり大きな負担もなく学ぶのに役立ち、きわめてよく売れた。いまは絶版になって、しばらく経つ。余暇には、私はフィルドゥーシー、ウマル・ハイヤーム、ルーミー、サァディー、ハーフェズ、ほか多数の大詩人の作品をよく読んだ。これらの詩人が在世したのはすべて中世のことだが、千年の間に起こった変化がごくわずかという国にあっては、みな実に現代的に見える。ペルシアは詩人の国であり、驟馬追いや女中にいたるまで、あらゆる階層の人がサァディーやハーフェズの詩を口ずさみ、そして楽しんでいるのだ。

古代の文明をもつ国を馬の背で旅するときほど、いろいろな時代の精神が訴えてくることはない。十二月のある日、一友人と中部ペルシアのかなりな部分を占める大塩砂漠の縁まで行ったことがある。ガゼルが多くいると分かっていたところだった。塩砂漠のそのあたりは、初めてペルシアを馬で縦断したときに目にしていた。そのあと、大きな塩湖ができて、私が通ったキャラバン道を被ってしまったため、いま旅をするには別ルートを取らねばならぬことは既述のとおり〔八三頁〕である。

塩湖の北側にあたる荒れ地に馬を進めていると、あちこち崩れ落ちた古い隊商宿があった。そこをベースにすることとし、二階にまずまずの状態で残っている部屋を見つけた。枠もない窓に旅行用の敷物をカーテンとして掛けると、どうにか寒気も凌げるようだった。廃墟を低回していたら、中庭に面した小部屋に数人の男が坐っていた。シャーセヴェン族の遊牧民で、私たちと同じくガゼル狩りに来たのである。床に胡座をかいて、彼らのイルベギ、つまり頭《かしら》の言葉に聞き入っていたのだが、頭が朗読するのは千年ほど前に書かれた大叙事詩、フィルドゥシーの『王書《シャーナーメ》』のなかの古伝説であった。部屋は明るく、また暖かかった。この砂漠にも生えるわずかな低木の一つ、キャメル・ソーン〔学名 *Alhagi camelorum*. 一見いばらのような棘の多い灌木で、名は北西アフリカ、マウレタニアの言葉 alhag に由来する〕の乾燥した小さな固まりをつぎつぎに燃やしていたのだ。イルベギが私たちを仲間に入れてくれたので、翌朝は彼の案内で狩りに出ることにした。彼は、この隊商宿はセルジュークのシャー・サンジャル〔セルジューク朝第八代、西遷前の最後のスルターン。在位一一一八—五七〕が造ったものだという。この王の即位はウマル・ハイヤームの在世中のことだから、その四行詩が東方全域でいまも名高く、フィッツジェラルドの自由訳によって英語圏諸国でよく知られるあの詩人が、ニーシャプールからイスファハーンへ何度も旅した〔詩人の生地から、彼が仕えたマリク・シャー（セルジューク朝第三代）の都に〕ときにここで泊まったことも大いにありうる、と私は思いを馳せたことだった。

狩りはおもしろく、また上首尾だった。現地と獲物の習性を知り尽くしている遊牧の友の指図に万事したがった結果である。彼らなくしては、一頭のガゼルに近寄ることもできない。私たちは、このシャーセヴェン族のおもだった人たちと非常に親しくなった。しばらくのちに、自分たちの番ということで彼らがテヘランに来たことがある。私たちの遇し方と、手渡したささやかなお土産にはよろこんでくれた。その数年後に、バグダードからテヘランに来る途中、塩湖のそばを通ったときに、私の荷馬が倒れて死んだため、荷物は見張りを一人つけて荒れた道筋に残さざるをえなくなった。荷物との再会はあきらめていたところ、夜遅くに宿の外に人声がして、私の名を聞いたシャーセヴェン族があたらしい駄獣をつけて荷をとどけてくれたと分かった。そして彼らの言う「友達づきあいの掟にしたがっただけ」のことに対しては、いかなる礼金も受け取ろうとはしなかった。

シャー・シャンザルの古い隊商宿を訪れてから、私はそれまで以上にウマル・ハイヤーム詩の独特の魅力に取りつかれ、そのドイツ語訳に着手した。それは一九〇九年に初版が出て、いまは五版を数える。(1) 最近では、拙訳の普及版もライプツィヒの著名出版社インゼル・フェルラークから出ている。一九二一年には、私はウマルの四行詩三三〇篇の古写本に出逢い、あたらしく発見された四行詩十三篇のさらに古い断篇の写しもその直後に入手した。これが「四行詩集《ルバーイヤート》」の最古で、かつ議論の余地なく真正の原文例である。私はペルシア、インド、そのほかのオリエント諸国で用いられることを考えて、そのペルシア語原文版も作成した。(2)

出版社の要望に応じて、このペルシア詩の英語による散文訳も執筆したが、現在印刷中である。フィッツジェラルドの美しい自由訳にかなうものはないことを私はよく承知しており、同種のことを試みようとは毛頭思っていない。私の翻訳がめざすのは、ウマル・ハイヤームという個性に関心をもつ人々に、彼の本当の考えを理解する力を極力身につけてもらおうということにある。

ごく最近、これまで知られていなかった、ウマル・ハイヤームの書いたペルシア語の書物が発見され、ベルリンのプロイセン国立図書館に納められた。ウマル・ハイヤームの人となりと考え方に思いもよらぬ光明を投ずることになった、このきわめて好奇心をそそる小品については、一九三〇年にロンドンのメシュエン社より刊行される拙著『ウマル・ハイヤームの四行詩集』*Quatrains of Omar Khayam,* Methuen & Co., London 1930. に詳述してある。

（1）一九〇九年に初版が出て……　——*Die Sinnsprüche Omars des Zeltmachers.* Verdeutschung in Versen der Rubaiyat-i Omar-i Khayyam mit einem Anhang über Omars Zeit, Leben und Weltanschauung. 5. Aufl. Stuttgart, Deutsche Verlagsanstalt, 1922（「天幕《ハイヤーム》つくり」ウマルの金言集。ウマル・ハイヤーム作ルバーイヤートのドイツ語韻文訳。ウマルの時代、生涯ならびに世界観の解説を付す。第五版、シュトゥットガルト・ドイツ出版社一九二二年刊）。その普及版はインゼル文庫（Insel-Bücherei）第四〇七冊として現在も入手可能。

（2）ペルシア語原文版——*Ruba'iyat-i 'Umar-i-Khayyam.* Persische Ausgabe der Vierzeiler Omars des Zeltmachers mit Einleitung und Biographie in persischer Sprache. Berlin, Kunst- und Buchdruckerei Kaviani,1925.（ウマル・ハイヤームのルバーイヤート。ペルシア語原文版「天幕《ハイヤーム》つくり」ウマルの四行詩集。ペルシア語による序文ならびに作者伝記を付す。ベルリン・カヴィアーニ印刷社一九二五年刊）。小川亮作氏が、同氏訳岩波文庫版『ルバイヤート』の「解説」で、「わずか一三首（中略）ではあるが偽作を含まないハイヤームのルバーイイのみを収め、今日伝わる写本中で最も古いものとされるローゼンの写本（中略）でも、その写された年は一三四〇年すなわちハイヤームの死後一一七年目のことであり」と述べているもの。

6 駐テヘラン代理公使として

一人所帯の公使館――コレラの猛威――英国公使館の支援
――わが公信の行方――カイザーと南ア問題

私のペルシア学は、つねに余技の域を出なかった。時間に余裕があるときにのみ、そこに慰めを求めたのである。

一八九二年の春、シェンク男は休暇をとって帰国し、そのまま北京駐在公使に任命された。短い空白期間があったのち、私は代理公使を命じられ、ドイツ公使館の責任者となる。最初にしたのは、ペルシア人の秘書《ムーンシ》に、好きなだけ時間をかけてシャーザーデ・アブドゥルアジーム聖廟巡礼に行けるように無期限の休暇を与えたことだ――そこへ彼を引き寄せたのが信心だったか、むしろありうることでは、もっと魅力のある金属だったかは知らないけれども。というのは、このような巡礼行は、男女が結婚という制約を離れて会うことのできる唯一の機会といわれるからだ[1]。この結果、公使館にはほかの職員がいなくなり、なすべきことはすべて自分でこなす仕儀となった。ただ仕事は午前中に終え、昼食後は、事務的なことはほとんどしなくてもいいと分かった。職員がそろっていた頃は、現地のことがろくに分からず、物ごとは説明してもらいペルシア語の書信は翻訳してもらうことが必要な人のために、仕事は二重、三重になっていた。いまでは、ペルシア政府の通牒類は自分で落ちついて読み、自分が最適と思う内容の返書をペルシア語で書けるわけだ。また政情報告書はみずから起草し、自分が署名すればすむが、以前は上司に長々と説明して署名をもらっていたのである。この、私にはまことに好都合な状況が、新公使の任命されるまで、十六カ月にわたって続いた。

とはいえ、当初の数カ月は、わが生涯で最悪のものだった。猛烈なコレラの流行が発生し〔一八九二年初夏から秋の初めまで〕、国全体を狼狽と混乱に投げ込んだ。旅行者の利用する駅馬の便も止まり、欧州と、またペルシア国内の大部分との交通も杜絶した。たまたま、砲兵将校だった私の弟が休暇をとってペルシアに来ることになっていた。私は自分の持ち馬二頭を中間の宿駅に換え馬として置いた上で、ヤンギ・イマーム〔テヘランの西約六七キロ、カズヴィーンへのほぼ半ば。中間の宿駅とはテヘランから約二六キロのシャハバード〕のチャーパールの駅まで弟を迎えに行った。落ち合ってからは、能うかぎりの速度で二人で馬を飛ばした。妻を、こんなときにシムラーンの夏の住まい、ディザーシャブの村に独りで残してあるのが気がかりだったのだ。

朝食時に帰宅してみると、迎え出た妻は見たところまったく健常で、デマーヴァンド山麓ラール渓谷へ遠出したことなどを皆で愉快に話し合った。ところが午後になると妻は疲れを訴え、横にならざるをえなくなった。高熱も出たため、二マイルばかり離れたグラヘークにいるオドリング医師に往診してもらった。医師の所見では、なにか厄介な病気の初期だが、コレラではないという。愕然とさせられたのは、ペルシア人には多いらしい天然痘の、たちのよくない症状とわかったときだ。オドリング医師は、電信会社職員の妹の若い英国人女性ミス・ノーラ・ニームに看護を頼んでみてはどうか、と言う。横鞍〔ロングスカートのまま横乗りする当時の習慣に合わせて作られた女性用の鞍〕をつけた馬に手紙を添えて届けると、彼女はコレラ以外ならどんな病気の看護でも引き受けよう、とすぐに来てくれた。専門の看護婦というものがないペルシアのことだから、これは私には大変な力添えとなり、慰謝ともなった。不安のうちに十日間が過ぎると、妻はようやく回復の兆しを見せたが、いうまでもなくひどく衰弱して、ベッドで半身を起こすのも二、三分間以上は無理だった。

このさなかに、コレラがわれわれの村にも広がったのだ。多数の犠牲者が出て、住民の三分の一以上が死亡した。人が死ぬと、イスラムのしきたりで、屍衣にくるんで埋葬する前に遺体を洗う。このまがまがしい沐浴を行なうのはある小川に渡した板の上なのだが、その小川からわが家と庭で使う水が引かれ、またわが家の塀のすぐ外で妻の寝室の背後にあたるところを水が流れているのだ。一日中、なぜ家の後ろでさかんな詠唱が続くのかは、妻にはとても言えない。ペルシア人の使用人や衛兵に、水のタンクや庭の池を満たす汚染水を飲ませないためには、あらゆる手を尽くした。煮沸していない水のなかの細菌について知るかぎりのことを説明もし、のどが渇けばお茶か、熱湯にシナモンを入れた飲物でうるおすように頼みもしたが、所詮は無駄である。彼らの宿命論、さらにはとくに、人それぞれの死の刻が「初めもなく涯てもない日」から決まっている、という確信はどんな理屈よりも強かった。しかし、発病者はわが家の使用人には出ず、私の護衛兵二名だけだった。彼らはかわいそうに、オドリング医師がフラスコに入れておいたウイスキーの適量を飲めば助かったかもしれないのに〔滅菌を目的に強いアルコールが飲用された〕、口にするのも拒んで死亡した。生きてきたとおりに真正のイスラム教徒として死ぬことを彼らは選んだのであり、罪障を背負ったまま永世の門に入ろうとはしなかったのである。

妻の衰えた体は感染に抵抗しえず、あらゆる予防措置を講じていたのにこのおそろしい病に取りつかれてしまった。感染の最初の兆候が出て二、三時間のうちに現れた妻の外観の急変や、彼女を見たときの医師が示したきびしい憂慮のことは、いまですら言葉にすることができない。ミス・ニームが引き続きわが家に残って、私の体力が限界にきてせめて数時間は睡眠を余儀なくされたときに、看護の負担を引き受けることを躊躇なく決心してくれた勇気と犠牲心のほどを記録しておくにとどめる。妻が助かったのは、奇跡としかいいようがない。しかしオドリング医師が、十日から十二日間はまだ気を許さぬようにと言ったのは正しかった。回復が見た目にもはっきりしたのは、同じ庭園内ではあるが、いつ果てるともしれぬ葬列の詠唱が耳に届かない別棟に、どうにか妻を移せるようになってからである。

一方、私は弟を独りで予定の遠出に送り出していた。彼は、妻が危険を脱し平癒の見通しがついたと思いこんでいたのだ。弟はデマーヴァンド山の登頂をはたし、壮挙のよろこびにひたっていた。そこへ私の妻のコレラ罹患を聞き、急遽駈け戻ってきて、彼女を別棟に移すのを手伝ってくれた。その楽天的なところと度胸が、私には大きな支えになった。飲み水で感染者の遺体を洗うことに私が異議を唱えたことが、その原因だったことに疑いはない。妻がどうにかヴェランダの椅子に腰かけられるようになると、弟は、休暇が終わって帰国を迫られる前に一度だけでも彼女と馬の遠乗りをしたいと言い出した。彼女はまだ一歩も動けず、ベッドから椅子まででさえ運んでやるくらいだったから、それはとうてい無理だった。しかし彼は引き下がらない――「椅子に腰かけられるなら、おとなしい馬の鞍にだって坐れるでしょうが」。

彼の希望は叶えられた。ある日の午後、妻の気分がよかったので椅子から下ろし、トルコマン種のおとなしい馬に乗せてみたのだ。馬を並べてグラヘークまで行き、英国公使館の庭を抜けてテニスコートの脇を通ると、見物していた人がみな立ち上がり、プレイ中の人も試合を中止してやってきて、妻のほとんど奇跡的な回復を喜んでくれた。この出来ごとがあって妻は一命を取りとめたことをようやく実感し、英国の人がテニスの試合を中断してまで見せてくれた思いやりをうれしく思った。

試練の何週間かに、私どもは外交団の人たちすべて、またそのほかの知友から最大の好意に与った。ナーセロッディーン・シャーは、若い英国婦人が私の妻を看護し、その快癒に大きく貢献したと聞いて、ミス・ニームに大きな、美しい金の勲章（それまでは特別の勲功のあった軍人にのみ授与されたもの）を贈った。'wherewith to adorn her virtuous bosom'〔これをもって、受けたる者の有徳の胸が光彩を放つべく……〕と、勲記《ファルマーン》の公式英訳文の一節がいうとおりである。

いうまでもないが、オドリング医師の熟練と献身がなければ看護だけで足りたわけではない。この卓越の士は、病気流行の間みずからの行動力を倍加させて、馬を駆って村から村へ、町へ、そして戻り、患者に実用的な助言とともに薬剤を供与してまわった。銀行や電信局の若い人の活力維持には音楽を演奏させて聞かすなど、彼らを励ますためにはあらゆる手だてを尽くしている。ただ、ペルシア人ヨーロッパ人を問わず、患者の気を引き立てる力はあったのに、医師はペルシア語がほとんどできなかった。医師がペルシア語を喋ろうとすると、瀕死のペルシア人ですら笑い出したという！

疫病の猖獗は、人間の真価があらわに出る大厄の一つである。私は、ペルシア在住のドイツ人が最高の勇気を示し、他人を救うのに最善を尽くしたと言いうるのを幸いに思う。ロシア公使館員は、ザルガンダ〔グラヘークの北隣りの村〕にある自分たちの大庭園に閉じこもり、公使館外に住む自国民をそれぞれの運命に委ねた。ロシア人の何家族かは、ロシア人医師の診察を受けることもできず見殺しにされた。ペルシア政府お雇いのドイツ人二将校、ヘル・シューベルトとヴェーデル男爵が、この不幸な人たちの看護にあたった。あるときには、この二人はコサック軍団の将校とその妻、さらに二人の幼い娘までを自分の手で埋葬せねばならなかった。二人で遺体を洗浄し、シーツにくるみ、村はずれへ自分の肩で運んで、そこに墓を掘ったのである。手を貸そうと家へやってきたロシア人が一人だけいたが、泥酔していて（感染予防のため）、邪魔になるだけだった。二人のドイツ人は、片方がこのロシア人と付きあって酒を飲みつづけ、相手がテーブルの下に倒れ込んで当分は動けなくなるようにしむける以外に、この難局を脱するすべがなかった。ヴェーデル男がその役目を買って出たのだが、なんと、人の看護よりはこの方が性に合って成果もあがったという！

　不安の何週間かを送っているうち、私は自分の務めを絶対に必要なこと、なかでも同国人の世話に絞った。妻が最悪期を乗り切ったあとはミス・ニームを引き留めたくなかったから、ほかの時間は在宅することを要した。ある日、バルコニーで椅子に坐っていると、二年後〔正しくは一年後。カドガンは一八九三年八月に死亡〕に死に見舞われたことは先述したわが友、英公使館一等書記官のヘンリー・カドガンが訪ねてきた。感染家屋であるわが家に足を踏み入れた人は、彼が最初である。妻の容態を訊ねてから、彼はこう言った。

「ローゼン、奥さんを看護して、ずっと世話してあげておられるのは本当にご立派だ、でもご自分の仕事がおろそかになってはいけませんよ。この前の政治報告は、いつ送られましたか？」。

「政情報告書など、書けるわけがないじゃないですか、誰にも会わず、何が起こっているのか耳に入っても来ないのに」と、私は答えた。

「やはり思っていたとおりだ」とカドガンは言う。

「だから来てみたのです。ペルシア中から入ってくる情報の示す現況を、あなたに知らせてあげましょう。しゃべる間に、ときどき鉛筆でメモされるといいと思いますよ」。

　付言しておきたいが、英国公使館は領事、情報員を国中に配置していた上に、ダウニング街〔ロンドンの首相官邸〕やインド政庁から豊富な情報を入手していた。したがって、カドガンから聞いたニュースは興味深くて信頼できるものばかりだった。

私は、アジア、中央アジアの全情勢を分析する長い、詳細な報告書を書きあげた。それは、私が担当してから提出したものではもっとも興味ある報告となった。私はカドガン、そしてサー・フランク・ラセルズ――その発意ではなかったとしても、彼の了解なしにあのような情報が与えられるわけはない――を、心からありがたく思ったことだった。

何週間かののち、カドガンはふたたびやって来ると、一枚のタイムズ紙を差し出した。一目見てぎょっとしたが、私の報告書が初めから終わりまで、コンスタンティノープルの特別通信員の発信として載っている！ 私は、戦慄した。わが友なる英国人たちは、私の分別のほどを、さらにまずいことにはドイツ政府の信用度を、どう思うだろうか？ ところがカドガンは一笑し、こう言っただけで馬に跨った――「どうということはないと思うよ」。その通りであったには違いない、なぜなら、サー・フランクと部下の書記官たちが私に見せた信頼に変わりはなく、そのおかげで私は、のちに知ったところではベルリンの外務省で好評された政情報告書を送り続けることができたからだ。

私の書いたものがどういう経路で『タイムズ』にまで辿りついたか、実は聞いたことがないのだが、状況から判断すると以下のように思われる。サー・フランク・ラセルズとその家族がペルシアに来て以来、私どもは彼自身とその一家の女性たち〔ラセルズ夫人メアリー、長女フローレンス、姪ガートルード・ベル〕から、彼らのもっとも親しい友人の一人だったチロル氏――のちのサー・ヴァレンタイン・チロル〔一四四頁参照〕――のことを、さんざん聞かされた。当時チロル氏は『タイムズ』のベルリン駐在記者で、フォン・ホルシュタイン男爵〔一一四頁参照〕の信用が篤く、面談が許される限られた何人かの一人だった。ドイツの外交政策を事実上取りしきっていたホルシュタインについては、あとでさらに触れる機会があろう。広い知見と政治的天稟を具えたこの二人の間には、緊密な親交が保たれていた、そこで私は、ホルシュタイン男がチロルに私の報告書を渡して読ませ、チロルの求めるままに自由に使わせた、と推察した。コンスタンティノープル発とは、出所を偽装したものだ。一八九三年時点の英独関係を、そしてそれが廃棄されるべきでなかった、ということを言いたいためにこの出来ごとを詳述しておいた。

このあとしばらくして、ロンドンでチロル氏と面談したとき、私はペルシアで英国人の友人たちから聞かされたことが誇張でないと分かった。「あの赤毛で青目のアイルランド人」とホルシュタイン男に言われていたという彼は、世界中のことを知りつくし、東西両洋にまたがる難題すべてに通じている感じだった。彼は、アジアをとくに勉強していた。独身者用の彼のアパートの壁には、トルコ、中国などで自分が描いたみごとな水彩のスケッチが掛かっていた。彼が親しく招待してくれた楽しい昼食会のことも、なつかしく思い出す。しかし悲しいかな、彼とホルシュタイン男との親交は、英独両国の相互理解に役立っていたのに一八九七年に不意に終わりを告げる。当時、私はそのことでチロル氏を責める気はなかった。ホルシュタインの交友は長続きするたちのものでないのが通例で、突如として、敵意とまではいかずとも冷淡には転ずることがあるのを知っていたためだ。

ホルシュタインとチロルとの間が疎遠になったのは、トランスヴァアル共和国を襲ったドクター・ジエムソンを外国の支援も受けずに撃退したことに対し、クリューガー大統領にドイツ皇帝が祝電を送った(2)直後からだ、と私は思っている。この予想外の動きが惹き起こした興奮はすさまじかったが、当座の規模は数年後に膨れあがったのに比べるとものの数ではない。ペルシアにいた人の中には、南アフリカのことがよく分かっている者はほとんどいなかった。インド＝ヨーロッパ電信会社の民間人役員だった、ある英国の紳士が激怒したのを覚えているが、それはドイツ皇帝ともあろう人が「黒ん坊《ニガー》の異教徒《ヒーズン》」（！）に電報を打った、と聞いてのことだった。クリューガー大統領は白人でプロテスタントのキリスト教徒だと言ったところ、驚いたことに彼は、ボーア人はまちがいなくキリスト教に未改宗のカフィル人〔中・南アのバントゥー族の古称。「イスラムから見た無信仰者、異教徒」を意味するアラビア語カーフィルに由来する〕だ、と答えたものだ。

　この事件の政治上、倫理上の是非善悪を語るつもりはまったくないが、完全に確実なこととして知っているのは、カイザーは顧問たちに非常な抵抗を示し、強く迫られるまで電文への署名を拒み続けたことだ。のちにカイザーは、一九一九年にオランダで私に〔第一次大戦後廃帝としてオランダに在住中のこと。著者は大戦中より駐ハーグ・ドイツ公使〕、憲法上の職位である顧問からの執拗な要請に反対することは望まなかったので、最後には折れたのだ、と語っている。カイザーの言うには、電報文案にWのイニシアルを記すまでは三度もペンを放り出したとのことだった。この事件を大きく取り上げた人たちは、「ジェムソン襲撃」とは所詮平和の侵害であり、英政府自体が不承認を正式に言明せざるをえないとした行為であったこと、その結果、張本人のドクター・ジェムソンは十五カ月の禁固刑に処せられたことを、ひょっとすると忘れていたのではないだろうか。興味あるのは、事件全体にもっとも関係の深い人物セシル・ローズ[3]がカイザーの行為を憤った様子はなく、むしろ、親交とはいかずとも知遇を得たいと願ったことである。彼は通常思われているような襲撃事件の教唆者でなく、ことが起こるまでなにも知らなかった、と私は聞いている。ニュースが届いたとき、彼は「ジミー〔ジェムソン〕」は俺の林檎車をひっくり返してしまった〔＝人の仕事を台なしにする〕」と言い、テーブルマウンテン〔ケープタウン背後の山〕に二日間、姿を隠していた。

　一八九九年の三月にローズはベルリンに来て、敬愛の的と公言していたカイザーへの拝謁を希望した。当日の勤務だった補佐官は、その会見について以下のような詳細を私に語っている。セシル・ローズは、黄褐色の背広に真紅のネクタイをつけて到着した。これには、補佐官は当惑した。「帝国領土拡大者《エンパイア・ビルダー》」

を待っていたカイザーのところへ行き、本人は拝謁のために並はずれた服装を着用して参上しているので、あらためて紹介するまでもないと思う、と言上した。「いったい、何を着てきたのだ」と訊ねたカイザーは、話を聞くと破顔して言った——「お前の仰天した顔つきで、もっとひどいものかと思っていた。なかへ入れよ」。会見は長く続き、心の通ったもので、きわめて親しみのある雰囲気で終わった。ボーア戦争のあと、その三年後〔「同じ年に」の誤りか〕には死去するセシル・ローズは、ドイツ人学生がオクスフォード大学で二年間学べる奨学資金の基金として相当額をカイザーに遺贈した。多数のドイツ人青年——そのなかには私の息子もいる——を英国の名門大学に招来したこの遺贈の趣旨が、英独関係の改善にあったことは明らかだ。むろん大戦の勃発で、この制度には終止符が打たれた〔奨学金は独英米三ヶ国に向けられて、のち復活、継続中〕。

セシル・ローズは、英独間の理解を促進することでは、死ぬまでジョゼフ・チェンバレン〔植民相（一八九五—一九〇三）としてはボーア戦争を支持した自由党政治家。ジェムソン事件への責任を問われた。対ナチス宥和策をとったネヴィルの父。一八三六—一九一四〕と提携していた。それが明瞭に示されているのは、一九〇二年五月にローズがエッカルトシュタイン男爵〔駐英ドイツ大使〕に出した書状で、後者はそれを回想録で公表している。

ともかく、当時、テヘランではわれわれの個人的関係を損なうようなものは一切なく、私のペルシア時代に英独両公使館員の間には、いかなる疎遠感も存在しなかったのである。

私がかの国を去るすこし前に、アフリカとインド洋諸島のポルトガル領植民地の将来に関する英独間秘密協定が調印されている（一八九八年八月三〇日）。これも両国の相互理解を強化したと思われる。

英独間で、同盟とまではいかないにしても、なんらかの恒久的な取決めを成立させる見地から、非常に有望な話し合いがロンドンで行なわれている間に、みずから言うように「各種の機密情報源を通じて、進行中のことについては充分な知識を入手して」いたサー・ヴァレンタイン・チロルは、「折りに触れてタイムズ紙上で警告を発して」いた。けだし彼は、ほかの理由もあったが、ジョゼフ・チェンバレン、デヴォンシア公〔第九代公ヴィクター・キャヴェンディシュ、一八六八—一九三八。カナダ総督、植民相などを歴任。この当時は国会議員〕、ランズダウン卿〔第五代ランズダウン侯、ヘンリー・ペティ＝フィッツモーリス、一八四五—一九二七。カナダ総督、インド総督、日英同盟締結時の外相〕の三人とエッカルトシュタイン男との間で続けられたやり取りの成り行きには、あまり信頼がもてなかったのだ。

サー・ヴァレンタイン・チロルは、ヴィルヘルムシュトラーセ〔ベルリンのドイツ外務省〕での自分の評判があまり芳しくないと思っていたという（『変革の世界で五十年』*Fifty Years in a Changing World*, p.288.）点ではまちがっていない。事実、ベルリンの外務省では全員がホルシュタイン男を筆頭にして英独間の和解《ラプロシュマン》に対する『タイムズ』紙の敵意をふかく憂慮していた。私はそのころ政治局職員の一人として、ドイツの外交政策のいわば統帥だったホルシュタインと連日密接に接していたので、このことは確言できる。

ある日、私はサー・フランク・ラセルズ〔当時は駐独大使〕から英国大使館での昼食に招かれ、そこでチロルに会った。会えたのは非常にうれしく思ったが、彼とホルシュタインとのかつての親交に取って代わった離間を深く遺憾とすることは隠さなかった。「これほど知識と政治上の理解が充分なご両人が、いまやかたき同士とはまったく残念です」と私は言った。チロルは、ちょっと言いよどんだあとで、自分からドイツ外務省を訪れる気はないと言ったが、最後には、あたたかく迎えてくれるのが確実なら、よろこんでホルシュタインを訪問する、と述べたのである。むろん私は、ただちにホルシュタインにチロルとの面談を報告し、彼が来訪をいとわないと伝えた。しかし、ホルシュタインの答えは、チロルの悪意に満ちた反独行動のあとでは何をいわれても彼を受け入れるつもりはない、というものだった。ようやくホルシュタインを説き伏せて、チロルを迎え入れ、丁重に扱うと約束させることができたのも、国務次官フォン・ミュールベルクのとりなしがあればこそだった。

サー・ヴァレンタイン・チロルは、この出来ごとについて『変革の世界で五十年』二八七頁以下で、いささか異なる説明を加えている。* チロルの見方によれば、予備交渉《プルパルレー》が非公式の段階から公式のものに上げられるまでに熟したとき（一九〇一年十月のこと）、ぜひとも来訪し、提起すべき英独関係の懸案をすべて、できれば「両国にとっての最大の利益に副った、健全で恒久的な友好親善という足場に立って」帝国宰相と話し合ってほしいという、ホルシュタインのたっての要請に接したという。そしてチロルの著書には、ビューロウ侯〔一一四―一五頁〕と会談したときのきわめて劇的な叙述が続く。

*原注・私がサー・ヴァレンタイン・チロルの『変革の世界で五十年』を読んだのは、本書をほぼ書き終えたのちであった。同書は私の知るもっとも興味深く魅力に富むものの一つである。しかし残念ながら、そこには一貫してドイツに対する偏見が見られ、その結果ときとしてこの有能な著者をドイツの政治家の行動動機について誤った見方に導くことになった。大きな問題には考慮に入れるべき二面がある。サー・ヴァレンタイン・チロルは、その一つしか見ていない。

チロルの見方を、この出来ごとについて私がまざまざと覚えていることと両立させるのは、控え目にいってもむずかしい。そして、私は自分の記憶に自信をもてなくなったかもしれない――サー・ヴァレンタイン・チロルがベルリンを発った十一月四日の日付のある、以下に転記する私あての自筆の手紙が出てこなかったならば――。〔『変革の世界で五十年』の執筆はこの手紙の日付より二十五年後で、一九二七年の刊行〕

在ベルリン英国大使館

一九〇一年十一月四日

親愛なるドクトル・ローゼン

謹啓

小生の伝言をきわめてこころよく、また手際よくフォン・ホルシュタイン男爵にお届けいただき、小生がいかに貴殿に恩義を感じておりますかをお伝えいたしたく、帰国の前に一筆申しあげます。同氏とは二度にわたり、長時間の、そして興味ある非公式会談をいたしました。かつてのベルリン在住当時のもっとも愉快な追憶に残る古い交友が復活した喜びもさることながら、小生としては、前記の会談が両国間のよりよき理解の促進に何らかの結実をもたらすやもしれぬと思料いたします。今回の会談が、ドイツの政策のなかでこれまで小生には不分明であった諸点の解明に寄与したことは確実であります。

末筆ながら、ご令室に何とぞ鳳声を賜りたくお願い申しあげます。

敬具

ヴァレンタイン・チロル

一九二九年九月二十五日に、サー・ヴァレンタイン・チロルとの会談の記憶をビューロウ侯に訊ねてみる機会があった。侯の言では、そのことは何も覚えておらず、チロルとはめったに会うこともなく、どのような人だったかすら思い出せない由であった。その十月二十二日にはサー・ヴァレンタイン・チロルの急逝が報じられ、さらにビューロウ侯はわずか数日後の十月二十八日に死去した。

（1）唯一の機会といわれる……　――ペルシアのシーア派特有の期限つき臨時婚姻制を利用できる機会。とくに、多数の巡礼が集まる聖廟の門前町には制度と施設が完備し、それを目的の一つに巡礼が行なわれることもあった。著者自身、カルバラー訪問時の経験を述べている（二七七頁）。

（2）クリューガー大統領に……　――英国による併合前の南アのボーア人政治家クリューガーが最後の大統領（在任一八八三―一九〇〇）を務めていたトランスヴァール共和国を転覆させる目的で、セシル・ローズの片腕だったスコットランド生まれの医師レアンダー・スター・ジェムソン（通称ドクター・ジェムソン）が、わずかな手兵を率いて侵入、撃退された（一八九五年十二月）。ジェムソンは逮捕、英国に送還、投獄された（のち南アに戻り、ケープ植民地首相）。英国の世論が反ボーアで沸騰中に、ドイツ皇帝ヴィルヘルム二世は南アにおける英国の膨張を阻む立場からクリューガーに祝意を打電して激励し（一八九六年一月）、英独間が緊張した。

（3）セシル・ローズ――南アのダイヤモンド鉱山で産をなし、のち植民地行政に携わる。一八九六年まで、みずから獲得し、自己の名を冠したローデシア（現ザンビア、ジンバブエ）を統治。ケープ植民地首相（一八九〇―一八九六）在任中に発生したジェムソン事件の黒幕とされ、辞任した。一八五三―一九〇二。

Ⅴ　バグダード

（Ⅴ、Ⅵの記述は大部分が書簡にもとづく）

シャロン平原のイスラム聖所、ウェリー・イマーム・アリー〈39頁〉

1　バグダードへ（一）――シリア砂漠

転任発令――エジプト、パレスティナ、ダマスカス――シリア砂漠――ユーフラテスまで

一八九七年に私は数カ月間の休暇をとり、一部はドイツで、一部は英国とフランスで過ごした。そのときは躍起になって、テヘランからどこかほかに移る算段をした。おもな理由は、妻がおいおいペルシアの気候に悩むようになったことだ。(1) 当時の内規では、私が志望できたのはオリエントのいずこかの領事館のみである。これは、テヘラン在留の外交官の多くにしてみれば格下げと見られるものだ。実は昇進なのであり、私はトルコかエジプトのどこかで独立した地位を占めることを思って胸をふくらませた。ペルシアに舞い戻るのは、無期限で留め置かれることになるのは必至だから、なんとしても避けねばならない。そこで、ベルリンの本省で何かしたいと申し出た。七年間以上も国外にいたことゆえ、休暇のあともう何カ月かを故国ですごせるのは本当にありがたかった。

ところが、その喜びは長くは続かなかった。一八九七年十二月のある日、デスクに置かれた封緘した手紙を見れば、バグダードの領事代行として遅滞なく赴任することを命じられていたのだ。

一八九八年一月三十一日にベルリンを発ってコンスタンティノープルに着くと、大使のマルシャル・フォン・ビーベルシュタイン男爵に会って、ティグリス河畔の町に派遣される目的について考えがあれ

ば聞かせてほしいと言った。大使にも、とくに意見はなかった。ここで言っておかねばならないが、その時点では、バグダード鉄道建設の権利はまだドイツ企業に譲許されていなかったのみならず、ドイツ政府も譲許が望ましいことか否かの検討を終えていなかったのである。コンスタンティノープルでも、私が在任中のバグダードでも、鉄道問題を公的立場にある誰かが論じたり述べたりしたことはない。

ベルリン本省の領事局長は、時間的に最短のルートでバグダードに行くように求めた。陸路をとると私がいうのに耳を貸さず、時間がかかるからと言った。それは、彼の誤りである。私よりも先に出国し、エジプト、アデン、ボンベイ経由でバスラへ〔一八六九年のスエズ運河開通後、湾岸への行路は英国の支配下にあり、このルートが主流〕、それから河船でバグダードへ向かったある商人は、ちょうど百日間かかり、到着したのは私よりずっとあとだった。私の場合は、六十五日である。最近、英国の飛行士がロンドン・バグダード間を二十四時間内で飛翔したことは、世界縮小の度合いを示すものだ。

陸路については詳しい情報がなかったため、私はコンスタンティノープルから船でアレクサンドリアまで、そしてカイロへ行って、その旅を何度か経験している友人に相談した。彼は道中の行程と距離の情報や土地、住民に関する有益な知識を与えてくれた。カイロからベイルートまでは、エドワード七世の甥で、ルーマニアのマリー王妃とは兄妹のまだ若いザクセ・コーブルク・ゴータ公[2]と一緒で、楽しい船旅だった。エルサレムへ行く公と、私とよく気の合った補佐官二人とはヤッファで別れを惜しんだが、公は間もなく死去したため再会の機会には恵まれなかった。

ベイルートでは、古い知人と一両日を過ごすつもりだったが、体調を崩して十日間も足止めをさせられてしまう。ダマスカスへ向かう汽車に乗ったときも、回復にはほど遠かった。数年前にダマスカスに行ったときに使った乗合馬車《ディリジャンス》は、いまにも壊れてしまいそうな汽車に代わっていて、こちらの方がはるかに不愉快だった。この線は旅行者の便などどうでもよく、鉄道事業に多数の子分《プロテジェ》を取締役や監査役として送りこんでいる、パリを本拠とする興行主のために建設されたのは明らかだった。旅客は暴風下の小舟さながらに揺さぶられ、一方荷物の方はまだ駱駝に運ばせている。最近シリアからバグダードまでを自動車で二、三日で行った人は、それほど昔でもなかったときに同じ旅路がどれほど退屈で難儀なものだったかを知って、おもしろく思うかもしれない。ただ、キャラバンで陸路の旅をする魅力と興味が現今の移動手段に比べて劣るかどうかの判断は、読者にお任せしよう。

ダマスカスのドイツ領事を務めている旧友リュッティケ氏のサラセン調の住まいで数日を過ごし、米国人のある名医に診てもらって健康をとり戻したので、陸行の旅にも耐えられる自信ができた。残る仕事は、砂漠を横断しメソポタミアを抜けてティグリス河岸にいたる長行程を引き受ける騾馬追いの確保だけだ。それは、たやすく見つかるものではない。ある日バザールをぶらついていると、ペルシア語を話す懐かしい声を耳が捉えた。見まわすと、ペルシア人の騾馬追いのものと分かった。自分たちの言葉でいきなり話しかけられたのにいささかも動ずる様子もなく、彼らは、ダマスカスへ巡礼を連れてきて、これからバグダード経由でペルシア東北のホラーサーンへ戻るところだと語った。話はすぐにまとまり、ドイツ領事館で正式の契約書にした。

ドイツ領事がバグダードへ行くことはすぐに知れわたり、駈け足で世界一周中の旅行者二人、フランス人と英国人の若者が同行を願い出た。私は承諾し、国際色ゆたかな三人組が出来あがる。コックにはタンヌース（英語のアンソニーにあたる）という名のマロン派のアラブで、この行路の経験がある男を雇った。出発に五時間の遅れがあっただけで、長途の第一行程としてはわるくない。遅れたのは、ペルシア人の騾馬追いが手持ちの荷獣を出発当日の朝に売り払おうとしていたので、馬市場まで行って連れてなければならなかったためだ。文句をつけると、連中はこれこれの高値がついたから、と弁解する。それを、みすみす見送ることはできなかったのだ、捺印契約書があり手付金も受けとっているとはいっても。「インサーン・バシャル・アスト！」——所詮は生身の人間だ〔ペルシア語。一七〇頁参照〕。

一八九八年三月のよく晴れた、だが寒い朝、ダマスカスのバザールと街路を何度も折れ曲がって通りぬけ、町をとり囲む樹園、グータで小憩し、見送りに馬で来てくれた友人たちに別れを告げた。わが小キャラバンを先導するのは六名のトルコ人警官《ザプティエ》と下士官一名である。皆、いい馬に乗っており、自分では洋風のつもりの不似合いな制服の埋め合わせにケフィヤをつけていた。ベドウィンの絵画的な頭布のことで、金糸を縒り合せた羊毛の綱で締める。荷物を調整し積みあげるのに朝の数時間を要したペルシア人の騾馬追いたちは、むっつりと黙りこくって足を運んでゆく。沈黙を破るのはときどき自分の騾馬に浴びせる罵りの言葉で、その痛烈さ強烈さはペルシア語以外の言葉では表しようがない。彼らはまた、二人のわが道連れの持ちもの、つまり扱いにくい、場ちがいな頭陀袋、帽子箱、銃ケース、カメラといったものに呪詛を吐きかけ、こんな品物を拵えた男の親どもが墓を穢され、体は地獄の劫火で焼かれよと願っていた。今回わが友の旅のために新式の旅行用鞍を特別に考案したアメリカの馬具屋の父親も、おなじ目に、いやもっとひどい目に遭ってもらわねばならない。本質的には、ペルシア人の言うことは正しい。オリエントの旅に経験のないわが友人たちの荷物は実用むきでなく、見当違いもいいところなのだ。重量物に対して適当な釣合いをとるものがなく、小箱類を荷鞍に結わえつけるのは無理な話である。また新案の乗用鞍は、つけた馬の背にかならず糜爛《びらん》をおこした。われわれの馬が実にりっぱで持久力は驚異的だっただけになおさら、これは憾みのもととなった。

ふつうのキャラバン道をとれば、まずアレッポまでまっすぐに北上し、ついでユーフラテス河畔のメスカナ(3)に出て、川沿いに三週間をかけて下り、ティグリス川とバグダードとはわずか二行程しか離れていないところに着く。しかしこれでは長くかかりすぎるので、われわれはユーフラテス河畔のデイル〔ディルッゾル。パルミラの東北東約二〇〇キロ、ユーフラテス中流の主邑〕まで一直線にシリア砂漠を横断する路を選んだ。パルミラの女王ゼノビア（三世紀）が、旅する者は行程ごとに水を補給できるようにと、この路沿いに多数の井戸を掘ってくれている。また彼女は塔を建てて目印とし、旅人が方向を誤って荒れ野を水のないところまでさまよい、飢えと渇きと疲れの犠牲になるのを防いだ。こういった塔は遠い昔になくなってしまい、われわれの案内人は砂漠で行方知れずとなったキャラバンの例をいくつも語った。人と動物の骨だけが、移動するベドウィンに見つかることも時おり起こっている。

ダマスカスをめぐる緑の帯、いまや花のさかりの果樹林そのものをあとにして、耕作はされているが痩せた地を通り越し、その夜は清潔なある家に泊まった。いよいよ本物の砂漠が始まったのは、二つ目の行程をこなしたときである。シリア砂漠が見せる様相は、わが道連れの二人には大変な期待はずれだった。ところどころに椰子の繁ったオアシスが見られる黄色の砂原ではなく、そこにあったのは、緑がかった低木や草に被われて果てしなくゆるやかに起伏する、その単調のゆえにまったく冴えないところと分かる広野だったからだ。前方に現れたなだらかな隆起を一つ越えると、たちまち別のおなじような隆起がかなたに見えるが、そこへ行ってもすでに見てきた以上のものはないのである。ときどき、通り路に赤い花を咲かせているチューリップを見かけた。それが、ウマル・ハイヤームのある四行詩《ルバーイー》を思い出させた。ペルシア語原詩から私が逐語訳したものを掲げておこう。

第四八歌

砂漠のどこにチューリップの花の筵《むしろ》が現れようと
そのチューリップは帝王の血だったのだ。
どこに菫《すみれ》が地中から芽生えようと
それはかつて恋人の頬にあった黒子《ほくろ》なのだ。

二人の若い旅の伴侶は、ムシュー・Tとミスター・Hといった。Tはフランス人だが、フランス人以外の血が入っているように思われる。英語もドイツ語もできたが、話すときはフランス語を好んだ。世界中を旅してまわっていて、きわめて巧みに水彩画をものにする。画を描くための旅行であり、また大の狩猟好きだった。Hはスコットランド生まれのようで、非常に男前がよく、かつ非常に音楽好きだった。ただ、彼のフランス語では長旅はもたない。フラウ・リュッティケにむかって、こんなことを言っていた——'J'ai acheté un livre de quatrecents feuilles pour mon diarrhée'.〔私は下痢用に紙数四〇〇枚の書物を一冊買いました(4)〕。きわめて気のいい男で、二人分の荷物の梱包を自分で引き受けている。まるでTの女房という恰好だった。彼だけのときは私も英語を使うが、すると私の耳は安らぎを覚えた。二人とも、私とは大いにうまが合った。

騾馬追いたちは、実にいいのにあたった。フェルトの縁なし帽をかぶり、ギーヴェ〔紐のない布靴〕を履いた六人ものチャールヴァーダール〔馬、駱駝などの御者〕が、何も知らず、知ろうともしない国を、非常に大柄で強力な騾馬を連れて歩いているのは奇観である。アラビア語はひと言も話さず、その言葉で話しかけられてもすべて無視する。アラブたちは、彼らをまったく未開、野蛮としていた。アラブがこう言うのをよく耳にしたものだった——「マフィシュ・ナース・アブラド・ミヌル・アアジャーム！」（ペルシア人ほど冷たい人間はいない！）。このあたりで彼らが唯一の友としたのはパリア犬で、餌をやり、一緒について来させていた。私に犬の名を考えてくれというので、有名なペルシアの英雄の名をいくつか並べてやった。だが結局彼らがつけたのは「ヌン・ドゥースト」（パンの友）というもので、犬は彼らが投げ与える餌を目当てについてくるだけ、というわけだ。行く手があまりに遠くなってくるとヌン・ドゥーストは遅れ出し、生まれ故郷の村へ戻ったようだった。

　十七日には、ペルシアとよく似た不毛の平地を、人っ子一人にも逢わずに十二時間も行かねばならなかった。夕暮れになってカリヤテイン〔ダマスカスとパルミラのほぼ中間〕の村に着き、われわれをあたたかく迎えてくれたアガー、つまり頭目のファーリス・アガー・ファイズの家に泊まった。アガーは立派な、背の高いベドウィンで、聖書に現れる族長のように家族と部族を支配している。彼は私の手をとり、パルミラの遺跡からもってきた彫刻で飾った石造りの広間へ、そして欧風家具を置いた客間に招じ入れた。何度も「平安《サラアム》あれ！」を繰り返し、何度も小さなコップのコーヒーを飲んでから寝室に案内されたが、結構まともな洋式とアラブ式のベッドがあった。行程の最初に降られた雨がしみこんだ衣服を着換え〔挨拶とコーヒーの席が終わるまでは、濡れた服は取り替えない、旅の目的も明らかにしないのが不時のもてなしを受けるときの作法〕、夕食を奨められた。アラブ料理をなかば洋風に出す〔一度に卓上に並べず、料理ごとに器を取り替える意〕、長い食事だった。私は賞味したが、わが道連れはそうでもない。族長《シャイフ》のほかには、誰も同席しなかった。白のケフィヤを頭に載せ黒いロープを巻いた十人あまりのベドウィンが、あたりに立って給仕をする。みな、シャイフの弟、従弟、甥などである。

　食べながらの会話は大いにはずんだ。シャイフがわれわれの生まれと信仰を訊ねたのはもちろんで、国籍も宗教信条も異なるものが一緒に旅をしうるということは彼には大きな驚きだった。彼はまた、信仰上の論議に私を引きこもうとしたが、それは無理というものだ。「イエスの母マリヤム《マリア》は結婚していたのか、いなかったのか？」。以前にエルサレムに住んでいたことがあるが、イエスの母マリヤムがいたのは私よりも前のことだ、と私は答えた。

翌朝、むろん七時になってから出かけたのだが、キャラバンの出発はうまくいった。出る前に摂ったのはビスケットとお茶である。家の前で絵に描いたような衣裳をつけた配下のベドウィン全員に囲まれて、シャイフみずから給仕してくれたのだ。彼自身は白いお椀帽に、ヨーロッパ製の上品なドレッシングガウンをまとっていた。村を出ようとすると、何百という駱駝、驢馬、羊、山羊の死骸があらゆる路地に散らばっている。牛疫《リンダーペスト》の流行に加えて不作のために、部族の家畜のほぼ全部が絶滅したのだ。見るからに、おそろしい光景であった。これほどの屍獣を食い尽くせる数の犬もジャッカルもいるわけはない。

十八日は、長丁場の一日だった。つぎの井戸に着くのに、完全に不毛の砂漠を十四時間も行かねばならなかった。護衛は、すばらしい牝馬に跨った六人の絵のような姿をしたベドウィンである。護衛の長アブドゥルカーディルは、カリヤテインのアガー・ファーリスの弟だ。二〇〇トルコ・ポンド〔約一八〇英ポンド。ボンベイ渡しの軍用アラブ馬の値一〇〇ポンドに比べて異常な高価格〕くらいはする、美しい、背丈の高い牝馬を駆っている。馬の名は、サクラヴィーヤ（グレイハウンド）だった。その馬は、決して繋がれることはなく、思うままに駆けまわっていた。持主に言われたことは、すべて理解する。アブドゥルカーディルに、彼の部族の女性もペルシア遊牧民の女が織るような美しいカーペットや鞍袋を作るのか、と訊いてみた。その答えが、両民族の特性をよく表している――「ラー、アルハムドゥリッラー！」（否、神は誉むべきかな！〔いや、おかげさまで！〕）。素朴なセム系諸族ではどこでも、幸福の念は、強いられる仕事をもたないことにある。まさに聖書にあるとおりで、そこでは、労働は罪に対する罰となっているのだ。護衛の主たる目的が、旅行者から心づけ《バフシシュ》をもらうことにあるのは目に見えている。さもなければ、もっと少人数でもこと足りる。ふつうは一日あたり一メジディ〔約一八シリング〕、頭には倍を与える。このしきたりは、東方全域に行き渡っていた。

午後、無数のガゼルを目にした。ただし遠くからで、この動物はきわめて用心ぶかいのだ。私は、おなじような数のガゼルに出くわしたことがある。ペルシアの大塩砂漠の端でのことだ〔一九頁〕。

夕方近くにまた雨に降られ、泊まる予定のそれ一つだけがある番小屋に着くまでは多少難渋した。遠方に見えた焚火のために、あわや惑わされるところだったのだ。護衛の一人がそこへ行ったらしく、姿を見せなかった。彼とその馬がどうなったかは、分からずじまいである。井戸はもっとも近いのでも、彼を最後に見たところから六〇キロばかりも離れている。彼は、みずから進んで長い槍を運んでいた。キャンプのときに立てる旗竿にするつもりで、私がダマスカスで手に入れたものだ。「かくてわれは、馬も騎者もふたたび見るを得ざりき」。

暗くなってきて道筋がはっきりせず、銃を発射して合図にしながらなんとか一つにまとまって行く始末である。七時に、ようやくアイヌルバイダー（白い泉）に着いたときは、もう真っ暗だった。朽ち果てた小屋で、扉も窓枠もとくの昔に焚き火に使われてしまっている。キャラバンは雨に濡れそぼち、一時間後に到着した。キシュラ（番小屋）の屋上で松明《たいまつ》に火をつけたのを目当てにして、やって来たのだ。こういった建物は、ペルシアのチャーパールハーネ〔飛脚小屋〕に似ていた。屋上には、小さな階上部屋《バーラーハーネ》が必ずついている。窓を塞ぐのにできるだけのことをして、ここに腰を落ちつけた。「白い泉」は、パルミラ人かローマ人が掘った古代の井戸以外の何ものでもない。白大理石の井戸枠は、桶を吊るしたロープで過去十六世紀の間に刻まれて、深く抉《えぐ》れていた。

はげしい雨に降り込められて、翌朝（三月十九日）は十時まで出られなかった。出発したときは、強い東風が雨を横切りにしてまともに吹きつけた。だが馬はきわめてきびきびした足どりで、放っておいても駆歩《カンター》を続けて私たちをパルミラへ連れてゆく。砂漠が物騒なことと、誤った道筋に入りこむ懸念から、ひたすらキャラバンを見失わないようにしていたことを思えば、これはまったく異例だった。

パルミラへの入り道は、実にすばらしい。低い丘陵が通路のようになったところを抜けると、神殿と多数の高い列柱で被われた平原が開ける。現在のタドモル〔ソロモンが造ったと聖書に記され、現在の現地名でもある呼称（パルミラはギリシア名）〕は、村のおもなところが巨大な太陽神殿の一隅にかたまっている。かつて殷賑《いんしん》を誇った女王ゼノビアの都の大遺構がすべて、まわりをとりまく砂漠の金紅色で磨かれ、艶を放っていた。中央通りの両側に並ぶ円柱のなかに、閃長岩《サイエナイト》〔＝シエネの石〕の一本石が二基あるが、その原石はシエネ、つまりナイル上流の現アスワンにしか産出しないものだ。これほど扱いにくく、重いものが、これだけの距離を陸海を越えて運ばれてきたとは信じがたい思いだった。

私たちが宿にしたのは、シャイフのムハンマド・ブン・アブドゥラーの家である。ヨーロッパの訪客を扱い慣れた、物腰の丁寧な中年の男だった。彼には、ロマンティックな過去があった。ある富裕なフランスの貴婦人の案内をつとめたとき、砂漠の右手に突然砂煙がまき起こる。「ハーダー・ガズウ――強盗の来襲だ」とシャイフが言う。

‘Pour l’amour de Dieu, sauvez-moi, je vous donnerai tout ce que je possède si vous sauvez ma vie.’〔後生だから助けてください、命を救ってくださったら、何でも差しあげます〕

シャイフは偃月刀《えんげつとう》の鞘を払い、馬を飛ばして強盗に立ち向かい、一味五十人を蹴散らす。ところが貴婦人のもとに戻ったかどうかのときに、これまた五十人の武装ベドウィンが起こす同じような砂煙が左手にあがる。これも蹴散らすと、貴婦人はシャイフ・ムハンマドの武勇に感動して彼の前に跪く。そして、かくも豪胆に一命を救ってくれたお礼には持てる財宝をすべて贈っても足りない、救い主に自分自身を差しあげたいと言い、実行した。彼女はまた、シャイフが要した費用も負担せねばならなかった、なにしろ襲撃を起こすのに百人の手下を動員したのだ。貴婦人が、金の使途を知らなかったのはいうまでもない。その後、彼女は命の恩人に美々しい衣裳を着せてフランスに連れて行き、パリの博覧会で披露した。また彼の石造りの住まいを建てる資金も提供したのであって、その家で私たちは彼の客となっている――。

カリヤテインのシャイフに比べると、ムハンマド・ブン・アブドゥラーはまったく興味を惹かず、食事も部屋もごく粗末だった。食事をしたのは寝室で、低い丸テーブルにむかって足置きのような低い椅子に腰をかけ、シャイフとその弟のアブドゥルカーディル、そしてパルミラの村長《ムディール》イブラーヒーム・エフェンディが同席した。食卓で供された飲物は、硫黄の臭いのする水だけである。

パルミラの水は全部、というよりもこのオアシスの存在そのものが有名な硫黄泉に依存する。そこを、着いたほとんど直後に私たちは訪れ、水浴をした。丘陵の、水が流れ出る裂け目に這いこむと洞穴になっていて、足が底に届かず泳がねばならなかった。蠟燭を板につけて携えて行き、外光が入ってこない洞穴の明かりとした。私たちは、天然のままで微温の硫黄泉に時間の許す限り長くとどまり、パルミラにいる間は日に何度もこの贅沢を堪能したのだった。

私は、フランス人画家のムシュー・Tが遺跡の水彩画を描く機会として休息日を設けることにした。それに、三月二十一日はペルシアの新年《ノールーズ》の大祝日なのだ。彼らの新年は、春の始まりと一致している。私は、騾馬追いのペルシア人がこの日を祝うのに羊を一頭と若干の米を与えた。妙なことに、折角の思いやりに対して、彼らはまったくといっていいほど謝意を示さなかった。まちがいなく、私に何かよからぬ魂胆、たとえば祝宴に要した金額を騾馬の賃借料から差引くといった考えがあると見たのだ。彼らを安心させるのは骨が折れたが、最後には私を仲間に入れてお茶をともにしてくれた。

私たちは、遺跡のなかをさんざん歩きまわった。現代のパルミラの大部分、つまり一群の陋屋が境内の隅にかたまっている、巨大なアポローン神殿の廃墟は、とくに嘆賞してやまなかった。私は、住民のあばら家を壮麗な古代の遺構と比べて、彼らの不精ぶりを冷やかしてやった。すると彼らは、なぜ昔とは勝負にならないかをこう弁解した――建造物はスライマーン（ソロモン）――その名に讃えあれ！――が造ったものだ、スライマーンは人間と、動物と、ジン（霊鬼）の王だった。彼にとってはこれを建てるのもわけはない、ジンどもに命令して世界中から材料を運ばせ、指示どおりに組み上げさせれば終わりだから。

三月二十二日の早朝にパルミラを発ったが、主《あるじ》のもてなしをありがたく思った。この行路の経験者の友人にシャイフの世話になればどう報いるべきかを訊いた際、馬に乗るときに私の鐙《あぶみ》を抑えてくれる男の手にソヴリン金貨〔一ポンドの英貨〕を何枚か渡せばいい、ただ、あとで手下から回収するときのために、枚数がシャイフに分かるようにしなくてはならない、とのことだった。そのとおりに私は実行して、一同は皆、ご機嫌だった。

パルミラからユーフラテスまでの距離は、ダマスカスから来たのとほとんど同じである。ただ砂漠はそれまでよりもさらに不毛で荒涼として、一行程が長くなった。硫黄温泉の村スフネからビール・カバーキブまでの距離は一九トルコ・リーグと見積もられて九五キロメートルに相当し、十九時間を要する。そこで真夜中に出発して、暗闇のなかで曲がりくねった村の路地を手探りしながら行く。広いところへ出たときは、方向感覚が完全になかった。西の空に残照の痕跡があるわけでも、東の空に黎明の兆しが見られるわけでもない。コンパスに頼って方角を割り出していると、騾馬追いの頭が来て、キャラバンの先導馬を貸すから道案内にしたらいいと言う。非常に力のある、軀体の立派な白のポニーでピーシュハング、先駆者としての権威のしるしに大きな鈴を二個つけ、それが深みのある、そして柔らかな音をたてる。この馬が横を通っていると、まずパルミラへ逆戻りしているとしか思えない。けれどもペルシア人たちは、この先馬《さきうま》の方角に対する記憶が間違っていたためしはないと保証した。馬は、ユーフラテスからダマスカスへ行ったとおりに、戻り道を見いだすのであろう、それを疑う余地はなかった。

三月二十四日、ナオゥーラ――灌漑用に水を汲みあげる大水車――が、きしみながらたてる音が聞こえた。それは、ユーフラテス河岸のまばらな植生の縁がどうにか見えるよりもずっと先のことである。昼前に、デイルッゾル（森の僧院）という小さな町に着き、アルメニア教会に付属する建物の宿所に入る。私たちは、デイルの知事《マタッサリフ》、ズフディ・ベイを訪問した。管下の県に善政を施し、腐敗とは縁がないことでシリア中に知られている。彼はユーフラテスに石橋を架け――それで町は二つに分かれている――また、公共の用にいくつもの立派な石造りの建物を建てていた。私を非常に丁重に迎え入れ、地域の状況改善に尽くした努力の是認者が現れたことを大いによろこびとした。ダマスカスからユーフラテスまでの砂漠横断路に注意を払うこと、井戸と滅失した櫓の復旧を考慮することについては、約束してくれた。私は添付の地図にこれらの諸点のしるしをつけた上で、ある書物を進呈しておいた。もっとも、このような良案から生み出されたものは何もなかったのではないか、と私は思っている。その後まもなく、知事は、スルタン・アブデュルハミトからデイルに送りこまれた密偵が仕組んだ謀略の犠牲になったためだ。そのころ、地位に安閑としていられる官吏などは皆無で、彼らの多くは競争相手に乗っ取られるよりはましと、自分の執務室で夜を過ごすほどだった。

(1) 妻が…… ——二年前(一八九五年夏)に、テヘラン(シムラーン)で双子の男児を出産、育児の苦労もあったようだ。長男にはゲオルク・フリードリヒ・「ムラド」、次男にはオスカル・「カムラーン」というペルシア名のミドルネームをつけた。なお、著者は生活条件のわるいバグダードには単身赴任し、V・VIの記述のもとになったのは妻あての手紙と思われる。

(2) ザクセ・コーブルク・ゴータ公——ドイツ中部チューリンゲン地方の公家で、ヴィクトリア女王の生母ヴィクトーリア・マリーア・ルイーゼおよび女王の夫君プリンス・アルバートの実家。ルーマニア王フェルディナンド一世の妃マリーは、エドワード七世の弟アルフレッドの長女。マリーの兄アレグザンダー・アルバート(アルフレッドの長子、一八九九没)は、ザクセ・コーブルク・ゴータの公位を父から継承していた。

(3) メスカナ——アレッポの東南東、トルコから南流したユーフラテスが東に向きを変える地点の右岸の町。一九六〇年代に建設されたダム用の、長さ約六〇キロにおよぶアサド湖で水没した(高さ二七メートルの有名なモスクの光塔は移設)。

(4) こんなことを…… ——「日記をつけるのに四〇〇頁あるノートを買いました」というつもりが、英語の「ダイアリー」の類推でフランス語では下痢を意味する「ディアレ」と聞きとれる語を発音し、ページでなく「紙四〇〇枚」と言った(しかも女性に)おかしみ。

2 バグダードへ（二）──ユーフラテスを下る

原始的な舟行──遊牧民の襲撃
──あやうく難を逃れる──景観の美

川沿いに歩いていると、デイル近辺のタマリスクの林から伐り出した材木を、薪のないユーフラテス下流域へ運ぶ幼稚な平舟が数多く見える。このような筏《いかだ》ないしは舟を二艘雇い、片方は私が、他方は連れの二人が使うことにして、両方を連結した。この角型艀《はしけ》を操るのは三人の男で、長い棒を用いて水流のもっとも強いところへ舟を押し出す。その技には一応の熟練がみられたが、舟の動きはいかにも緩慢で、調子のいいキャラバンをあまり上まわらない程度である。しかし、荷物はすべて舟で運び、騾馬は空荷《からに》で岸沿いに歩いて行かせられるという取り柄があった。

翌日早く、アルメニア人の司祭たちに別れを告げた。彼らは一年あまり前に起こったアルメニア人大虐殺(1)の際に教会が略奪されたことを理由に、私たちから多額の金を引き出そうというつもりだった。一八九六年にアルメニア人が大変な目に遭い、人口のかなりな部分が狂信的イスラム教徒の手にかかって無惨な死を遂げたのは事実である。したがって、分け与えうるかぎりのものを贈って、キリスト教徒としての同情を表そうとした。しかし、私たちが物惜しみせぬつもりでも、先方は満足の意を見せようともしなかった。

三月二十七日の朝、キャラバンがユーフラテスの左岸を出発するのが見えた。旅の半道ちかくを積荷なしで行けることになったのが、騾馬追いたちにはありがたくない様子だった。契約で定めた料金から、いくらかが差し引かれると思っているにちがいない。ただ「ピーシュハング」には先導をさせ、ほかの動物はあとについていていた。

私たちの舟行はきわめて遅々たるものだったが、これ以外のどんな移動手段に頼ったところでバグダード着が一日でも早まったわけではあるまい。川面には同じようないくつかの原始的な艀のほかには船を見かけなかったが、平底の蒸気船なら遠くメスカナまで遡れるはずなのだ。そこは、地中海ともそう離れていないところである。舟行がこれほど少ないことのおもな理由は、この地の治安の悪さにあると思われる。大きな村もいくつか通過したけれども、その数はわずかで、たがいに遠く離れていた。

ときどき大水車、ナオゥーラがたてる大きなきしみ音が、うらさびれた荒蕪地の静寂を破る。しかし、それが汲みあげるわずかな水は、ユーフラテスが地盤に刻んだ浸食の底部にある狭小な帯状地を潤すにすぎない。みすぼらしい半遊牧の百姓《ファッラーフーン》たちが農事に骨を折った末にようやく刈りとる作物のあがりは、政府の略奪団が課徴する重税を支払ったあと、さらに砂漠を徘徊しては定住するものすべてからフーヴェ（てら銭）をむしり取るベドウィンと分けねばならない。全体としてこの地には住む人とてなく、ために野猪が岸辺までやってきて渇きをいやすのもしばしば見かけるほどなのだ。

いまのところ読む時間ならあり余る旅行記のたぐいに書かれた話を、私たちはよく笑いものにしたし、治安警察官《ジャンダルム》という形の護衛をつけるといって聞かなかった知事をばかにしたものだった。ところがある夜、知事の気遣いには理由があったことを知る羽目となった。ちょうど寝に就いたとき、河の右岸で舟を停めろと叫ぶ声がした。聞けば、通行料のハッブ（小麦）を徴収するとのことだ。そのまま行くなら発砲する、と言う。まもなく右岸にライフルの発射音がして、大勢の男が幅の狭い、そしてすぐわかるのだが浅い、川の入江をゆっくりと漂っていた当方の艀を追ってくる様子だった。川の中流に出ようとしたときには、左岸――長さ数マイルの島のこと――の住民が目を覚まし、ハッブ！　ハッブ！　の絶叫に加わっていた。ゆるやかな水流のために、前方に速く出ることはできない。私は状況を重大と思わず、即製のテントでふたたび横になったが、声は近く、大きくなる一方で、しかも険悪さを加えてくる。突然、石と大きな土くれの攻撃をうけ、いくつかはベッドに命中した。同時に見るからに凶暴な一団が羊皮を膨らませた浮き袋を使って舟に泳ぎつき、かき上がろうとする。船頭の一人は槍で顔に軽いけがをし、ほかにも瀝青《アスファルト》を固めた玉をつけた木か籐《とう》の棒で撲られたのがいた。しかしわが方の男たちもよく防戦し、相手の首領の槍をもぎ取った――いまも私が持つ戦利品だ。

ベッドを跳び出て、テントの役をつとめていたものから脱け出してみれば、四方をアラブに包囲されていたが、さいわいにも彼らの武器は槍と棍棒しかない。むろんすべて裸で、背の立たないときに使う、膨らませた皮袋をそれぞれが手にしていた。彼らが押し寄せると、川は連中で一杯のように見えた。そのとき彼らの頭《シャイフ》が朗唱した――「アッラー・カウイー・ナー・アライフム！」（おお神よ、奴らに立ち向かう力を与えたまえ！）。

従者が騎銃《カービン》用の薬莢を取り出している間に、私は自分の制服の付属品である剣〔予備役軍人としての軍装用、あるいは外交官の礼装用か〕を入れてある包みの紐を切った。それがまったくの鈍刀であることは、敵は知りえない。襲撃者が舟べりに手をかければ、指の関節を叩くのに好適と思ったわけだ。おどし、すかし、空中に発砲もしたが、気が立っている連中は戦闘歌の一節ごとに調子づいて接近する。私のアラビア語の口説もたねが尽き、連れの二人が敵の最前の二人に精巧な弾の薬莢を二本発射するのを止められなかった。驚いたことに、それもほとんど効き目がなかった。相手はただちょっと水に潜っただけで、ますます猛りたっただけである。銃のことが伝わってさらに大勢が乗り出し、事態は危機的となってきた。四方八方から戦闘歌が聞こえてくる、「アッラー・カウィー・ナー・アライフム！」。かろうじて、私は警官《ジャンダルム》を制止し、わずか三ヤードのところで膝までの浅瀬にかたまって立っていた男どもに軍用ライフルを発砲するのを止めさせた。

さいわいなことに、この危ない瀬戸際に、私たちの舟のあとから三人のダルウィーシュを乗せて下ってきていた一艘の舟の舵取りが中に入ってきた。水に跳びこみ、敵の頭の手をとると、小麦を積んでいないことを見せようと当方の舟のそばへ連れてきた。そして私たちがバグダードへ行く外国人で、いかなる商品も運んでいないと言ってくれた。それでも、アラブは信用しない。シャイフは自分の目で確かめたいが、こちらの舟に上がることは十二人ばかりの手下と一緒でなければだめだと言う。そして艀の積荷がわかる翌朝まで、当方が現場に留まることを求めた。話し合いは一時間余も続き、舵取りとシャイフは水中に手を取り合って立ったままだが、大体は友好的な雰囲気であった。ただ両人を妨害したのは、気まぐれな敵意の露出と新しい文句の戦闘歌の再開である。シャイフは部族の主だった者とときどき相談していたが、二人の手下を負傷させた補償に小麦をよこせという新提案をもって戻ってきた。

こうした会談の間に、部族の名はアブー・ハマーム（鳩の父）と分かった。半遊牧で、川の増水期にできる沈泥で大麦の耕作もする。川を下ってくるすべての艀から通行料を取っているのだが、同時に彼ら自身も左岸のシャンマル族、右岸のアナザ族(2)に巻き上げられており、さらにトルコ政府が強要する税も払わねばならないわけだ。

当方のアラブはみな、金を渡してアブー・ハマームを片づけるように私に勧める一方、彼らに打診も始めていた。ところが先方は、金貨になじみがなくてトルコのポンド金貨〔ほぼ一八英シリング〕は受け取らず、マジディ銀貨〔トルコ・ポンドと等額の銀貨〕がほしいのだが、こちらにはわずかな手持ちしかない。私は、ごり押しをすれば流血がさけられぬという身内の警告を顧みず、引き下がらなかった。そうこうするうち、艀は徐々にいくらかの距離を漂って、アブー・ハマームの居住地からは下流のかなり遠くへ離れて行く。彼らの攻撃再開の熱も衰えたらしく、それには当方の武器を目にしたことと、おそらく負傷者が苦痛を訴え始めたこともあったろう。しばらくは追尾されたが、浅い水路を抜け出して川の主流に入ると、もはや危害のおそれもなく、やがて戦闘歌も沈黙してしまった。

　わが方の人たちは私に、通行料を要求し暴力を揮ったことでアブー・ハマーム族の告訴を促す。だが私には、その気はまったくなかった。それは兵士や志願者の派遣につながるのみだろうが、その場合、彼らはこの貧民たちから最後の一メジディまで搾り取るにちがいない。その貧たるや、大部分が彼らを処罰する気構えでいる当の政府の悪政の結果なのだ。

　つづく二日間は、こともなく過ぎた。だんだん暑くなってきて、私たちは毎日ユーフラテスの黄色の水で泳ぎを楽しんだ。宿駅の一つ、アル・カインというところは小さな泥造りの砦で、守備兵が二名いた。その前のあたりにいたのは、全行程中に見たなかでももっとも絶望的に貧しい人々だった。泥土に自分の手で掘った穴に住み、日光の遮蔽用に褐色のテント布のぼろをかぶせている。男は半裸、子供はなにも着ていない。その皮膚は、垢と湿疹に被われていた。

　三月三十一日の朝、頂きに砦がある岩山の急なかどをまわると、突然に、ダマスカスからとはまったく異質の地に入ったと思った。前方には、岸の岩を目の届くかぎりに縁どっているパーム椰子とオリーヴの樹園、アナという村が長く延びている(3)。水をこぼしつつ回っている水車も、羊歯《しだ》類などの植物をびっしりとつけていた。村は川沿いに何マイルも続いていたが、岩壁と川との間の狭いところを埋めているにすぎない。両岸ともに起伏があって、絵のようだ。平坦で荒れはてた砂漠のひろがりは終わったようだった。

アナのカイムマカーム（知事）は気のいい老トルコ人で、この古い町の史跡訪問に手を貸してくれた。遺跡の多くはイスラム侵入前のサーサーン朝ペルシア（二二六―六四一年）のものだ。主な建造物は川中の島の北端にあり、川もこのあたり〔島で遮られて水流が狭まっている〕では急湍だけのようだ。出発の日の朝も、まったく異常な速さで川を下ったのだが、そのときに見たサーサーン時代の古城は朝日を受けて黄金色に輝き、すばらしい眺めを呈していた。細長い島の下手の突端まで行かねばならなかったが、そこで多少の困難を覚えつつ、岸に上がった。高い壁をいくつもよじ登ってから、なつめ椰子のゆたかな林に入ると、中央に八角形の美しい古塔が立っている。その頂上で、私たちは島と、樹園と絵のような遺跡を擁する河岸の絶景をたのしんだ。おそらくこの島は、古代でも知られていたアナのもっとも古い部分なのだ。この地のことはクセノポン〔ギリシアの軍人、史家、メソポタミア遠征の記録『アナバシス』（松平千秋訳・筑摩書房）の著者。前四三一頃―三五二頃〕が述べているし、ローマのユリアヌス帝〔「背教者」、クテシフォン攻略遠征中に戦死。在位三六一―三六三〕が岩に当たった河川艦隊を失ったのもここだ。

老シャイフは、昔の建造物はなにもかも、かつて島と対岸を結んでいた橋梁の遺構はとくに、サーサーン朝の諸王が造営したものとした。私の質問に対する彼の答えは、こうと決まっている――「アマルハー・アズダシール・ブン・アバーバク、ワ・フー・マリク・ミン・ムルークル・フルス」（それはアバーバクの子アズダシール〔ペルシア語読みではアルダシール・パーパカン、サーサーン朝初代の王。在位二二四―二四一〕が造ったもので、彼はペルシア人の王の一人でした）。シャイフとその礼儀正しい部下たちから、小さなグラスとコップに入ったお茶とコーヒーのもてなしを受けたあと、私たちは島を離れた。急湍のおかげで、二、三時間のうちにアナと同じような様式の遺跡がある別の島に着いた。船頭が指さすアラビア側の岸にある平らな岩は、側面を血が流れているように見える。それは「マスラバ」、磔刑《はりつけ》の場所と呼ばれている。もっとも、殉教者が誰かは分からなかった。さらにもう一つの島、ハディーサにある遺跡もアナのそれと似た種類のもので、シャイフがしてくれたその由来の説明も前とおなじだった。

パーム椰子の植わった島が多く、また河岸もところによってはパームで縁どられていた。しかし興味を惹くところといえば、有名な天然アスファルトの噴出地として古代から知られている村、ヒート〔ユーフラテス右岸〕が随一である。この瀝青《アスファルト》は、ノアが方舟《はこぶね》に瀝青《やに》を塗れと命じられたと創世記に述べられている、あのピッチのことだ〔旧約創世記六―一四「汝、松の木をもて汝のために方舟を造り、方舟のうちに房を作り瀝青（やに）をもてその内外に塗るべし」〕。あちこちで地中から滲み出していて、刺激臭が村やあたり一帯に立ちこめている。それはヒートの村の通りや内庭などの舗装に使われ、また建築用のモルタルの用も果たす。もっとも大事な用途は大小の船、なかんずくバグダードで川を往き来するクッファと称するあの妙な、丸いバスケットの防水である。固めたアスファルトの球のことは、前に述べたとおりだ。

四月の五日、舟行の終点、ファルージャ〔ユーフラテス左岸、バグダードのほぼ真西〕に着いた。ここで騾馬追いと合流した。彼らはずっと私たちを見守っていて、ファルージャで当方が上陸すればすぐ用を足せるように待っていたのだ。そのおかげで、同日の夜十時には出発でき、月明に助けられて、バグダードまで二行程のところを一気に一行程で済ませてしまった。夜明けに、水が貫流していることでは、ユーフラテスとティグリスの間でここしかない掘割で停止した。馬には大麦を与え、私たちは運河のほとりでキャメル・ソーン〔一一九頁〕を燃やして朝食にする。騾馬追いたちは、私においしいお茶をご馳走してくれた。

（1）アルメニア人大虐殺——一八九四年、トルコの東部諸州で起きたアルメニア人武装蜂起への政府の弾圧に始まる一連の虐殺。ここでは九六年八月末にコンスタンティノープルのオスマン銀行襲撃に対し、二日間にすくなくとも五、六千人が殺戮されたこと以来の事件をいう。第一次大戦までに百万以上が犠牲になった。

（2）左岸のシャンマル族……　——シリア、メソポタミア（イラク）、北・中部アラビアにかけて展開する遊牧アラブの二大集団。無数の小部族が大体このいずれかの傘下にあって、敵対、離合を繰り返していた。シャンマルは、遠く離れたアラビア半島のナジュド地方にもイブン・サウード家と抗争中の別系統（ハーイルを本拠するイブン・ラシード家）があった。

（3）アナという村——ディルの下流で東に向きを変えたユーフラテスがふたたび南下を始める地点の右岸の村。左岸のラワーという村と右岸のアナに挟まれてルッバードという細長い島があり、アナはルッバードから始まって右岸に渡って広がったといわれる。アラブの地理歴史学者アブール・フィダー（一二七三—一三三一）の訪れたときは、町はまだ島の中のみだったという。

3 バグダード領事館

バグダードに到着――その日常
――バグダード鉄道

ユーフラテスからティグリスまでの間は、単調で平坦な砂漠のみである。しかしバビロニアの高塔アカルクフ〔バグダードの西北三五キロにあるジッグラト。前一五〇〇年頃のキシュの神殿とされる〕の廃墟を見れば、かつてはここが地球上でもっとも肥沃なところだったことに思いいたる。そしてついに、カージマインのシーア派聖地〔シーア派第七代イマーム、ムーサ・アルカージムの廟。モスクは十六世紀初にペルシア・サファヴィー朝のシャー・イスマーイールが建立〕のタイル張りのドームや光塔が目に入ってくると、ティグリス右岸の一部にペルシア人居住区があるバグダードの郊外をめざした。ついで長い船橋を渡ると、そこがすでにバグダードの狭い、曲がりくねった路地とバザールのまん中だった〔当時ティグリスに橋梁はなく、カージマインの方から左岸の市街中心に行くには小舟を並べた船橋を利用〕。ドイツ領事館は、町の東端にあった。私は、払うべきものを払い、厄介をかけたことへの手当てもはずんだ上で、騾馬追いたちを解雇した。このとき彼らが見せたのは、謝意よりもむしろ驚きである。私が、考えられるかぎりのことを口実に彼らの報酬から多額を差し引くにちがいないと見て、身構えていたのがあきらかだった。彼らは、私への天恵の多からんことを祈って去っていったが、こちらの並みでない気前のよさにむしろ戸惑いぎみのようでもあった。

ドイツ領事館は、感じのいいオリエント風の、結構な建物である。内装には、ペルシア職人の技量が見てとれた。家の裏側は、ティグリスの水に洗われている。この季節だと、舟を操る者は、その壁に取り付けられた鉄環を使って舟を曳き、強い流れを遡行する。家の中央は庭園——というよりは花壇がいくつかと、そのなかに高い椰子の木が一本生えている内庭になっていた。向かい側、つまり陸の方はなつめ椰子の大きな林で、その下生えはオレンジとレモンの木だ。屋内には家具がそろっており、夏の猛暑がまだ襲ってこないうちは快適に暮らせるようになっていた。

バグダードの総督《ワーリー》はアターウッラー・パシャといい、白い顎鬚を長く伸ばした、貫禄のある老トルコ人である。話すのは、生国トルコの言葉のみだった。その右腕がサスーン・エフェンディ、背の高い、金髪で整った顔立ちのユダヤ系紳士で、独、英、仏語を完璧に話した〔第一次大戦後に発足したイラク王国で、ガートルード・ベルの説得で初代蔵相に就任〕。私にとっては、なにか仕事があったとして、彼となら気持ちよく話を進められたであろうことは疑えない。ところが、まもなく分かったのは、私にはすることが絶対的に皆無ということである。サスーンは、自分が英、仏、米の各国から取り寄せた新聞、雑誌をまわしてくれた。それから十二年以上も経ってから、コンスタンティノープルで彼と再会できたのは幸いである。彼はトルコ国会の議員として、抜きんでた存在だった。

　私の同職者、むしろバグダードにおける私の知友すべてのうちで、とびきりこころよく付き合えたのは英国総領事というか、駐在官《レジデント》のロッホ大佐である。私は、まだ表敬も済まさず、住まいに名刺を置いてくることすらしないうちに、彼とその部下との食事に招かれた。さっそく親しくなって、季節的に可能なうちは連日会っては散歩や乗馬をして過ごした。暑くなってくると駐在官公邸《レジデンシー》のランチでティグリス川の周遊にも出かけた。「レジデント」という官職は、インド外の各地に常住する商人を抱えていた東インド会社時代のなごりなのだ。この人たちは、外交官としての職能、特権は有しないまでも領事としてのそれは賦与されていた。インド政庁は彼らの俸給のかなりな部分を負担し、インド人騎馬警官《ソワール》による護衛のほか、海港都市では小型ヨットや小火砲搭載哨戒艇《ガンボート》も配備していた。このために、英国の出先の立場は他国のどの領事よりも上位にあった。

残念ながらロッホ大佐と散歩して暮らした日々は、突然の悲劇で終わった。電報が届いて、スコットランドの自宅で夫人が火災で死亡したというのだ。むろんロッホ大佐は急遽帰国休暇をとり、以来私は彼と会う機会をもたない。

フランスの副領事はコンスタンティノープル出身のレヴァント人で、彼とは共有できるものがほとんどなかった。ロシア領事のムシュー・クルーグロフは、およそ英国と名のつくものすべてを狂的に嫌っていた。私に英国共鳴者という疑いの目をむけ、アルメニア人、カフカス人らの彼の取り巻きには紹介するにも価しないと見て、敵あつかいをする。当時、他国ではオーストリア＝ハンガリー帝国を除いて、バグダードに領事職のキャリア外交官《コンシュル・ド・キャリエール》を置いていなかった。だがそれで、私が社交上なにかいい目をしたわけではない。私自身が、オーストリアの仕事を委任されていたからだ。

この兼職の結果、私は毎日曜日と特別の行事のときにはドイツ国旗に並べてオーストリア国旗も掲揚していた。ある日、私は在住オーストリア人に会う必要が生じた。九月十日にオーストリア皇后〔オーストリア皇帝兼ハンガリー王フランツ・ヨーゼフ一世の皇后エリーザベト。バイエルン公国出身、一八三七－九八〕がイタリア人の無政府主義者に暗殺された。私は両国旗を半旗で掲げ、オーストリア人には通達を出して即刻領事館に参集を求めた。現れたのは老人が一人だけで、どうやら耳が遠そうだった。この難はあったものの、私は、彼にとっての皇后のいたましい最期を伝え、情況にふさわしい弔慰の言葉を付け加えた。私の語り終わるのを待って、老人はこう言ったのである

――「すみませんが、もう一度英語でお願いできませんか？　ドイツ語は一語も分からないのです」。彼は四十年ほど前にバスラで脱船し、その後まもなくオーストリアの副領事を務めていたさるアルメニア人のワイン商の庇護を受けたデンマーク人であった。わが盟邦オーストリア゠ハンガリー二重帝国の臣民も面倒を見るつもりだった私の希望は、こうしてはかなく消えてしまった。

ドイツ人居留民の中身も、会社の仕事をしている貿易商二名だけ、という有様だった。二人とも既婚者で、幼児が一人いる。しかし彼らの仕事も領事の助力を必要としていないので、私には用がない。ドイツの貿易といってもこのドイツ商社の営業しかないらしく、通信すら無きにひとしいのである。ベルリンの本省は私がいることを忘れてしまった、と何度思ったかしれない。もっとも、あとで起こったことからみれば、そうではなかったのだ。

ただ、ベルリン当局が、小アジアからバグダードへ、そしてペルシアにいたる鉄道敷設の計画に関心をもつべきかどうかの意思決定も終えていなかった当時のこととて、私には報告書を書くたねもない。私自身は、かような計画はいわば夢物語と思って、推進賛成の気はなかった。わが政府が、絶無ではないにせよろくに保護の手も伸ばしきれない、このような僻遠の地で、ドイツの企業が遭遇するにちがいない重大な政治的障害を予想したのである。* しかし、北アラビア〔現シリア〕の砂漠地帯を貫通する鉄道は採算が取れないと私が考えた根拠は、なによりも陸路の旅を通じて自分の目で確かめたこの地方の絶望的な状況であり、また住民人口と農作面の不充分なことである。(1) かつては肥沃だったメソポタミアを農耕地とし、農業人口を増やすには、いまは干上がっている古代の導水路の復旧が不可欠だ。サー・W・ウィルコックスの灌漑計画も、私のバグダード滞在時にはまだ発表されていなかった。

＊一八九八年秋に一ドイツ企業にバグダード鉄道建設の権利が譲許されると、時をおかずに始まった激烈な反対キャ

ンペーンは、到底正当化されうるものではない。それを開始したのはロンドンのロシア大使館のある人物で、そのドイツ企業との間ですぐにもまとまりそうだった、そして結局は締結されるにいたったトルコでの交渉の阻止をもくろむ帝政ロシアの利益擁護が目的だったのであり、英国の利益を考えてのものではなかったのである。

私は、このような事情をすべて考慮した上で、することもなければ祖国の役に立っているという幻想すらもてないまま、バグダードで六カ月ばかりの時をつぶすことに身を委ねるほかなし、と観念せざるをえなかった。かの地で過ごした時間はまったくの浪費であり、誰のためにもなっていない。私は、独房監禁の一刑期を過ごすようにして日を送らねばならなかった。猛烈な暑熱がくれば乗馬もできないことは分かっているし、ヨーロッパ人と現地の人とを問わず、親しい付き合いのできる人もいなかった。しかし、その炎暑の季節にはまだ間があったので、比較的凌ぎやすいうちにペルシア国境の向こう側につづく山地へ遠征することを考え始めた。

（1）　陸路の旅を通じて……　――英国ではこれより二十年前に、インドを最短距離で結ぶ観点から同じ構想（「ユーフラテス流域鉄道」）が提唱された。のち著名なアラビストとなるウィルフリド・スコーエン・ブラント（一八四〇―一九二二）は、二度の現地旅行（一八七七―七八および一八七八―七九）で実情をつぶさに観察した体験から、一八八〇年の英国学術協会の会合で計画に反対した。根拠はここに著者がいうのとほぼ同趣旨だが、非常に具体的で、'Memorandum on the Euphrates Valley Railway' と題する小論文で公表されている。

4 ポシュテ・クー探訪記（一）

ポシュテ・クー潜入計画――砂漠のもてなし――マンダリーにて――ムディールの物語――ペルシアの代理人と山賊――「熊は卵を産むか」にアリストテレスは答えた――夜間騎行

バグダード駐在は暫定的なものという約束はあったが、一夏は越すことになろうと内心では思っていた。家族を呼び寄せて、酷暑のバグダードに住まわせる気にはなれない。そこで私は、預言者ムハンマドの言葉にしたがって行動した。ある信者がこう訊ねたときのことだ――

「私は自分の駱駝《らくだ》をアッラーのみ心に委ねましたが、このままアッラーを信じたものでしょうか、それとも足首を縛っておくべきでしょうか？」。

「アッラーを信じて、そして駱駝の足も縛っておけ」。

外務省を信じ、そしてなにが起こってもいいように備えを怠らなかったのだ。

私は、アッバース朝に夏の住まいをペルシアの山中にもっているカリフがいたのを知っていた。それを、できれば見つけたいと思った。しかも可能なかぎり早急に、さもなければ夏の暑さに追いつかれてしまう。

問題は、バグダードの東北方にひろがる、名目上はペルシアだが実際は半独立の州、ポシュテ・クー(1)の情勢が不安定なことである。この地域にはロル族の一派(2)が住み、通称をアブル・カダーラ、「偃月刀の父」という、歳をとってはいるが非常に怖れられているホセイン・クリー・ハーンの支配のもとにある。老首長〔この当時六十二歳くらい（カーゾン）〕が抑えている、ほとんど人を寄せつけないこの山中に入りこんだヨーロッパ人はきわめて少ない。私の知るのは、わずかに二人である。初めはサー・ヘンリー・レイアード〔考古学者、外交官、政治家。ニネヴェ遺跡の発掘者。一八一七―九四〕で、若いときのペルシア、スーサニア、バビロニアの冒険紀行で述べているように、一八四一年にペルシア人に変装してポシュテ・クーに入り、身元を見破られかけて非常に危ない目に遭った。ただ彼の著書にあるように、ほかにも二人の英国人、フォザリンガムとグラント〔ともにインド政庁が送りこんだ軍人で、ホセイン・クリー・ハーンの祖父ハサン・ハーンが首長だった一八一〇年に潜入〕が、レイアードが会った首長の伯父によって虐殺されている。つぎのヨーロッパ人はヴォルトマンというスイスの商人で、私より数年前に未収金の回収のために危険を冒してロル族のなかに入った。しかし彼は帰って来ず、どうなったかは分からない。私は、公人、私人を問わず会う人ごとにこの遠征に反対された。けれども、私がトルコの将軍キアーシム・パシャ――スルタン・アブデュルハミトの女婿の一人――からもらった紹介状は、一応の安全を約束していると思われた。それに私を乗り気にさせたのはバグダードの馬匹商アジール・ブン・シャビーブの保証で、この男は「偃月刀の父」とごく親しく、彼が一緒ならば万事うまくゆくと断言する。アジールは、ドイツ語でなら ein Salon-Beduine〔アイン・ザローベドゥイーネ＝客間のベドウィン〕とでもいう式の男である。ベドウィンの血をひく、背の高い好男子で、いつもいい衣裳を身につけ、そして乗馬の名手だった。その信頼性のほどは、よその国の博労《ばくろう》なみ、というところであろう。アジールのほかに、先に述べたドイツの商人の片方が同行を希望した。ペルシア旅行を計画していて、ポシュテ・クーの「首都」アムレからペルシアの町ケルマーンシャー〔イラン西部最大の都市、標高一三二〇メートル。イスラム革命後バフターランと呼ばれたが旧に復した〕へ入りたいという。

　ある日の午後、有名なクテシフォンから数マイルのディアラ川〔キルクーク近くの山中に発し、バグダードとクテシフォンの間でティグリスに注ぐ〕を往き来する渡し場に着いた私たちは、みな良馬に乗り、装備も充分だった。川を渡ってから、そこで夜の残りを過ごし、日の昇る前に砂漠の行進に移った。

二カ所で、小さなキャンプを張っているシャイフから非常にあたたかいもてなしを受け、ついでコンスタンティノープルのあるギリシア人の大きな所有地に着く。私は、そこの支配人とは顔なじみだった。彼もキュリアコスという名のギリシア人で、バグダードで私を訪ねてきたときに、数日過ごすようにと招いてくれたのだ。この親切な知り合いのおかげで、人も馬も建物の中へ入れてもらい、もてなしを受け、つぎの日は早朝に行進を再開した。灌漑が行き届き耕作が行なわれている土地はすぐに終わり、また砂漠にはいる。ただ、徐々にペルシアの山に近くなってきた。長く、低くつらなる丘陵、ハムリーンがより高い山脈と並行に延びている。この丘陵は、一部クルド、一部ロル、そして一部がアラブの追い剝ぎの巣である。私たちの通り路が越える低い峠には、まさにそのもののトルコ語の名前、サカル・トゥタン・デレーシ――「髭を摑まれる谷」――がついていた。

トルコ側の最後の町、マンダリー〔バグダード東北東、現イラン国境まで約二〇キロの町〕の町長《ムディール》がよこした騎馬の者の出迎えをうけたのは午前十時ごろだった。やがて騎馬の数はどんどん増えて、その多くは立派なアラブ種の牝馬に跨り、派手な衣裳とうつくしい飾り馬具が目を惹く。そのなかに、ムディール自身――ノマーン・エフェンディという、バグダード出の、丁重な、人好きのする紳士――の姿もあった。絵のようなこの騎馬の列に囲まれて、小さなマンダリーの町に入ると、ムディールは自宅に私を招じ入れ、その応接間に集まっていた彼の管轄地のおもだった人に紹介してくれた。例のごとく小さなコップでコーヒーを飲み、数えきれないほど紙巻煙草をくゆらせたあと、ムディールはほかの客を下がらせ、私とP氏を自宅の平屋根の上に誘い、茣蓙《ござ》の日よけの下ですばらしい昼食を供してくれた。屋上の手すりには鸛《こうのとり》の巣が六個あり、見ていると雛が親鳥の運んできた蛇に、ムディールのご馳走に私たちが見せたのと同じような旺盛な食欲を示している。私は話の口火をきるつもりで、故国では家に鸛の巣があるのはいい人の住むしるしとされ、屋根にこの鳥が巣をつくる家は雷に打たれないということになっている、と言った。するとムディールは、マンダリーでもまったく同じことが最近までごくふつうに信じられていたが、落雷で鸛が一羽死んだ、しかしそれは、このように解されているという――雷は、イスラム法務官《ムフティー》を打つように命令されていた。その姿は、頭は白く体は黒く足は赤い、つまり白いターバン、黒い外衣、赤いサンダルと聞いていた。ところが雷は慌てたあまり鸛をムフティーと見誤り、殺してしまったのだ、と。ノマーン・エフェンディは、客好きで愉快なもてなし役だった。いろいろといい話を聞かせてくれたのに、多くは思い出せない。しかし私が、マンダリーの町は気持ちのいい印象があり、そこで務めを果たせるのはさぞ楽しいことだろう、と言うと、彼はこう答えた。

「とんでもありません、マンダリーの人間は世界最悪のならず者、ごろつきの集まりです。おもな住民はクルド、ロル、アラブ、そしてトルコ人ですが、信仰の点ではシーアとスンニーに分かれていて、年中いがみ合っています。シーア派の大祭、ムハッラム(3)のさなかで、けさもシーアとスンニーとの間に大乱闘があり、四人が殺され多数のけが人がでたばかりです。この連中をうまく治めるのは、どんな人にもできません、いくら連中によくしてやろうと思っても。すこし前のことですが」と言って彼は続けた。「良き統治者の典型のようなムディールがいました。酒は飲まず断食をまもり、日に五度の礼拝を欠かさず、賄賂も付け届けも受けとらず、いつも穏やかで公正で、ここで起こるあらゆる苦情に耳を傾けました。代々の町長の文句をいう癖のついたマンダリーの住民もこのよくできた人には言う言葉を知らず、困ってしまいます。とうとうある男がこんな提案をしました――町長の馬丁のクルド人に金を摑ませて、主人の牝馬に卵を食わせるようにする。これは、牝馬を飲まず食わずでまる一日おき、そして桶に卵を一個だけ割って入れてやる、と言う方法で実行されました。ついで数を増やしてゆくと、やがて馬は毎朝、卵を四十個呑むようになったのです。そこで訴状《マズバタ》が起草され、そこにいわく、町長の圧制のために、地元には鶏がほとんどいなくなってしまった、町長の牝馬が毎日卵を四十個も食うからだ、と。訴状にはおもだった人のほぼ全員の署名と、大変な数の文盲の住民が捺した拇印がありました。マズバタがコンスタンティノープルに届くと、当局は非常に困惑しました。そして査問官《ムファッティシュ》をマンダリーに送って、調査することにします。この人が着くと、ムディールのあたたかいもてなしを受けましたが、夕食のあとでムディールは来訪の目的を聞いて大いに驚きます。彼は言いました、『馬が卵を食べるなど考えられましょうか、私は神に慰謝を求め、神を信頼します』。『よろしい』、とムファッティシュは答えました、『それはこれから調べましょう。あなたの牝馬を連れてこさせて、はたして四十個の卵をむさぼるかどうか、見ようじゃありませんか』。むろん、その通りの結果になったため、公正なムディールもただちに免職になってしまいました」。

気のいい町長が事実そのものというよりは詩的要素の多いあれこれの話を終えると、私はロル族の国への遠征準備に力を借りたいと頼んだ。しかし彼は、さような企ての危険に身をさらすな、と本気で警告する。たっての依頼の末、ようやく私をペルシアの代理人を務めるナーセル・ベイの家に案内してくれたが、この人もまた、私が思いとどまるように強く求めた。

「けれども」と彼は言う――「どうしてもと仰るなら、たまたまここにアムレへ戻るロル人の一行が来ております。医者に見てもらうためバグダードへ行っていた首領一家のご婦人二人に付添っているのです。よろしければ連中と話をされたらいかがです？」。

そうこうしながら広間の石のベンチに腰をかけていると、険しい顔つきの男が十人いるのが目に入った。みな完全武装だが、白い長衣に白いターバンの一人は別である。彼は、ナジャフ〔六六一年にアリーが暗殺されたクーファに近いユーフラテス右岸〕にある首長家の墓所の管理を任されている人だった。敬虔なシーア派の信者は、死者が出ると預言者の女婿である大イマーム、アリーの廟に近いところで清浄な土に安らかに眠れるようにと、遺体をナジャフへ運ぶのだ。この人は、ほかの連中からは「沈黙の町の長《おさ》」と呼ばれていた。非常な狂信者で、きわめて扱いにくい。しかしこの一団の本当の指導者はラーチーンという名の黒人である。大麻《バング》吸飲者、蒸留酒《アラク》の常用者だが、同時に勇敢で主人の忠僕だった。ほかは若手の仲間で、最初は私にもペルシアの代理人にも関心を見せなかった。一番年下の二人は十二歳と十歳くらいの少年である。二人はマルティーニ＝ヘンリー製ライフルを担ぎ、着ている黒っぽい毛織のチュニックには、ほかの者と同じく中身の詰まった薬莢用パウチがべた一面についていた。一同は私の頼みを冗談かのように受けとったが、結局は首長のいるアムレへ連れて行くことを了解した。日中の行進は暑すぎるので、真夜中に彼らの方から私のキャンプに来ることになった。

　私の一行のキャンプは、川の流れで多少は涼しい、町外れの水車場へ移してあった。私は馬を駆ってそこへ行き、ペルシアの代理人を招いて食事をともにし、夜を過ごしてもらった。ナーセル・ベイの努力のおかげで、ロル人との話はついた。しかし、相手が約束をまもるかどうかは信用しかねたので、問題が生じたときのために彼を一種の人質にとっておいたのだ。食事の後、ペルシア風に小さなグラスでお茶を飲み、ペルシアの水煙管を吹かしたが、客はこれから訪れるところと人の歴史についていろいろとおもしろい話をしてくれた。

　テントを張るまでもなく、水車がまわる小川のせせらぎを聞きながら野天で眠るほうがいいと思った。ただ蚊に悩ませられはしないかというと、ナーセル・ベイはこう言った——

「この丘にベッドを置けば、蚊は来ませんよ、蚊のかたきの風が追い払ってくれますから」。そして言葉を継いで、「ソロモンの、風と蚊の裁きの話はご存じですか？　ある日、動物と霊鬼《ジン》の王、ソロモンの玉座の前に蚊が現れて言いました。『風を訴えるために参上しました。どこへ行っても風があとをつけて、私を追い払おうとします。私が自分の仕事をし、割りあてられたものを食べるのも邪魔するのです。陛下、風がこれまでに加えた損害を補償し、今後は私をいじめるのは止めるように、裁きをお願いいたします』。この訴えを聞いたソロモンは、沈思黙考しました。やがてこう言ったのです。『ここへ風を呼べ、かたき同士を対決させよう』。風が現れた瞬間、蚊は消えてしまい、こうしてソロモン王――その名に平安あれ！――は、作るのは難しく、実行はさらに難しい判決をくだす義務を免れたのです」。

ナーセル・ベイが言ったとおり、蚊に煩わされずに熟睡し、真夜中になると、騾馬追いたちは騾馬を駆りたて、荷物を積み始めた。ところが、ロル人は来る気配もない。一時間、二時間と経ったが何ごとも起こらなかった。ときどきナーセル・ベイの息子の一人が町からきては父親と声を抑えて長話をする。ナーセルは私の不審そうな面持に変わりばえのしない逃げ口上を使うばかりだ。明るくなり、日が昇り、暑くなり、行進むきの時刻は過ぎてしまったが、なおもロル人の気配もない。ナーセルは自分で町へ行って様子を見てくるといいだしたが、私は反対した。一旦行かせたが最後、彼のことも一行のことも二度と聞けなくなるに決まっている。ついに私は意を決して、おだてていた物の言い方をきびしいそれに変えた。

「もう、いいかげんに人をばかにするのは止めてもらおう。私は、何が起こったのかを訊ねているのではなく、あなたが本心でロル人は来ると思うか、あるいは来ないと思っているのかを知りたいだけです。これ以上の言い逃れはいりません。私の問いにたいする明確な返事をしてもらいたい、イエスかノーか」。

私は襟元を摑まんばかりにして彼を引きとめて長々と話し、こんどこそはっきり言わせてやろうとした。むろん、ナーセル・ベイに悪意はまったくなかったろうが、私は本気で怒っていた。ようやく口を開いたと思うと、彼はペルシア人根性の典型といった答えをしたのである。

「昔、アリストテレスに、熊は卵を産むのか子を産むのかと訊いた人がいたのです。アリストテレスはこう答えました。『既知の自然界の諸法則によれば、また経験則に照らしていえば、熊は仔熊を産むもので、卵は産まぬことに疑いの余地はないはずだ。しかし、あの尻尾のない怪物にできないことがあるかどうか、責任をもって言える人がいるだろうか？』。ロル人にも同じことがいえます。あなたをアムレにお連れすれば結構なお礼がもらえるだろうし、あなたがついてゆく分にはあの連中にとって迷惑なことはありません。けれども、連中のすることを私が予測できないのは、熊の産卵についてアリストテレスも言えなかったのと同じです」。

私は怒りを和らげ、日よけのテントを張れと指示したそのとき、思いがけなくロル人の騎馬の群れが遠くに見えた。私たちはただちに荷物をまとめ、出発した。私は先頭に馬を進めて追いつき、彼らが時間を守らなかったおかげで、一日でもっとも暑いときに一木一草とてない石だらけの荒れ野を行く羽目になったとなじった。

山脈の一番手前の岩山に達すると、ロル人はキャラバンを止め、私は屋根を大きな傘のような形にしてテントを張った。そこへ彼らも来てお茶をともにし、「沈黙の町の長」すらも私のもてなしに加わった。きわめて好戦的な面構えの隊長《ユズバーシ》の率いるトルコ人の護衛は、国境に着いたも同然だといって別れを申し出た。そして通常のチップを受けとり、私の前途の平安を祈って立ち去った。夕暮れに出発すると、険しい山腹に刻まれた峡谷に向かって馬を進めた。警邏をつとめたのは、長い、黒い顎鬚の先を尖らせた重々しいトゥーシュマール（頭目）と、若いミールザー・ベイ、モハンマド・ベイの二人、十二歳の少年、そして私である。不意に、若い一人モハンマド・ベイが私に駆歩《カンター》で馬を寄せ、「あなたの名は？」と訊く。私は「スライマーン」と答えた。フリードリヒにあたるアラビア名である〔スライマーンはソロモンのアラビア語読み（ペルシア語のソレイマーン）。ソロモンの原意は「おだやかなる者」で、ドイツ名フリードリヒも同義〕。すると彼はこう言うのだ――「スライマーン、アブー・ハムサ（「『五』の父」、私のカービン銃のこと）〔ハムサはアラビア語の基数「五」。五連発銃の意か〕に弾をこめてください」。「でも一体どうして？」。「あとについて！」。

騎馬の全員が猛烈な疾駆《ギャロップ》で、石や岩の散らばるなかを徹底してやみくもに跳びだす。彼らの駆るのはすべて牝馬なので、私たちのほうの牡馬は手綱を締めようとしても無理だった。この大騒ぎを楽しんでいるようなのだ。一同は岩谷を越え、急峻な山腹を頂きちかくまで登った。そこで馬を止め、下馬し、むこう側を見下ろせる頂上まで、注意しつつ這うようにして歩いていった。谷底に、黒人のラーチーンがライフルを構えて一人で歩いているのが見えた。峡谷の口を出たとき、モハンマド・ベイはこう言った――「カービンの弾は抜いて、馬を下へ連れて来なさい、もう危険はありません。あなたは、いまじゃわれわれの友人、戦友だ、もし待ち伏せのベニ・ラアム族〔ティグリスとポシュテ・クーとの間に散開するアラブ系ベドウィン。きわめて剽悍なことで知られた〕がいたら、あなたも一緒に一戦交えるところでしたぜ。でも、もう安全です」。危険は、事実それほど大きかったのか、と疑問を呈すると、モハンマド・ベイは、ここで殺された人の墓に立てた多数の石を指さした。墓の一つは、彼の父親のものだった。この地の名は、ドゥーシャフワー――峠の尾根――という。

平地に下りると、また馬に乗ってラーチーンを追った。馬の蹄の下で、地面がうつろな音をたてる。

ダシュテ・ルンマ・ルム・カラ、つまり「ティンパニーのような音のする荒野」と呼ばれるところだった。左手へ行っていた別の警邏班も合流し、安心感が高まった。トゥーシュマールは歌を聞かせたが、狼の遠吠えといった感じがしないでもない。ところが、このロル族の歌はペルシア語に通訳してくれたのを聞けば、優にやさしい恋歌であった。そのころには夜の闇が迫ってきて、行路の明かりは欠けはじめた月の光だけだった。

しばらくして、また峡谷に入ったが、ここは岩もさしたることはなく、通り路もごく平坦だった。私は馬を下りた。鞍袋から食べものを出したり、馬の腹帯を締めなおしたりしているうちに、わが小キャラバンは山側のかどを曲がって見えなくなった。これは、塩分と硝石による白華《はっか》で被われた、塩分の多いちょっとした川を渡らねばならないことからすると、まずいことだった。ほかの連中が渡った正確な地点がわからないまま、私はそれらしいところを選んだのだが、二、三歩前へ出たとたんに馬が塩分の表層を踏み破り、塩の沼にどっぷりと浸かってしまった。さいわい私のほうは塩層が持ちこたえてくれて、馬の面懸《おもがい》を手にとったまま川岸に戻れた。泥中に首まで沈んだ馬はしばらくもがいていたが、どうにか堅い地面にたどり着くことができた。ヘルPと私は、白い塩原を渡る危険をふたたび冒す気はせず、大声をあげて助けを求めた。けれども、そのころにはほかの人たちは声の届くところにはおらず、銃を何発か撃つほかなかった。するとほとんど即刻、ロル人たちは馬を疾駆させて戻ってきたのだ。発砲で、てっきり私たちが待ち伏せにやられたと思って、大いに心配したらしい。彼らの先導で浅瀬を渡り、まもなく一行と合流したときは、私たちが遅れた不注意さを、女性二人を含むロル族の全員からしっかりと説教されてしまった。この小言は、全行程のなかでもっとも危険な場所がすぐ前方にあったことを思えば、なおのこと、実に貴重だった。そこはまわりが岩の、湿地の小さな谷で、茂っている芦のなかが山賊の好みの隠れ場というわけだ。ここの名は「アレイフム」――奴らに！――という。そこを通ったあとは、警戒態勢は解かれたが、一行がようやくペルシア国境に着いたのは朝の三時だった。私たちは小休止し、さわやかな冷たい水でひと息入れることができた。この場所の名はグーレ・サグ、「犬の墓」である。聞いたところでは、三十年ほど前にここでロル人が一匹の犬を殺して埋め、先祖代々のかたき、ベニ・ラアム族のアラブを完全に追い払うまで戦いを続けると誓った。さもなければ自分たちも死に、犬のように埋められるのもいとわない、というわけだ。そしてフェイリー・ロル族の現老首長ホセイン・クリー・ハーンの指導下に勝利をものにした、とのことである。

この地点まで、トルコ人の護衛は来るべきであった。道が危険地域に入る前に、自己保全の本能が彼らに回れ右をさせたのだ。護衛隊を率いるトルコ人の隊長《ユズバーシ》は、国境は目の前だと称して身を引いて行った。お上品なことに彼は、犬の墓《グーレ・サグ》という地名を石の墓《グーレ・サング》と言い換えることまでやっている。トルコ人というのは領事のような地位の人の前では、不浄の動物〔イスラムでは一般に犬は不浄とされ、ペルシア語の「ペダレ・サグ」（犬の親父＝「畜生」）といった罵倒語に使われる〕や、それと似たようなものは畏れ多くて口にするのもはばかるほど、ばか丁寧なのだ。エルサレムでのことだが、買いつけた驢馬を私に届けることになったトルコ語が母語のカワースは、この動物のことを「輸送の一手段」、マルカブとしか言わなかったことを思い出す。「マルカブ」とは、アラビア語でふつうは蒸気船をいうのに使う。驢馬を意味するトルコ語「エシェク」は、領事の前で彼が口にしうる言葉でなかったのだ。

「犬の墓」の向かいのなだらかな傾斜を登ったところで、四時三十分まで一時間半の休憩が許された。欠けた月が沈み始め、あたらしい日の訪れを告げる黎明にはまだ間があったからだ。そこでは羊の大群が、武器をもたない羊飼い一人が見張るだけで夜を過ごしていた。「長老」の領分であるここはまったく安全なので、私たちもライフルはしまっておいていいとのことだった。日の出前にふたたび馬に跨り、最初の山脈をゆっくりと登って行く。午前十時に、グアール・ホシュ（「おいしい味」、つまり塩分のない川のこと）という名の流れを渡り、サルネイ（芦）の生えた緑野に着く。ここは水が豊富で、耕作中の畑がいくらか、そして深い小川の岸には美しい芝生も見かけた。私は思う存分に水浴を楽しんでせいせいしたが、それを邪魔したのは四方八方から私をめがけて跳びかかってくる多数の白っぽい蛇である。さいわい淡水棲の蛇は無毒と知っていたので、水泳というめったにない贅沢を堪能したことだった。

一方、この小オアシスの主《あるじ》であるホセイン・クリー・ハーンの子分が、小川のほとりに一張の黒いテントを持ってきていた。張ってあるときと同じように杭に巻いて、持主の遊牧民が運んできたのだ。このテントのなかで結構な食事と休息をとってから荒れ地の行進を続け、ワリアーバードという平地に来ると、ホセイン・クリー・ハーンの別の手代、ファト・ハー・ハーンという感じのいい若者に迎えられた。この平地は水がゆたかなため、いくつかの小さな遊牧キャンプに分散して住むロル人によって、そこそこに耕作されている。ここでPの馬丁がいないのに気がついた。ファト・ハー・ハーンの手下がこのようなキャンプの一つで見つけたが、体調がわるいといって出てこなかった。翌朝、ちょうど出発というときにやっと連れてきたのを見れば、瀕死の状態なのだ。体を起こして坐ることができず、私が投与した薬やブランデーを飲めば戻してしまう。遊牧民が面倒を見ると言ってくれたので、それに頼って残しておくほかなかった。私は病気の男と一緒にいてやれないのを悔やんだが、ペルシア人もアラブ人も全員が口を揃えて、「死の刻《アジャル》」は「初め」から断固として決まっている以上、そんなことをしても無益だと言う。この神意に対しては、医薬は用をなさない。まもなくファト・ハー・ハーンが出した騎馬の者が追いかけてきて、不運な男は亡くなり、埋葬されたとの知らせをもたらした。

行路は、こんどは山脈の上のほうへ絵のような渓谷を伝っていったが、すぐそばの岩にいた一匹の狐の出迎えを受けた。渓谷は澄みきった水の流れる美しい公園といった趣きがあり、オレアンダーの繁みが満開の花をつけていた。その様子は、東パレスティナのヨルダン川支流のほとりに並んでいたのに似ていないでもない。登るにつれて、まわりの山はオークとテレビンを主とするゆたかな植生が増える一方で、やがて本式の森に入ってしまった。右手の地平線には、ザーグロス山脈のもっとも高い山地、カビール・クー〔「大きな山」の意。ザーグロス主脈とイラク国境の間の高地だが、山系の四五〇〇メートル級の主峰は南方のバフティアルにある〕と呼ばれているところが見え、それが頂きに雪を残して、ペルシア・オークの薄緑色をした樹林の上に濃い青を呈して盛りあがっている。森と泉と山の景観には、恍惚とさせられた。

マール・ブッラ――「蛇を切る者」あるいは「蛇の咬傷」と呼ばれる泉で、停止する。そこで、乏しい昼食をむさぼるように食べた。ワリアーバードでは、食料が手に入らなかったのだ。私たちの着く数日前に何かよくないことがあったために、「首長」が懲罰としてその地を略奪させたためである。その種のことは首長の権利だから、住民も憤ってはいなかった。

騎馬の者が一人現れて、紹介状を届けておいたホセイン・クリー・ハーンの名で私たちへの挨拶をもたらし、長老が自分の大臣《ワジール》と従弟を出迎えによこした、と語った。岩の多いガチャーン峠を越えると、その二人の首脳がオークの樹下に坐っていた。ワジールは黒い顎鬚がゆたかで、粗野ながら威厳があり、従弟のほうは藍色の髭で非常に歳をとっている。二人とも黒っぽい毛織物の衣服をまとい、ライフルで武装し、例によって薬莢をならべていたが、きわめて丁重で、バグダード弁のアラビア語とともにきれいなペルシア語も話した。

（1）ポシュテ・クー――イラン西部から東南へ横たわる長大なザーグロス山系の一脈カビール・クーの「山向こう」（ペルシア側からみて）の意。手前側はピシュ・クー（山のこちら）という。ほぼ現在のロレスターン（「ロル族の地」）州にあたる。古来、交通の難に加えて剽悍な山岳部族の跳梁のために中央の権力の及びかねる地域であった。

（2）ロル族の一派――ロル族はアーリア系だが起源があきらかでない民族で、ザーグロス山系西北部にひろく分布するのを小ロル、その東南方に位置してバフティヤーリーを主とする部族を大ロルという。小ロルの領域はポシュテ・クーとピシュ・クーに分かたれるが、後者はカージャール朝初期にペルシア側に編入され、ポシュテ・クー部分が半独立体制で残った。もとは小ロル全体をフェイリーと称したが、分断後は、フェイリーとはポシュテ・クーに居住するロルを指す。ロルは「いなか者」、フェイリーは「反逆者」の意という。フェイリー・ロルの人口については、一八三六年にローリンソンが五万六千家族、一八四三年にレイアードが四万九千家族と見積もっている（以上はカーゾンによる）。

（3）ムハッラム――イスラム太陰暦の第一月。西暦六八〇年のムハッラム月十日に、現イラク南部のカルバラー（二七六頁参照）でシーア派第三代イマーム、フサイン（ペルシア語読みでホセイン）がウマイヤ軍と戦って敗死したことを、シーア派では殉教として偲ぶ行事が行なわれる。

5　ポシュテ・クー探訪記（二）

テントの町――「山の長老」――歓待をうける

さらに高いところにあるランマリーという峠で、はるかなカールーン河畔の町ディズフールまで延びるカビール・クー連山がすべて望見できる大パノラマのすばらしさを満喫した。まもなく、フェイリー・ロル族の夏の営地、アムレの谷も目に入った。谷全体に、黒いテントが散らばっている。首長も、そのどれかに住んでいるのだ。もっとも、彼は自分用に夏の屋敷を建てている。遊牧民のキャンプを見下ろせる小高いところに、豪勢なペルシア風のテントが、私たちのために張ってあった。広さが一五平方メートルあり、二重構造になっている。内側は私たちの居所で、外側のテントとの間の通路は荷物や備品の置き場に使える。内側のテントの裏張りは、美しいイスファハーン・カラムカール、つまり手捺染のチンツである。床には、りっぱなペルシアの敷物が並べてあった。彫刻を施した黒檀のすばらしい丸テーブルと、対になった椅子は私たちの食卓用だ。別の広いテントが、アジールと私たちの下僕のために準備してあった。持参したテントも食料も、使わせてくれない。必要なものは提供されて、さらに要るものがあれば何でも言ってほしいとのことだった。

私たちは、銀のサモワールで沸かしたコーヒーと、雪で冷やした井戸水を供された。首長に挨拶をと思っていたが、ワジールが会話を取りしきっているところへ、首長自身が姿を見せた。私は外へ出て出迎え、下馬を手伝った。背が高く、非常に歳をとった人で、長い、ゆたかな顎鬚をヘンナ〔西アジアやインドに産するミソハギ科の低木の葉から作る紅褐色、黄色の染料〕で赤く染め、その上から藍《ラング》で濃い青を刷いている。小さなフェルト帽をかぶり、さらに黒と金糸の絹のターバンをつけていた。視力がきわめて弱いようで、テントに入るときも甘んじて私に手を預けていた。彼とともに、子息のミール・パンジ――「五千の司令官」――と、何人かの高官《グランディー》が現れた。コーヒーを出したが、首長は口にしなかった。お茶もコーヒーも飲まず、食べものもごく少量しかとらないとのことだった。ほとんどアラク、つまりなつめ椰子から作った非常に強い蒸留酒だけで生きているのだが、知力はまったく衰えをみせていない。陰険な表情のために、自分の領民の手足や、首を刎ねるくらいは日常茶飯事という感じをうける。しかし、ロル人のような荒々しい民族の場合、このような秩序と規律の維持は、思いきった統治手法によらねばおそらく無理であろう。アムレのキャンプ全体が彼個人の持ちものだし、住民はすべて彼の従者、兵士である。ひとたび急を報ずる合図が入れば、十五分で騎馬の千五百名が元込め式ライフルと一人あたり百ないし三百発の弾薬を装備して、出馬態勢がとれることになっている。この戦力をもつことで、彼はペルシア内とトルコ側の凶暴な諸部族、とくに常時敵対のベニ・ラアム族アラブに対して自分の立場を守っているわけだ。長男のミール・パンジは、鷹を思わせる顔つきの若者だった。ホセイン・クリー・ハーンは、初めはアラビア語、ついでペルシア語を使って、政治、軍事、狩猟、そして馬のことで私と話を交わした。同時に、トルコの高官《パシャ》も含めてオリエントの支配者すべてにいえそうなことだが、彼も政府のことになると躍起になってはてしなく論じた。また自分のものは全部、私の意のままに使っていいと繰り返して請合ったし、部下にいたらぬ点があれば知らせてほしいとも言う。もっとも、何があろうとこれだけは応ずる気にはならなかった、咎人を、私のテントの前で処刑しかねない！

夕暮れちかくに、彼は随行者とともに去り、私たちはテントのそばの小山に登って眺望を楽しんだ。高い山なみ——北にはマニシュト・クー、東にはカビール・クー——の頂きは、まだ落日に輝いていた。西方にはところどころ垂直に切り立った一大岩塊の黒いシルエットがあって目をひく。その名をカラアイ・キラーン、「アスファルトの城」という。アスファルト、あるいは石炭の塊ということだった。南方の地平線をなすのは樹木の生えた丘陵で、そこを私たちは越えてきたのである。谷の全域が遊牧民の黒いテントで埋まっていて、その上に淡い青色の煙がたなびいている。すべてが驚嘆に価する、うつくしい光景だった。

宵の冷気のためにテントに戻り、夕食の支度をしようと思ったのだが、持参のものは砂糖一かけらすら使わせてくれない。大きな砂糖の塊が四個と紅茶が一缶、届いていた。食べたい、と言いさえすれば夕食が供されるわけだ。「カーペット敷きのかしら《ファッラーシュ・バーシー》」〔庶務を司る〕がテーブルを大きなカシミヤのショールで被う。するとすぐに、ワジールの指揮する六人の男が、二十二枚の皿を私たちの前に並べた。それとともに大量の平たいパンがあったが、その何枚かは私たちへの敬意から小麦粉で焼いてあって、めったにない贅沢品である。あとは団栗《どんぐり》の粉で作られていて、ごく質のいい黒パンのように見え、またその味がした〔五九頁参照〕。皿に盛ってあるのは通常のペルシア料理で、羊か鶏の肉を煮込んだ二種類の米飯、香草を添えた白チーズ、大鉢に入ったドゥーグ（発酵乳）、そして石榴《ざくろ》か、マルメロのジャムをのせたメロンのジュースのシャーベット、といったところだ。味も量も、おおいに結構だった。食べ終えると、料理は私たちの使用人にまわされたが、彼らのなかには、これほどの食事は生まれて初めてという者もいることだろう。私はワジールに、このような歓待に与ってはこまると言った。だが彼はこう答えるのみだった――「つぎは、この二倍をお持ちします」。このおどかしは、ほとんど言葉どおりに実行された。右に述べた皿数のほかに、連日ご馳走になったのは、鹿、とくにアイベックス、野生の山羊、アルガリ、あるいはムフロン、つまり山棲の野生羊の肉であった。最後のものをオリエント風に串焼きにしたのは、これまでに口にしたもののうちで最高だと思った。

紅茶、コーヒー、そしてペルシア風の水煙管《カリヤーン》が、私たち二人に、そして訪ねてきた人に、いつも振舞われたのはいうまでもない。

6 ポシュテ・クー探訪記（三）

アッバース朝カリフの離宮址——無数の蛇——アスファルトの城——テントの町を訪ねる——フランスの勲章と遊牧民

一八九八年六月十日、アムレにて

予定をかなり越えたが、ここでまるまる一週間を過ごしてしまった。東方では——東方にかぎらず、かもしれないが——客とは、滞在先の虜である。脱け出すのは、容易なことではないような気がする。首長の歓待心は衰えることがないが、残念ながらそれが私たちの馬にまでおよぶ、とは言いかねる。大麦は無いも同然で、切り藁もまず入手できない。そのように聞かされた、だが私は、これはワジールのちょっとした私計だと見ている。彼は、私たちが乗ってきたサラブレッドのアラブの牡二頭にとことんほれ込み、自分のいわゆる湾岸《ガルフ》アラブ種の品種改良にこの二頭を使いたいのだ〔アラビア半島中央部のナジュド高原で生育した種が沿海部産より優れている〕。彼は、どちらか片方を夢のような値段で買いたいと称するが、ただそれは私を伴わずに自分だけで一度試乗してからだ、と言う。一乗りさせてくれれば大麦の入手もむずかしくはない、などともほのめかす。ワジールに私の牡馬を使わせたが最後、その馬は、牝馬のいるところでは乗れなくなってしまうにちがいない。私の乗用馬は二頭とも、若くてジャーヒル（ものを知らない）なところが取り柄なのだ。私たちが食べきれないほどの贅沢な食事を振る舞われているのに、気に入りの馬どもが腹を空かせているのを見るのはつらかった。

「山の長老」にはそう何度も会ったわけではないが、若いころの武勇談や支配者としての資質についてはさんざん聞かされた。彼が、強烈な個性の持主であることにまちがいはない。六月六日の月曜日のこと、昼食を終えた直後にワジールが来て、首長とともに乗馬に出ないかと誘われた。首長は先に行っていたが、私たちはすぐに追いついて、マニシュト山の麓まで馬を並べて行った。彼はそこに広大な庭園を作り、なかにはテヘラン近郊シムラーンに見られるような山荘風の大きな家を二棟建てている。ここは彼の名をとってホセイナーバード〔ホセインの住むところ〕と呼ばれていた。池のほとりで、お茶を飲む。ドイツやヨーロッパ一般についていろいろと質問を受けたが、私の言ったことはすべていくらかの疑念をもって受けとられたようだ。敷地のなかを散歩しながら、長老が植えた桜桃やアーモンドの実を採った。もし来年の夏もバグダードで越すことになるなら、家族には暑いさかりをこの快適なところで過ごさせたいものだ、と言うと、ここの建物も庭も自由に使ってほしいという言葉が、ただちに返ってきた。

話柄が転じたので、私は歓待のお礼の気持ちを表す好機と思い、弾丸百発をつけて自分のカービン銃（八八型）を彼に贈呈した。このような山岳民が近代的小火器に異様なほど執着することを知っていたからだが、私の贈りものは多大の謝意をもって受けとってくれた。ところがこのカービンの撃発力《パーカッション》で私が説明したことを全然信用しなかった彼は、太い柳の古木を狙って試射させた。弾丸が、幹をまるで紙一枚のように貫通したのはいうまでもない。

このような未開の民のなかにいながら、わが身を武装解除してしまったのは軽率だったかもしれない。それにまた、家族をホセイナーバードに連れてくるという考えも、このあたりに想像を絶する数の蛇がはびこっている、ということから放棄せざるをえなかった。馬の世話をするのに薮や棘草《キャメル・ソーン》の茂みを歩いていると、ほとんど一足ごとに蛇が身をくねらせて行く手を塞ぐ。水の潤沢なホセイナーバードだけのことではなく、テントを張っていたところでもそうなのだ。テントのなかに蛇穴があり、夜中に穴の主が出てきた形跡もあったほどである。このような蛇の多くが無毒であることは充分に考えられたが、さりとてそれを、いかにして確かめられよう。ワジールに訊ねると、彼は肩をすぼめ、こう言った――「野良犬とジャッカルは同類ですからねえ」。

ワジールとは馬を庭園中に乗りまわし、あちこちで湧き出ているきれいな泉で楽しんだ。そしてホセイナーバードの上手で、それを捜すのが来た目的だった、カリフたちが夏の住まいとしたところにようやくめぐりあえた。見つけたのは彼らの一人、有名なハールーナッラシード〔アッバース朝第五代のカリフ、在位七八六―八〇九〕の父、マフディー〔第三代カリフ、在位七七五―七八五〕の墓である。この遺跡はディーヴァーラと呼ばれていたが、それはロル族がペルシア語のディヒ・バーラー、「上の村」からとったものだ。ここが、バグダードのアッバース朝カリフたちの夏の離宮だったことに疑いの余地はない。

アムレへの帰途はほぼ一パラサング、六キロメートルの距離を、私はホセイン・クリー・ハーンと並足で馬を進めた。ミール・パンジそのほかの若者たちは、ときどき狂ったように馬を疾走させ、白い石などを即席の目標にしてライフルで射撃する。このような気晴らしを見る楽しみは、繰り返しているうちに病みつきになる。弾がうなりをあげて耳をかすめるのに、不測の事故がおこることはないのかと一人に訊いてみると、彼はただこう答えた――「めったに」。

六月七日、先述のアスファルトの城へ行ってみた。遠方からは途方もなく大きな城のように見えたが、実は火山爆発ででき、そして部分的に崩落した高い山の残存部であった。この山の一部が陥没したらしい深い谷を埋めているのは、瀝青《アスファルト》質の物質――砕けやすい、パレスティナは死海の近くに見られるハジャル・ムーサーと呼ばれる瀝青岩よりもはるかによく燃えるものだった。このまっ黒の瀝青は白っぽい灰に被われて、そこに木が生えている。オークの木のかげで休んだが、どうしようもない暑さで、馬どもは無数の虻《あぶ》に刺されていた。
アムレ滞在中は、Pがポシュテ・クーの首長との取り決めを希望していた、ある商取引の交渉に多くの時間を要した。商品は、首長の領内で主産物であるトラガント(1)、つまり平地に生えるキャメル・ソーンとたぶん同じか、その類縁の、棘のある低木の樹脂である。それは、夜のうちに幹に刻みをつけておくと得られる。螺旋状ににじみ出る樹脂が空気に触れて固まったものを、翌朝採取するのだ。これはヨーロッパでは織物業に用途があり、ペルシア南部やバグダードからの重要な輸出商品となっている。しかしワジールは、私がわずかに、またPの場合は大量にもっていたアルコール飲料を最後の一滴まで飲み干したとわかるまで、商談を引き延ばした。そして、たび重なる交渉の結果は、酒が尽きたことが確認されただけだった。

キャンプの前に広がる黒いテントの町は、私が歩きまわれるところではないと思っていた。しかし結局は、この「首都」を訪ねてみるという誘惑に抗しきれなかった。首都を形づくるのは、樹木の生えた谷を埋めてオーク、テレビン、野生のアーモンドなどの木立のなかに散らばっているテントで、その数は三千張といわれる。テントごとの平均人数を五人とすれば、軽そうに建設されたこの町の人口は一万五千となる。どう見ても、アムレこそ世界最大の遊牧キャンプなのだ。この黒いテントのなかに、物売りの店、鍛冶屋、機織り場、風呂屋まである。公共建築物のたぐいといえばただ一つ――監獄である。ここには十五人ばかりの男が、鉄環の太さが人の手首ほどの重い鎖に繋がれて横たわっていた。囚人たちが見せるのは、ぞっとするような悲惨な情景だ。ペルシアのことを知らないPは、この連中がどんな罪を犯したのかと訊ねた。その答えはこうだった――「犯罪? 牢屋にぶちこまれているのは、何かやらかしたからじゃない、いくらか払え、ということさ」。

前にも言ったが、この「町」は全部を解体して駄獣に積んで行くことが可能なのだ。それが行なわれるのは毎年の秋のことで、そこでフェイリー・ロル族は低地の暖かい冬の営地に移るのである。

ホセイン・クリー・ハーンは、自由に使わせてくれたテントに私を何度か訪ねてきた。しかし、私が返礼に赴くのは好まなかった。表向きの理由は女のいるためだが、実際は、しようと思えばできたはずの快適で贅沢な暮らしではない、自分で選んだ簡素な世帯ぶりを人に見られたくなかったのだろう。彼が訪れてきたあるとき、私はレイアードがその著『若き日の旅と冒険』Sir Austen Henry Layard, *Early Travels and Adventures*, 1840. で挙げているホセインの種族に属する男たちの名を述べて、記憶にあるかどうかを訊ねてみた。最初に迎えにきた、いとこのあの老人に助けてもらってのことだが、名前はすべて同定できた。これは、レイアードの話が正確であることのりっぱな証拠といえる。

ある日、首長は革の小箱と一枚の書面をもってきて、それを彼のいる前でペルシア語に逐語訳して書いてくれと言う。見れば、彼を教育功労勲章受章者《オフィシエ・ド・ランストリュクシオン・ピュブリク》(2)に任ずるフランス政府の勲記であり、箱には、この栄典の徽章《インシグニア》である小さなダイヤモンドを載せた二枚の棕櫚《しゅろ》の葉をかたどったものが入っていた。私はそれを一字一句訳出するほかなく、おもしろくもなさそうに実行した。ところが、私の翻訳に首長は全然納得しない。

「この、サーヒブ・メンサベ・タァリーメ・アウムーミーとは何のことだ？　指名を受けて、私は何になったのだ？　これは名誉職の肩書か、勲章か？　これから、何をさせられるのだ？」。

私は説明して、西洋では、これをもらいたいばかりに地位のある人が自分を卑しめて懇願や追従などのさもしい行為もいとわない、といったたぐいの栄誉のしるしだ、と述べた。それが、フランスの二大考古学者、モルガン侯とムシュー・ディュラフォワ〔一八八五年にスーサのダレイオス一世とアルタクセルクセス二世の宮殿址を発掘〕によるスーサ遺跡の学術調査に首長が協力したことへの、フランス共和国の謝意の表明だったのはいうまでもない。

ホセイン・クリー・ハーンの二人の子息とは、訪問のやりとりがあった。年上のミール・パンジのことは前述のとおりである。乗馬とライフルの腕前のほかに、彼は町住まいのペルシア人なみの知識教養を持っていた。年下の十八歳の若者は、ただの遊牧民だ。クセノポンの『アナバシス』〔二二九頁参照〕を読めばわかるように、ペルシア古来のやりかたどおりに憎みあい、父が他方の責めに帰しうるような死に方をしてくれることをのみ待っている。それぞれが自分の営地と子分をもち、自分の政治目的を追っているが、それはポシュテ・クーの首長位にはとどまらない。キャンプ都市の内情を知れば知るほど、それが、なんとひどい陰謀の巣窟かということが分かってきた。首長家一族の支配は、長老の信頼が厚い黒人奴隷の親衛隊の守りがなければ維持がむずかしかろう。黒人たちは、最高権力への野心をもつことのできない唯一の集団内成員である。彼らも、高位高給を得ることは許される。しかし、彼らが忠誠をつくすことの見返りに求めるのはただ一つ、肌の白い女のほかにはない。この欲求を満たしてやることは、長い目でみれば、ロル人のアーリアン種としての高い純粋性に取り返しのつかない結果をもたらすにちがいない。

（1） トラガント――ふつうはトラガカント・ゴム gum tragacanth といい（「トラガント」Tragant はドイツ語）、織物染色の糊剤として使われる。かつてはイランの輸出一次産品の一つで、日本にもかなり輸入されていた。英語の俗称で goat's thorn ともいう。

（2） 教育功労勲章受章者――Officier de l'Instruction publique. は、現在の「教育功労賞」受章者 Officier de l'ordre des Palmes académique にあたる。前者でも、勲章には Palmes（パルム、棕櫚《しゅろ》、なつめ椰子。栄誉の象徴）の図柄が用いられた。

7 ポシュテ・クー探訪記（四）

バグダードへ戻る――略奪の季節――サラブレッドの知恵
――歴史と詩文に見るロル族

一八九八年六月十八日、バグダードにて

アムレ出発は六月十二日と決めていたが、その前夜に首長から記念として二頭の若い騾馬が届いた。名はクッラ・フィール「仔象」とアフー「羚羊《ガゼル》」という。この二頭の、美しい体軀と艶のある皮にはほれぼれとしたが、ここでは私には使いみちがない〔使役用の動物で町の生活には不要〕。騾馬を、私のところに連れてきたのは首長の次男だった。私は錠のかかる箱に入れてワジールには隠していたウィスキーの最後の壜を取りだし、栓を抜いた。強いのを一口飲ませてやるつもりだったのだが、この若者はタンブラーが一杯になるまで引っ込めず、それをひと息に飲み干し、もう一度差し出す。そして酩酊の気配も見せずに、壜を一気にからにしてしまった。

十二日の早朝、Pは騎馬の五名を護衛につけて出発し、これまでヨーロッパ人の通ったことはない非常な険路をケルマーンシャーに向かった。一方私は、来たときと同じ道を辿って炎熱のメソポタミア平原に戻らねばならない。いまや暑さはものすごかったが、木の繁った丘陵を越えてゆく最初の行程は耐えられないほどではなかった。ラーチーンの率いる、前と同じ護衛がついたが、私はこの黒人の優秀さを示す根拠を見た。彼は慎重、かつ大胆だった。なんらかの危険が予想されると、かならず前面に出て、自分が委ねられているキャラバンの安全無事への確固たる責任感を示す。夜だけは、阿片吸飲に、そして状況が許せばアルコールに浸って過ごしていた。マール・ブッラの泉に近いオークの林を出る前に、私は彼から昼食に誘われた。この荒れ地のどこで食べるものを手に入れるのかと訊くと、彼は黙って羊の群れを指さす。すると、ただちに二人の若い男が羊群に馬を飛ばして一頭を引っぱってきたが、それは半時間もしないうちに皮を剝がれ、急ごしらえのグリルでローストにされてしまった。羊飼いは、かわいそうに泣いて抗議したが無駄で、ローストの匂いが漂ってゆくと彼もわれわれと一緒に腰を下ろし、めったにありつけないご馳走に舌鼓を打っていた。

ラーチーンは、私が急な山道をロル人と同じように下ってきたことを誉めてくれた。いままでに、これだけの距離を歩き通したアーダメ・シャーレスターニー（町の人）は見たことがないそうだ。彼もその仲間も、自分たちが人を襲うことは認めた上で、私がまったく丸腰で彼らに同道するのには感心したという。私が「ライフルも弾も君らの親分に差しあげたのさ」と答えると、皆はさこそとばかりに頷き、自分たちと一緒なら安全と私が思ったと受けとめて満足したようだった。

二日目の朝に平地に降りたつと灼けつく暑さが顔を打ち、その烈しさにはある遊牧民のテントに潜りこまざるをえず、歩くのは夜間だけとした。マンダリーに近いアフマド・アガーの水車場でまたキャンプし、そこで五月八日付けのそちらからの手紙を入手した。傘のようにした自分のテントに腰をおろし、つぎつぎに挨拶にくる客に応対しているうちに、鹿毛《ベイ》の馬の蹄鉄を取り替えた。ところが虻《あぶ》がうるさいので一本の脚を急に動かした拍子に、蹄から突き出ていた釘が片方の脚をひどく傷つけてしまった。びっこを引いている馬をバラドルーズまで曳いてゆくと、ギリシア人のわが友キュリアコスが、傷が治るまで預かると言ってくれた。私はベドウィンあがりのよくできた馬丁、フマイイスを残し、馬の世話をして完治したらバグダードに連れて来させることにした。それも本格的になってきた強烈な暑さで、夜に歩くほかはない。一方では、略奪《ガズウ》の季節にも入ったわけで、平野には商人や巡礼の孤立したキャラバンをねらうベドウィンの略奪団が跳梁する。ガズウのなかでも大がかりなのは駱駝を駆る連中がやるが、ふつうは小さな騎馬の一団による。そのときに、牡馬だと嘶《いなな》いて居場所がわかってしまうので、牝馬だけを使う。フマイイスは、略奪団に出くわして私の大事なアラブ馬を奪われ、手ぶらでバグダードに帰ることになりはしないかと大いに心配した。多数の牝馬が近づいてくると、私の馬は声をあげるにきまっている。この事態を避けるために、フマイイスは地面に耳をあて、蹄の音が聞こえれば危険が去るまで馬を路から下げるのである。馬は、動かすのは端綱だけでもフマイイスのいうことはよく聞く。ところがあるとき、馬が路を逸れるのを嫌がって動かなくなったため、背に跨って手綱をとるまでの間、彼は迫りくる危険に曝されていた。しかしまもなく、心配は無用となった。キャラバンの鈴のたてる重い音で、近づいてくるのはベドウィンではなく、おとなしい商人の一行と分かったのだ。この出来ごとは、サラブレッドのアラブ馬の知能がふつうの馬種より優れていることの証明だと、ようやくバグダードに着いたフマイイスが言っていた。実は、私の牡馬の血統書では、りっぱな牡親が長いリストになった上で、最後にこう記入されている——ミン・ハイル・エンナビ、「預言者（ムハンマド）の持ち馬より出た」。

ところで私の方は、バグダードへ帰る旅を続けたが、さらなる災難がないでもなかった。途方もない暑さで、従者がすべて倒れてしまった。かの名うての「客間のベドウィン」アジールは、アムレに着いたときから粋なところがすっかりなくなった。親愛関係のほどを吹聴していた首長は彼をろくに見もせず、どんなけちな商売をするつもりでやってきた、と訊いただけである。いまでは完全にくたばってしまって、泣きごとを言い、ぼやき、もう一歩も行けぬ、と称してはばからない。絵のようだったベドウインの被りものも、間に合わせのナイトキャップに取り替えた。しかし彼の苦しみは、ほかの連中の場合もそうだがただの思いこみではなかった。たぶんそのために、馬の世話がおろそかになったらしい。バグダードに入る最後の宿駅バアクーバでは、カワースの乗っていた非常に力があって役に立っていた葦毛《グレー》の馬、アブー・ハマーム〔ユーフラテスで著者一行を襲った部族と同名〕が疝痛《コリック》の発作を起こして死んでしまった。

この有様で、随行の者や残った馬を無益に疲労させたくなかった私は、町に着くまでゆっくり時間をとるように言い、自分は騾馬の牽く二輪車のようなものに乗って帰った。夕方ちかく領事館に着くと、P氏の夫人が非常に難儀な目に遭っていた。乳呑児が病気だったので、気分転換に領事館を使わせていたのである。ところが彼女は、日の暮れる前に領事館を出るといい張り、夫の冒険やこれからの旅行予定などは聞く気もない。子が危篤と知って、自宅で赤ん坊と過ごしたいという。翌朝、日の出前に子供は亡くなり、埋葬された。そのころは、ヨーロッパ人がバグダードへ幼児を連れてくるのは至難のことだった。滞在最初の夏を越せた子供は、めったにいなかった。

ところで読者は、これまでおそらく耳にされたことのない民族、ロル人のことをもうすこし知りたいと思われることだろう。彼らは、同系統に当たるバフティヤーリー〔ロレスターンの南のザーグロス山脈周辺に分布する大遊牧民〕とおなじく、クルド系民族グループの一部を構成するといわれる、イランの一種族である。言語は二つの方言に分かれているが、いずれもクルドの言葉と密接なつながりがある。教育のあるロル人は、誰でもペルシア語を話す。アラビア語、トルコ語も、多くにとっては身近なものだ。いくつかの派に分かれていて、そのうち南方のフェイリーと北方のザンドがもっとも優勢である。後者は、ペルシア史で重要な役割を演じている。

一七四一年〔正しくは一七四七年〕に、大征服者ナーディル・シャーが東北ペルシアのハブーシャーンの野で暗殺されると、十万を超えたその軍勢は四散する。そしてナーディルの同調者二人がそれぞれの部族民を糾合し、あたらしい国を創った。片方はアフガニスタンの王国〔初のアフガニスタン固有王朝、ドゥッラーニー朝、一七四七―一八四二。同系の別派バーラクザイ朝を経て現在の元国王ザーヒル・シャーにいたる〕の祖アフマド・ハーン・アブダーリーであり、他方がナーディル・シャーの馬匹係だったカリーム・ハーンである。カリーム・ハーンは最豪華な宝石をちりばめた、価格のつけようもない主君の鞍と頭絡を奪ったあと、ほとんどが自分の種族ザンド・ロルに属する多数の部下を率いて南ペルシアの故郷に辿りつく。やがて肥沃なファールス地方の支配者となり、たび重なる戦乱と地震の惨禍をこうむっていたシーラーズを都にして、この名高い古都を再建し、かつての光輝を回復させた。そして打って出てカスピ海沿岸を除くペルシアの大部分を平定し、テヘランに大きな軍営を築くが、それが現在のペルシアの首都である。彼は一生王《シャー》の称号を用いることなく、みずからワキール（代理）と称して、バグダードに近いサーミラで姿を消しいまなお「隠れ」の状態とされる最後のイマーム、マフディー(1)の名において統治した。そしてシーラーズの防護には強固な要塞をつくり、町には美麗な装飾を施す。バーザーレ・ワキール〔シーラーズの中央バザール〕は、ペルシアで私が目にしたなかでもっとも立派なものだ。彼は、労働者がきつい仕事を楽しんでこなせるようにと、楽師に演奏させ、歌をうたわせたといわれる。カリーム・ハーンは、ペルシアの支配者すべてを通じて最良かはともかく、もっとも人情味のゆたかな人として記憶されている。その死後は、彼の子孫と獰猛な宦官アーガー・モハンマド・ハーンとの間に長い闘争がつづくが、後者が創始したカージャール朝が一七七九年から一九二三年までこの国を統治したのである[2]。

ロル人はまた、バーバー・ターヒレ・ロル〔文盲の木彫師あがりのダルウィーシュといわれる神秘主義哲学詩の作者〕という著名な詩人をペルシア文学史に送り出している。十一世紀の人で、時代をともにするウマル・ハイヤームとおなじく四行詩を作った。バーバー・ターヒルの詩は、ウマルのそれよりもはるかに単純、素朴だ。詩の言葉はロル族の一方言だが、古典ペルシア語とちがいはほとんどない。ドイツ語韻文に訳すのは困難をきわめたが、最大の理由は故意に単純化されていることにある。その一つを、英語の散文体で翻訳してみた。

山辺に咲くチューリップは一週間はもつ、
小川のほとりの菫《すみれ》も一週間はもつ。
町から町へと私は呼ばわって歩く、
薔薇のような頬をしたものの貞節は一週間しかもたないと。

私は、ハマダーン〔前二千年紀より知られ、メディア時代はエクバタナ、ハグマターネなどと呼ばれたイラン西部の古都〕で、バーバー・ターヒルの墓〔市街西北のその名をつけた公園内に現存〕を訪れたことがある。彼の詩はいまでもペルシア中でよく知られ、しばしば引用されている。

（1）マフディー——シーア派（十二イマーム派）の第十二代イマーム、ムハンマドル・ムンタザル。八七四年にガイバ「隠れ」の状態に入ったとされ、マフディー（メシア）として再臨期待の対象となる。

（2）カージャール朝が…… ——著者は、カリーム・ハーンが死亡し、アーガー・モハンマドがシーラーズの幽閉を脱したときをカージャール朝の創始とし、最後のアフマド・シャーがレザー・ハーン（のちレザー・シャー・

パフラヴィー）によって廃されたときを最終年としている。

8 バグダードのつれづれ

ティグリス河畔の小屋住まい――バグダードの過去をさぐる
――ファトフ・アリー・シャーのこと――ユダヤ人・フェニキア人についての著作

そのころのバグダードの暑い夏の暮らしぶりを、すこし述べておこう。夜は、なけなしの涼風がさわやかさをもたらす家の屋上で、誰もが過ごしていた。日中のほとんどは、サルダーブ、丸天井になった半地下の部屋〔語義はペルシア語で「地下室」「氷室」〕に引きこもっている。一方が、アグール、砂漠の棘草でできていて、常時そこに黒人が散水する。扇風機は、まだ入っていなかった。その代わりに、サルダーブの外側で高い腰かけに坐り、昔ながらにインド式のパンカーを引いて風を送るあわれな男がいた。夕方には、ヨーロッパ人小集団のほとんどが少々運動をするべくテニスコートに顔をそろえる。乗馬に出ても、日の昇る前に帰ってくるつもりでいなければ、もはや楽しみにはならない。宵のうちにアラビア夜話を語らせようと思ってある噺家《はなしか》を雇ったが、あてがはずれた。この男のシェヘラザード〔「千一夜物語」の語り手の女〕はしょっちゅう酔っ払っていて、話は支離滅裂になるのだ。

ただ、あるおもしろいアラビア語の本を手に入れることができたのは幸運だった。それは、メディーナのあるシャリーフ〔預言者ムハンマドおよびその親族の後裔に対する敬称〕が著わし、かなり以前にボンベイで石版刷りされた、十八世紀後半から十九世紀前半にかけてのバグダードの歴史を述べた本で、主人公は当時モースルとバスラの両地域も含んでいたバグダード州〔のち三つの州に分かれ、第一次大戦後（一九二一年）にメソポタミアの呼称を廃して、あらたに成立のイラク王国に統合〕の総督《ワーリー》、ダーウード・パシャである。このめずらしい、かわった書物を、私はドイツ語に翻訳した。その仕事を通じて、私は、メソポタミアがオスマン帝国の首都とはまったく締まりのない関係で結ばれるのみで、ろくに統制も受けていなかったころのありように一応の理解を得ることができた。そのような状況が、ダーウード・パシャに、彼よりはずっと幸運だった同僚メフメト・アリー・パシャ〔トルコのエジプト総督、メフメト・アリー朝の祖。在位一八〇五―四八〕がエジプトで行なったのと同じように半独立の国を創設する野心を持たせたのだ。最初にしたのは徴収した税を手もとに留めおき、自己の軍備増強にあてることだった。一八三〇年十二月、トルコ政府《ポルト》は高級監督官《ムファッティシュ》をバグダードに派遣し、ワーリーに滞納金を払わせようとする。監督官が自分の首を取って帰る命令――バグダードでは決してめずらしくないやり方――を受けていると思ったダーウード・パシャは先手を打つにしかずと考え、歓迎晩餐会の直後に彼を暗殺させた。ついでスルタン〔第三十代・マフムト二世。在位一八〇八―三九〕に親書をしたため、自分のとった処置に対する寛恕を請い、スルタンへの忠誠、献身を誓う。親書は、多額の金員が贈られてくることへの期待から嘉納されたが、予期のものが届かなかったため、ダーウード・パシャは不逞の徒と宣告され、アレッポ総督アリー・パシャを長とする討伐隊が差し向けられた。ダーウード・パシャはベドウィンの協力を恃《たの》み、財宝を預けて隠匿させていたが、彼らの裏切るところとなり、隠し金はアリー・パシャに引き渡された。アリー・パシャがバグダードに入ると早々、ダーウード・パシャは捕らえられ、コンスタンティノープルに送られてしまう。

このみじめな、恥ずべき最期を迎えた叛徒の総督は、長年にわたって西アジアの政治に少なからぬ役割を演じている。先輩の誰彼とおなじく、彼もバグダード近辺の四カ所にあるシーア派の聖地を手中に収めたいと熱望するペルシア人としばしば衝突した。あるときは、カージャール朝ペルシアの王ファトフ・アリー・シャーとの開戦直前までいった。災難が避けられたのは、ダーウード・パシャがテヘランに送ったキリスト教徒の密使がよく動いたおかげである。私は、その密使の息子が訪ねてきたときに、このエピソードにかかわる数々のこまかい話を聞くことができた。彼の名は父親とおなじでカスプール・ハーンといった。ハーンというペルシアの称号〔一六六頁〕をどういう経緯で手に入れたかという私の問いに、彼はペルシアの華麗な宮殿に使いした父のことを語ったのだ。父親は開戦寸前の紛糾を解決したのみか、シャーの友誼を得るすべを心得ていて、役目が終わってからも王宮にしばらく留まるほどだった。カスプール・ハーンは、こう語った。

「あるとき、父はファトフ・アリー・シャーがシムラーン街道にあたらしく作った離宮、カスル・カージャールのあたりをシャーと散歩していて、当時はほぼ一シリング〔一英ポンドの二十分の一〕にあたる小さな一クラン銀貨が足もとに落ちているのを見つけました。仰天したのは、シャーが玉体をかがめて貨幣を拾い、高価なカシミヤのショール地でつくった上着のポケットの垂れぶたで拭かれたことです。諸王の王、神の影にして、かくも富み、かつ強大な帝王が腰を折られてまで、かくも些少なものを路傍の砂中から拾われるとは、と驚きを言上しますと、ファトフ・アリー・シャーはこうお答えになったのです――『この一クランを、私が王室金庫――そを、アッラーが満たされんことを！――のために役立たせるのはすぐに分かるだろう』。そしてシャーは、林檎《りんご》をテヘランのバザールへ運んでいる百姓を呼びとめ、一クラン銀貨を与えて驢馬一駄分の林檎を買い取られました。ついで、カーペット敷きの頭《ファッラーシュ・バーシー》を呼ぶと、林檎を七枚の金の皿に盛らせ、特別の思し召しのしるしとして最高位の貴顕七人に贈るように指示されたのです。この人たちは、主君の恩寵に報いるのに、慣例によってそれぞれ少なくとも百トゥマーン、つまり千クランのお金を献上せねばなりませんでした」。

そのころ、私はペルシア近代史の研究資料を集めていたが、先に述べたアラビア語の『バグダードの歴史』には、どんな書物にも出ていない独特の逸話のほかに、カリーム・ハーンの後継者であるザンド朝末期の支配者とトルコ、とくにトルコ領メソポタミアとの戦時、平時の諸関係について貴重な指摘を数多く見いだすことができた。

けれども私は、徐々にこの分野の研究からは手を引いて、西暦紀元の始まるころのユダヤ人とフェニキア人に関する著述に専念するようになった。亡父が書き始めたものを、私が完結しようと思ったのだ。バグダードでは、なすべき公務は事実上皆無だったので、私は邪魔の入らないキャンプ地を近在に見つけようとした。九月初旬に涼しい日が続いたのに惑わされて、ティグリス河畔のダダウィーヤという小さな村のちかくにテントを張った。バグダードから五マイルばかり下流で、クテシフォンの大遺跡から遠くないところである。そこを選んだのは、柳の一種が小さな林をつくり、川岸に二マイルほどつづいていたためだ。木陰ができるのに充分な高さのある何本かの木の下に、竹と木枝で小屋を造らせた。ところがほどなく、町からのわが脱出は早すぎ、暑熱が衰えを見せぬすさまじさで暫時たち戻ってきたと知らされる。もっとも、さすがに夜は涼しくて、柳の下の小屋は一日の大部分を勉強に過ごせる、日光の届かない結構な避難所となった。ここで私は、ユダヤ人とフェニキア人を論ずる著作用に草稿を手直しし、その全部を清書して暮らした。この仕事のことは、後章でまた触れることがあろう。

9

バグダード生活を終わる

再度のテヘラン勤務——バビロン遺跡の上——ベドウィンの大族長ファハド——カルバラー訪問——期限つきの結婚

著作の準備作業が終わったその日にベルリンから電報がきて、遅滞なくテヘランに赴任するようにとの命令を受けた。バグダード駐在は終わりを告げ、私は家族を呼び寄せられる、そして多くの友人のいる町へ戻れることを思って胸を躍らせた。けれども、当時は有名なバベルの塔と思われていたものを含むバビロンの遺跡と、できれば聖市カルバラーを訪れずにメソポタミアを離れる気にはなれなかった。

ドイツ副領事として着任したドクトル・Hと、よく気があっていたハンガリーの商人ヘル・Wが同行してくれたこの遠征は、いろいろな意味で興味深いものだった。しかし、わが同胞コルデヴァイ博士によるバビロン遺跡の発掘はまだ緒についておらず〔ロベルト・コルデヴァイの発掘はこの翌年一八九九年より一九一七年まで〕、ために私たちの見たものといえば、かつての建造物の残骸と古代に使われた陶器類の無数の破片がつくる丘陵の長い連なりがすべてであった。こういった塚の頂きを馬で越えながら、馬の蹄が踏みしめる下に有名なネブカドネツザルの神殿や、アレクサンドロス大王がペルシア人の美しい妻ロクサネー〔バクトリアの首長の娘。アレクサンドロスの死後マケドニアに行き王カッサンドルに殺さる〕に看取られて死んだ宮殿があることを思った。

ユーフラテスのほとりのヒッラ〔バビロンの南方、ユーフラテス左岸の村〕では、人あたりのいいユダヤ人一家の歓迎を受け、その家の平屋根を自由に使わせてもらった。二人の息子が完璧なドイツ語を話すのには驚いたが、教育の一部をウィーンで受けていたのである。一家の女性たちはオリエントのしきたりに従って人の目につかないようにされ、姿を見せなかった。ヒッラからビル・ニムルード「ニムロデの塔」を訪れた。誤って、バベルの塔とされていた遺跡〔カルバラーとナジャフの中間。「彼（ノアの曾孫で狩りの名手ニムロデ）の国の始まりはシナルの地バベル……」創世記一〇―八／一〇〕である。一つ一つに、ネブカドネッザルのものといわれる刻印がある煉瓦の破片でできた丘に立つと、沼沢や湖の点在する広大な砂漠が見渡せたが、一番先の低い丘の上はナジャフのアリーの聖廟で、黄金のドームが陽光に輝いていた。

もっとも、私たちはその聖所を訪ねる気はなく、カルバラーへ行くつもりだった。アリーの子で聖なる殉教者フサインが命を落とした戦場のあとである。途中、おもしろい眺めが私たちを待っていた。大変な数の白駱駝が、平地で草を食んでいたのだ。このあたりは、ユーフラテスの反対側ほどは不毛ではない〔ユーフラテスから運河で導水した農耕地〕。駱駝の異例な大群は、アナザ族のベドウィンの大族長ファハド・ベイ(1)が近くにいたことによる。前述の通り、アナザ族はユーフラテスの右岸沿いの全域に跳梁して、「ダマスカスの市門からバスラの市門にいたる」までの定住民にとっては恐怖の的であった。彼らはティグリスとユーフラテスの間のジャジーラ、「島」〔ギリシア語のメソポタミア「川にはさまれたところ」（両河地方）に相当するアラビア語の呼称〕を抑えているシャンマル族およびアラビア半島中部の高原ナジュドに住むその別派〔V―2訳注2〕とは、永遠のかたき同士である。私たちが、かねていろいろと話を聞いていたファハドに会いたいと思ったのはいうまでもない。彼は、自分の接客用テント《ムディーフ》の、日ざしの入らないところに坐っていた。これは黒山羊の毛を織って作った、テントというよりはテントの屋根であって、客の数に応じて伸縮できる一本の横棒で支えられている。アラブの詩人は、どこかの族長の歓待心を称揚しようとするときに、タウィールル・カナート「長い棒を持つ」という。ファハド・ベイのムディーフは三〇ヤードを超える長さがあったが、幅は五ヤードしかない。

その下に砂漠の子たちが長い列をつくってうずくまり、まん中にファハド・ベイが坐して皆をもてなし、またもめごとを裁いているところだった。私のカワースが到着を告げると、ファハド・ベイは立って私たちを迎え、そして案内していった白いトルコ式のテントでは、私たちが彼の隣に坐れるように、日かげ側に急いで敷物が並べられた。彼はまた、銀の飾り鋲を打った駱駝用の鞍を肘掛けとして私のわきに置かせ、マッド、マッド！「伸ばして、伸ばして！」と繰り返した。脚を町びとのように組まないで、前へ伸べよ、という意味だ。そしてこうつけ加えた——「砂漠の掟はただ一つ、気ままにすることだから」。例によって、小さなコップで少量の苦いコーヒーを飲んだあと、私から葉巻を奨めると、彼はその大きさと長持ちすることが気に入ったらしい。半分ほど吸ったところで残りを手下に渡すと、何人かが数服ずつ吹かし、最後は好奇心の強いあるベドウィンが分解するのにゆだねられた。

印象深かったのは、ファハドがベイというトルコの称号を受け入れているのみならず、自分の従者とは非常に無理をしながらトルコ語で話していたことだ。軛《くびき》のもとにありながらさしてひどい目に遭わされているわけではない、その支配民族の言葉を、彼は使いたがっているようだった。私との会話では、アラビア語しか話さない。また、大いに見識のあるところを見せ、よく的を射た質問をした。バグダードのドイツ領事館の年間平均経費を確かめたうえで、彼が得た結論は、それに見合う利点が見あたらぬ、ということだった。その言葉に、私は異議をはさむことができなかった。

客になって、供されたものを食べずに辞去することはできないと思ったから、串焼きの肉を味わったあとで営地のなかを散策し、彼の駱駝を見てまわった。ここには、二種の両方がいた——デルール、走行用の駱駝と、イビル、荷役用である。この両種は、砂漠のアラブの目にはわれわれにとっての鯉と猫ほども違う、けれども私たちには両者を確実に見分けるのはむずかしい。ファハドのデルールの最上クラスのものは息子のムトイブがシャンマル族にしかけていた略奪《ガズウ》に出払っていて、ここにはいなかった。このようなときには、一頭の駱駝に二人が相乗りし、あとのほうは後ろむきになる。のちに聞いたのだが、この遠征は大失敗で、ムトイブはシャンマル族に完敗し、わずかな手下と動物を連れて戻ってきたそうだ。

アナザ族訪問の数時間後に、カルバラーに着いたときは、劇場で舞台が変わったようなものだった。前触れもなく、私たちはペルシア的なもの——そのほとんどは巡礼——が支配する町のなかにいた。私たちの従者がすでに小さな、清潔な空き家を借りていて、夕食の支度がしてあった。うれしいことに、かねて知り合いのバグダードの若い役人、シャーキル・エフェンディと出会い、夕食をともにしてもらった。食後に彼の案内で町中を見てまわったが、思いもよらぬ華麗さには圧倒されてしまう。バグダードは、オリエントの大方の都市の例に漏れず、日没後はまるで墓場だが、カルバラーは活気と動きに満ちている。おもな通りとバザールは灯火で明るく、店はほとんどが開いていた。多くはアーゼルバイジャーンとホラーサーン〔イランの西北部と東北部〕から来た、トルコ語を話すペルシア人巡礼の集団が通りに群れをなし、コーヒー店を埋めている。私たちはまぎれもなくオリエンタルな、絵画的な生活ぶりを心ゆくまで堪能した。

おそらくはシャーキル・エフェンディがいてくれたおかげで、嫌がらせをうけることはまったくなかったが、二大聖所、フサインとそのいとこのアッバースの廟に入ることは許されなかった。後者はトルコ石の色をしたタイルを張った大モスクであり、前者はおなじような形だがはるかに美しくて、銅に金を厚くかぶせたドームが聳えている。翌日の朝、隣りの建物の屋根からそれを見たときは、黄金ドームのまばゆさから目を守るのに煤で黒くしたガラスが必要だった。

メソポタミアの「高貴の敷居」に集まる巡礼の多くは、殉教者の血で清められたカルバラーの野に埋葬するために身内の死者の遺体を持ってきている。フェルトにくるんだこのような遺体が、四、五体ずつ駱駝の背に吊るして運ばれているのを目にする。このおぞましい習慣があるとはいいながら、カルバラー巡礼は、信仰の要求を満たすことをかねた悦楽の場でもあるのだ。宿屋というものはないから、男の巡礼の多くは期間を定めて家を借り、敷物とマットレスを入れ、聖市にいる間は自分の住まいを構えている聖職者に管理されて待機する女のだれかと一時婚〔シーア派イスラム独特の期限つき結婚（ムトア婚）の制度〕を営む。このような婚姻契約は一日から九十九年までの期間を対象に、聖職者によって締結され、儀式にのっとって是認される。聖職者にとっては、結構な収入源となる業務である。私たちにも同じことを手配しようかという提案を受けたけれども、辞退申しあげた。

（1）ファハド・ベイ——ファハド・ベイ・ブン・ハッダル。この当時は六十歳くらいで、カルバラーの近辺になつめ椰子の大きな林をもっていた。「ベイ」の称号は父の代にトルコ政府から授与されたもの。第一次大戦後、イラク王国の創設にあたって、国境線の画定や傘下の遊牧民の動向把握などで英国の政策に協力した。

Ⅵ　三たびペルシアへ

ダレイオス一世の楔形文字磨崖碑文を遺すビストゥーンの大岩塊〈281頁〉

三たびペルシアへ

アラブとベドウィンに別れる――ペルシアへの道――歴史と景観――山賊のロマン
――エステルとモルデカイの墓――テヘラン――妻を迎えにカスピ海へ

いにしえのバビロニアからメディアへの道を、増える一方の旅行者を乗せて無数の自動車が走って行く。歴史の暁のころから現代まで、数々の征服者の軍が行進した道である。自動車と航空機が入ってくる前は、宿駅から宿駅へと馬で辿る旅人がバグダードからテヘランまで行くには三十日ばかり要した。(1)自動車はこの距離を三十時間でこなすし、飛行機なら一日のごく一部分ですむ。こうした旅行者のうち、わずかな人でいいから暇をつくって、西アジアのあの大公道に軍隊を歩ませたダレイオス一世、アレクサンドロス大王、カリフ・ウマル〔第二代正統カリフ〕、モンゴル人フラグ、タルタル人ティームール、アッバース大帝〔サファヴィー朝第五代のシャー〕、ペルシア王ナーディル・シャー、といった帝王たちのことで学校で習った記憶を仕上げてもらいたいものだ。また、すこし時間をとって、アケメネス朝の、そしてサーサーン朝のペルシアの諸君主が自分たちの威光と功業を後世に伝えようとして残した、あの屹立する大岩塊の刻面を訪れてもらいたいと思う。*

*詳細を求められる向きは、E・G・ブラウンの『ペルシア文学史』および『ペルシア文学の歴史』 E. G. Browne, *Literary History of Persia*〔1902-24〕, *History of Persian Literature*〔1895〕の歴史部分を参照されたい。

暑い、荒れはてたメソポタミアの平原と、幅は狭いが目にはうつくしい森林帯を抜けてペルシア高原へ登ってゆく三十一日間の馬の旅については、あるいは、ケルマーンシャー郊外のターケ・ボスターンの泉から水を引いたみごとな耕作地や、有名な彫刻と楔形文字の銘文のあるビストゥーンの岩山のことについては、くだくだしい言葉を費やすのは止めておこう。古今の無数の旅行記でくわしく述べられているし、いまではシリアからペルシア帝国のまん中まで自動車で行く費用を払える人なら容易に到達できるからだ。

もはや僻遠とはいえなくなったこれらの地域のよりロマンのある面と、自動車が何もかも均一化する力を行使しはじめて、興味の源泉だった差異性、独自性を拭い去る前の住民の様子をすこし述べるにとどめたい。

いつの時代、どこの国にあっても、天下の大道での強盗沙汰にはいくばくかのロマンの要素がただよう。もちろん、文明の進歩と交通手段の改良とともにそれは消え去る運命にあり、巡礼や商人が冷酷な略奪者の手にかかって生命、財産を失う危険に曝されていたかつての状況を愛惜する人はいないし、文明国の政府なら許すわけもない。

私がバグダードからペルシアへ移ったときに、行路の剣呑さが通常以上だったということはない。しかし、そこそこの町を出るやいなや、強盗の噂はかならず話のたねとなった。山賊がアラブであれば、持ちものを奪うと旅人は放り出したので、人的被害はめったに生じなかった。ところがクルドの場合は血の雨が降るのがふつうで、キャラバンの長が抵抗を試みたり、信仰のちがいで殺人を正当化できそうなときは、とくにそうだった。当然のこととして、あらゆる出来ごとは風聞でとめどもなく誇張され、起こりもしなかった事件からさまざまな話が生まれる。

このような真偽の入り交じった噂で、暑い季節のおわりにメソポタミアに流れこむ多数の巡礼は大パニックにおちいる。すでにカルバラーからバグダードに戻ってくる夜ごとの道中で、闇のなかにわれわれの小キャラバンを認めたペルシア人が狼狽する様子には、こちらが驚かされた。そういうときには、ペルシア人の巡礼の間ではごくふつうの挨拶をして、彼らの恐怖を除いてやったものだ――イルティマーセ・ドゥアー、「（あなたが祈り《ドゥアー》を捧げられるときには）私のために神へのおとりなしをお願いします」。すると相手は声をそろえて、つぎの言葉を返す――ムフタージェ・ドゥアー、「私どもこそ、あなたの祈りをお願いします」。ペルシア内奥へさらに進むにつれて、私はこのような巡礼のグループとよく一緒になり、また引きもきらずに行き会った。なかにはカルバラーで私を見かけた覚えがある者もいて、かの地に私がいたのは信仰にもとづくものであろうと思いこんでいた。そして私をカルバラーイ〔「カルバラー詣でをすませた人」〕の尊称で呼び、トルコ語を母語とするイスラム教徒すべてに特有の、全幅の信頼感で私に接するのである。この季節の巡礼は、ほとんどがアーゼルバイジャーンとホラーサーンに住むトルコ系の人たちなのだ。彼らの私への親近感が増したのは、私が馬を老人や疲労のすすんだ人に使わせ、楽なところが多い行程では大抵は歩いて通したためだった。

ペルシアに向かう第二行程にあるシャーラーバーンで、私は、トルコの憲兵隊《ジャンダルメリー》からハマーヴァンド族クルドの一派に対する討伐隊に加わらないかと誘われた。遠征隊の指揮官は、自身がもと追い剝ぎでいまは隊長《ユズバーシー》という男だが、前の晩に私のところへきて、事件の全容をことこまかに語ってくれた。だがハムリーン山地〔バグダードと北方のキルクークとの間を西北から東南に連なる〕の襲撃行はまったく絵画的な見もので、真剣な遠征というよりもピクニックの感だった。当のクルドは、影も形も見えずじまいである。

トルコ領の最後の町ハナキーンは、ペルシア高原最初の山脈の麓にある絵のような小邑だが、あるコーヒー店で町のおもだった人のほとんど全部に囲まれてペルシア領事と面談した。道中の安全を訊ねると、トルコ人の役人はいずれもこう答える――「アルハムドゥリッラー、神のおぼしめしで、道は絶対に安全です」。しかし、そのペルシア人の見方はこうなのだ――「アルハムドゥリッラー、道は、国境のどちら側もおなじように危険です」。そして彼は語った――トルコ人も、それは否定できなかった――ごく最近、ペルシア人の巡礼団がトルコ領で襲撃されて、四十二名が殺され、つい二日前には騾馬七十頭よりなるペルシア人の大キャラバンが国境のすぐむこう側でクルドに襲われて、騾馬はすべて連れ去られた、と。ところで、このクルド人というのは、まちがいなく私の参加した遠征隊が捜索に派遣された相手であった。適切に組織され、武装も充分な騎馬警官が相当な経費をかけて配備されているトルコ領のほうが、交通路の守備にろくに何の手も打っていないペルシア側よりも危険の度が大きいとは、奇妙な事実なのだ。これは、スルタンの非常な寛仁と、略奪をこととする遊牧民に対する偏愛ということで説明がつくようだ。バグダードの軍当局がこのような部族の首領の逮捕をもくろめば、相手はただコンスタンティノープルに電報を打つだけですむのである――特別の寛恕をお願いし、ときには新規の縄張りを認めて頂けるようにスルタン陛下のご健勝を日夜お祈り申しあげるのみ、と。

それとは別に、トルコの騎馬警官の非効率な理由は、俸給がきわめて些少で、しかも大抵は大幅に遅配されることだ。強盗を見逃してやる取引をすることで、彼らにいわせればつつましい額の金を稼がざるをえない。これで、警察業務を遂行して得られる以上に個人的にも安全だという利点に加えて、そこそこの収入が確保される。危険が確実な、あるいはその気配でもあるところへ来ると、トルコのジャンダルムは「犬の墓」での私の護衛のように消えてしまう。バグダードを離れるたびに私についてきた護衛はまったく無用かつ迷惑しごくで、しかも支払いを要するチップの額もばかにならない。もし元のところにいてくれればチップは通常の半額を払うが、どうしても付き添いたいならそれも払わない、どうするか、と言って逆襲してやったこともある。私は、独りで旅をし、気遣いの必要ない人たちと自由に交わるほうがはるかにいいと思っていた。

ペルシア側に入る途中、騎馬の六名よりなるトルコ人護衛とはカラアーイ・サブジーという国境の小さな砦で別れた。そこで私を迎えてくれたのは十三名の騎馬のクルド人で、一見したところ、馬と武装の点ではトルコのジャンダルムより劣るようだった。制服などは思いもよらない。それぞれ、目の粗い毛織かフェルトの黒っぽいふつうの服を身につけていた。このペルシア・クルドの護衛は短い間隔で交替し、おかげで当日の旅はかなり高くついてしまった。もっとも、ハーン、つまり騎馬隊の指揮者はチップを受けとらなかった。たぶん、私の姿が見えなくなってから、部下から取り立てるのである。ハーンとは、私を護衛し治安に責任をもつ担当地区の封建領主なのだ。そのなかに、長い巻き毛がゆたかで、物腰が洗練された、きわだっていい顔立ちの十六歳の若者がいた。クルド人は皆そうだが、元込めのライフルを肩に引っかけ、上着と鞍布につけたパウチには大変な数の薬莢を入れている。馬を並べて行く間に、私が求めた情報はよろこんで知らせてくれた。彼からは、前に述べた七十頭の騾馬のキャラバンが襲われた話をくわしく聞き、事件の起こった場所も教えてもらった。

この襲撃は十一年前に始まる悲劇のエピローグだったのだ。当時、クルド人略奪部族の首領にジャヴアーンミールという男がいたために、トルコ国境からペルシア領のカスル・シーリーン(2)までの道路の全区間がきわめて危険となり、巡礼も商人も通らなくなっていた。シーア派巡礼の自由な通行の確保に腐心したペルシア当局は、山賊の首魁に対する掃討軍を送ったが無駄に終わった。数年間、むなしい努力を重ねてジャヴァーンミールの小兵力を粉砕できなかった彼らは、トルコ政府に協力を依頼する。ジャヴァーンミール一派の悪行は国境のペルシア側にとどまらなかったから、要請は快諾され、チェルケス人の著名な騎兵将軍、ムハンマド・パシャ・ダゲスターニーが国境地帯略奪者の抹殺に派遣された。たまたま私は、引退してバグダードに住んでいたこの老戦士と会ったことがある。彼は、自分の客間でほとんど成獣になった若いライオンと戯れて楽しみとし、またそれほどではなかろうが客を楽しませていた。ムハンマド・パシャは、クルドをきびしく包囲し、相手方もトルコかペルシアに屈することを覚悟した。トルコの将軍は、ジャヴァーンミールに、降伏すれば自身と手下の生命は保証すると伝える。叛徒に対するスルタン・アブデュルハミトの世間周知の温情を思えば、この約束は確実だったかもしれない。だがペルシアの派遣隊指揮官は、ジャヴァーンミールがテントに来て話し合いに応ずれば、はるかにいい約束を与える用意があると言った。指揮官がキスし、捺印した尊いコーランの贈呈もふくめて、ジャヴァーンミールの身の安全について考えうるすべてが保証されたのだ。理解しかねることだが、ジャヴァーンミールほど抜け目のない、慎重な男がこのような誓言に欺かれ、配下を連れずにペルシアの将軍のテントにおびき寄せられた。彼はまず、最高の敬意をもって迎えられ、お茶の席に招かれる。しかし会談中に、将軍がまさぐっていた数珠の糸が切れ、真珠と貴石のビーズがカーペットに散乱する。拾いあげる将軍を手伝おうとジャヴァーンミールが腰をかがめた途端に将軍の部下が跳びかかり、手かせ、足かせをはめ、テントの扉の前で首を刎ねた。キャンプの別の場所でもてなしをうけていた彼の手下もおなじ目に遭い、またジャヴァーンミールの身内の女たちはペルシア兵の容赦のない獣欲のなすままに委ねられた(3)。

読者は、一八八七年に私がイスファハーンを訪れた際、大広場から町なかに入る門に吊り下げられていた二十二人の首を見たことを覚えておられるであろう。男たちの体のほうはカスル・シーリーンの墓地に埋められて、その場所を糸杉のような形をした、背の高い方尖形の石が示している。私が数えたオベリスクは三十本ばかりだったが、これが用いられるのは「殉教者」すなわち非業の死をとげた者のみなのだ。

ジャヴァーンミールの男の幼児一人だけが、一八八七年の虐殺を奇跡的に生き延びた。この子、モハンマド・ハーンはいま十五歳の少年である。クルド人に残る口伝の決闘作法によると、結婚適齢期に達したときに彼は父親の仇を討たねばならない。本気に取り組まない場合は全クルド人にさげすまれ、彼の父親の息子とはみなされない。

このような状況にあって、モハンマド・ハーンにはペルシアにいくさを挑む以外に生きるみちはない。ペルシア領内への襲撃をかけ、騾馬七十頭のキャラバンに遭遇したことで彼の戦いが始まる。ふつうの強盗なら、目についた品物、召しあげうる金銭は奪っても、キャラバンはいつか戻ってきてほしいと思って騾馬には手をつけない。騾馬を取ることで、彼は事件が略奪行為ではなく戦争行為であることを示したのだ。話をしてくれたクルドの青年はモハンマド・ハーンとは同名のその親友で、作戦が滞りなく終わるように、警邏の現れそうな道路で見張りをつとめていたのである。

カスル・シーリーンで、私は知事を訪問した。穏やかで聡明そうな老人で、ペルシア領内でさえ護衛をつけることに固執して私を悩ませることをせぬ、物分かりのいいところがあった。ここでは、考えられる危険にはどんな予防を講ずることもばかげている。言葉と習慣がわかっている国では、旅の路はたとえ動きが遅々たるものでも決して退屈にはならない。私は、ペルシア人の非常にいいコックを連れていて、彼が清潔で旅行者の宿泊むきと思う個人の家に何夜も泊まった。ケルマーンシャーとハマダーンの二大都市では、古代ペルシアのめずらしい遺物を見るために二、三日ずつ滞在した。ハマダーンでは、テヘランで知っていた学識のあるユダヤ人、ソレイマーン・アーガーに会った。彼は申し分のないガイドとなって、市内中央のある丸天井の半地下室に安置してあるエステルとモルデカイ〔旧約エステル記に語られた、ユダヤ人の娘でペルシア王の妃になったエステルとその従兄モルデカイ〕の墓に案内してくれた。二基の石棺は非常に古いものに見え、きわめて美しい、また保存のいい木彫りが施されている。このめずらしい遺物の年代は、私には見当もつかなかった。シンドラー将軍に教えてもらった事実は、以下のとおりである。モルデカイ石棺の年代＝製作四三一八年A・M〔前三七六一年を元年とするユダヤ暦〕（西暦五五七年）、修復四四七四A・M（西暦七一三）。エステル石棺＝製作四六〇二A・M（西暦八四一）、修復四六八八A・M（西暦九二七）。ソレイマーンからは、きちんとしたヘブライ文字でエステル記が書いてある非常に古い革装の巻物を贈られた。その丸天井の部屋で見つかったものである。これは、私の収集したもののなかでもっとも貴重な手稿と思われる。

北ペルシアの連山の姿を隠していた最後の山なみを越えると、冷たい雨が降っていて、そこよりも低い山すらも頂きはすでに雪に被われていた。たのしく、興味深かった二十八日間の騎行を終えてテヘランに着いたのは十一月十四日である。私の二頭のアラブ馬は疲労の気配も見せず、テヘランの人たちの嘆賞を集めたが、ドイツ公使館の厩舎でいい骨休めに入った。だが私自身は、友人たちとゆっくりしているわけにはいかなかった。公使館に届いた電報が、家族の到着を告げたからだ。出迎えに、私はただちにカスピ海へ旅立った。ところがギーラーンの森のなかを馬で通っているうちに熱が出て、ラシュトに着くまではいささか大変だった。そこではちょうどペルシアを離れた英国領事、チャーチル氏〔九一頁〕

の空き家を使わせてもらうことができた。私はがらんとした部屋の一つで、床にマットレスを敷いて横になり、高熱を発したまま、そして何の世話も受けられないまま、孤独な二週間を過ごした。

　妻が到着すると、その看護でまもなくよくなり、冬の好天のもとを二、三日前進したことで体調はすっかり回復した。ペルシア政府が建設を進めていた道路がほぼ出来あがっていたので、私どもはラシュトからテヘランまでの全行程を、初めて馬車で旅したのである。公使館の庭にある私どもの住まいには、十二月十五日に着いた。したがって、私の陸路の旅は二カ月にわたったことになる。妻のほうは、パリからマルセイユ、黒海、そしてカスピ海を経てテヘランに来るのに五週間かかっていた。

(1)　三十日ばかり……　――一八九〇年にこの道を踏破した女流トラヴェラー、イザベラ・バード・ビショップの場合は、冬のさなかで非常な苦難のもと四十八日間（一月十日バグダード発、二月二十六日テヘラン着）を要している（Isabella Bird Bishop, *Journeys in Persia and Kurdistan*, 1891）。ちなみに、ペルシアに自動車が輸入された始まりは一九〇〇年ごろで、モザッファロッディーン・シャーが欧州旅行で持ち帰ったもの、航空機は第一次大戦末期のこととされる。

(2)　カスル・シーリーン――「シーリーンの宮殿」。国境より三〇キロばかり入ったところで、サーサーン朝の王ホスロウ・パルヴィース（在位五九〇―六二八）の離宮址。シーリーンはホスロウの妃で、アルメニア人、あるいはギリシア人といわれ、フィルドゥーシーやニザーミー（『ホスローとシーリーン』岡田恵美子訳・東洋文庫）の詩に歌われた。

(3)　ペルシア兵の……　――カーゾンは、ペルシア政府の「賊をもって賊を制する」策の注記として、ハマーヴァンド族の首領「ジャン・ミール・ハーン」に手を焼いたペルシア当局が、一八八六年に彼を国境地帯の防衛官に採用して年俸三千トゥマーンを支給したのに略奪行為は止まらなかった結果、ここに語られた謀計を用いて処分したことを述べている（Curzon, *Persia and the Persian Question*, vol.2, p.276）。

Ⅶ　エルサレム再見

近代化前のヤッファ［現テル・アヴィヴ］（著者の母による水彩画）〈40，322

1 エルサレム領事

転任辞令——カイザーの昔語り
——ついにペルシアを去る

一八九九年一月のなかばにようやくテヘランの住まいがととのって、友人を夕食に招けるようになった。ロシア公使館のM・Lはヴァイオリンを持参し、その親友で同僚、ロシアの著名な外交官の息子だったネリドフは私の妻が弾くピアノの伴奏で詩を朗読するはずだった。

まだ皆がダイニングルームに入っていないときに、私の上司のレクス伯が姿を見せたが、手にしている解読ずみの暗号電文を見れば、私にベルリンに帰れとある。予想もせぬこの命令の背景は、知る手がかりも記されていなかったから、われわれは考えうることをさまざまに想像して時間を過ごしてしまった。数日後に届いた別の電報は、私に「遅滞なく」ベルリンの本省に出頭することを求めていた。この電報でも、テヘランからの離任なのか、なにか直接の指示をうけるために外務省に呼び出されてまた帰任するということなのかが不明なのは、前信とおなじだった。あとの場合ならば、世帯のことには手をつけず、家族を残して出かければいい、だが本省勤務とか転任とかなら、馬や馬車やピアノなどのほか家具類のほとんど全部を売り払わねばならないし、使用人は解雇し帰欧の旅行用に新しいのを雇い入れるなど、いろいろとこまかいことを片づけねばならなくなる。それには六週間はたっぷりかかるだろうが、さもなければ持ちもののことはあきらめて、このような好機に甘い汁を吸おうと待ち構えているペルシア人のダッラール、つまりブローカーに引き渡す覚悟をせざるをえない。

思い悩んでいた私は、ホルシュタイン男からきた手紙で救われた。そこには、皇帝がエルサレムを訪問してあたらしい領事の派遣を希望したため、外務省は私を推薦したことが述べられていた。憲法の規定により領事を任命する皇帝は、私の指名を了承したのである。

人生のこの転機を、私は大いにうれしく思った。カイザーの訪問でエルサレムは相当の関心を呼び、重要な任地となっていた。加えて、私としては、父が公的生涯の大部分を過ごし、いまも忘れられてはいないところで、父とおなじ職につけるとは本望であった。三十日かけてバグダードからテヘランに来る間に、たまたま目にした新聞の記事や現地のトルコ人知事の話などから、私はカイザーのパレスティナ訪問の断片的な知識はもっていた。私にとっては、この機会にまったく声がかからなかったのはいささか心外だったのだ。後日ホルシュタイン男から聞いたところでは、私に皇帝と皇后〔オルデンブルク大公シュレースヴィヒ・ホルシュタイン・ゾンダーベルク・アウグステンブルク家のアウグスタ・ヴィクトーリア（一八五八―一九二一）〕のお供をさせて、私の熟知する各地の案内にあたらせる考えはあった、しかし私の勤務地が遠すぎて、ベルリンなりコンスタンティノープルなりで落ち合えるように動かせなかったのだ。かわりに、きわめて学殖の深いある教授が案内役に選ばれたが、彼の説明は全然皇帝夫妻のお気に召さなかった。そこで聖都で生まれ育ったドイツ人聖職者ルートヴィヒ・シュネラー牧師が割って入り、何ごとについても学問的な解説抜きで興味がもてる素朴な説明を差しあげると、ほっとされたのである。おかしなことに、皇帝・皇后がわが友なる牧師にいい印象をもたれたことで得をしたのは、この私だった。ご夫妻はガイドをつとめたのは私と思いこみ、そのことでは至極満足の由であった。ある日――一九一〇年のことと思う――私ども夫婦がポツダムの新宮殿《ノイエス・パレー》で昼食をともにさせていただいたとき、皇帝は隣りにいた私の妻にこう言われた――「ご主人のオリエントの知識はすばらしい。われわれがエルサレムに行ったとき、万事にほんとうにいい説明をしてもらったのは決して忘れませんよ」。妻が控えめに、夫にはさような言葉をいただく資格はない、と申しあげると、カイザーは食卓の向かい側の皇后――その隣りが私だった――に同意を求めた。皇后の返事はこうである――"Doch, Herr Rosen hat uns geführt und alles erklärt, ich weiss es ganz genau".〔ええ、ローゼンさんは私たちを案内して、なにもかも説明してくださいましたよ、まちがいございません〕。「そら、あなたはなんと言われる?」とカイザーが訊ねる、「これを聞いたあとでも、そんなことはないと言いますかな?」。

このやりとりに私は大いに困ってしまったが、うまいことにこの場に使えるサァディーの一句が頭に浮かんだ。私はこう答えた――「あるペルシアの詩人が、君主の言葉には決して逆らうものではない、と申しております。昼の日なかに、王が『太陽が沈みかけたようだ』と言ったなら、『月と昴《すばる》をご覧ください』と答えるものだ、と」。カイザーは笑ったけれども、釈然としたわけではなかったようだ。私の否定を、遠慮のしすぎととったらしい。前述のような見方をしたのは、皇帝だけではない。大抵の新聞が、私の経歴を紹介するときに、エルサレム訪問中のカイザーに気に入られたことが、私のその後の昇進につながったという伝説をひろめたのだ。

さて、一八九九年の春に戻らねばならない。私どもは三月のなかばにようやくペルシアに別れを告げ、帰欧の旅に発った。私どもの馬車がカズヴィーン街道のある宿駅に入りかけたとき、テヘランに向かう別の馬車がちょうど出るところだった。ところが、その御者が馬車を停めて、私に合図をする。乗っていたのはハーディング氏(のちのサー・チャールズ、さらにのちの初代ペンズハースト・ハーディング男爵)(1)と、若くて美人の夫人で、それが初めてのペルシア訪問だった。彼は、私どもがハーディング夫人と知合いになれるように馬車を停めてくれたのである。この出会いが、ほんの短い時間のものでしかなかったのはほんとうに残念だったが、私どもはペルシアに戻ってこないのだからなおさらだった。ハーディング夫人は、私の妻と一緒に演奏できるのを楽しみにしていたのに、と言っていた。あとで知ったことだが、夫人は一番若手のアタッシェから大宰相まで、さらにはシャーにまでも、ペルシアの都中の評判を独り占めにし、聞いたとおりであれば、シャーは彼女の来訪を記念して王宮で音楽会を催している。私のあるペルシア人の友達は、つぎのようなウマル・ハイヤームの四行詩を引用して彼女の成功を讃えた。

あなたの頬には野ばらも敬意を捧げ、
その美貌《かんばせ》にはシナの偶像神も敬意を捧げるにちがいなく、
その目でちらと見られたバビロンの王は、
敬意のしるしに馬も塔も象も、旗も、妃すらも、あなたに捧げてしまった。*

＊この詩の前半は、たとえばヘロン＝アレンによる、ほかの点ではきわめてすぐれた複写版一六三―一六五頁〔E. Heron-Allen, *The Ruba'iyat of Omar Khayyam (a facsimile of the MSS in the Bodleian Library)*, Boston 1898.〕に見られるように、これまでの西欧オリエンタリストの仕事では正確に翻訳されたことがない。本四行詩の用語はチェスから採られている。周知のとおり、このゲームの起源はペルシアである。われわれがクイーンと称する駒はペルシア語では「ファルジーン」で、大宰相を、また同時に軍司令官を意味する。チェスがはじめてイタリアに伝わったとき、このファルジーンという語はヴィルジーネ virgine〔娘、処女。現代イタリア語のヴェルジネ vergine〕と訳された。時の経過ともに娘は王の妻に、したがってクイーンとなったというわけだ。

三週間余の旅のあと、私どもは四月（一八九九年）の初めにベルリンに着いた。カスピ海に近いラシュトにはまだホテルはなかったが、さるアルメニア人の家に泊まることができた。使わせてもらった客間には、絹をカバーに使った寝椅子《ディワーン》やクッションが備えてあった。私どもは、雨でぐしょ濡れになった衣服を火鉢に炭火を熾《おこ》して乾かそうとした。ところが家の主人が、暖をとるのは我慢してほしいと懇願する。部屋が暖まると蚕が孵化し、食べさせる桑の若葉が充分に伸びないうちに幼虫が生まれてしまうためだった。カスピ海を渡る船から上陸したのは、今回はバクーの北、ペトロフスク〔現マハチュカラ〕で、そこからベルリンまでは鉄道で一週間の旅だった。

（1）ハーディング氏……――一四六頁で触れられたチャールズ・ハーディングのこと。同章訳注8で記したように、彼がテヘラン英公使館で一等書記官を勤めたのは一八九六―九八の二年間である。その後はサンクト・ペテルブルグにあり（一八九八―一九〇六、前半は書記官、後半は大使として）、したがってここに述べられた一八九九年三月のカズヴィーンでの出会い（とくにペルシア初訪問での）ということはありえない。両人の実移動月日まで確認できないため正確な照合はできないが、これは二一〇頁で述べられた、一八九七年に著者が帰国休暇をとったときの体験との混同であろうと推測される。ちなみに、ハーディング夫人ウィニフレド・セライナは馬術で有名なスポーツマンのアリントン卿スタートの娘で、ハーディングとは従兄妹同士だった。

2 カイザーと聖地

聖地へのドイツの見方――カイザーとの初面談

外務省では、さっそくホルシュタイン男爵から新任地での特別任務について説明があった。主たる背景は、皇帝が、初めてドイツのローマ・カトリック信者にもプロテスタントに対するのと同様に個人的な関心をもった、という事実である。その結果、ドイツ人カトリックにもなにか聖所が必要ということになった。それを目的に、カイザーはコンスタンティノープルのスルタンからシオンの山〔エルサレムの神殿の山に由来して町そのものを指す〕の一地区を譲り受けた〔二二頁参照〕。伝えられるところでは、そこには処女マリアが住み、そして亡くなった家があったという。その地は、dormitio Sanctae Virginis〔ドルミティオ・サンクタエ・ウィルギニス＝聖処女の安息所〕と呼ばれていた。ドルミティオは κοίμησις〔コイメーシス＝眠り、休息〕のラテン語訳だが、このギリシア語は人が死ぬまで横になっていた場所をヘブライ語ないしはアラム語でいう言葉の翻訳である。カイザーは、これまでプロテスタントの宗教施設に与えてきたのと同じ仕方でカトリックの臣民の利益をはかることで、自分の公平さを示すつもりだった。また、それとは別に、カイザーのエルサレム滞在中に持ち上がった、キリスト教徒一般の保護に関連したいろいろな問題もあった。

ある日、帰宅しようとして建物の出口までできた私は、制服姿の近侍からカイザーが翌日の四月九日に昼食をかねて会おうとの希望だと聞かされた。うけとった大きなカードには、時刻、服装などの必要事項が記されていた。そこで私は、全ドイツ――むしろ全ヨーロッパの、と言ってもいいだろうが――の関心を一身に集めている方に会えることを楽しみに、指定の時刻に宮殿《シュロス》に出かけた。時間どおりに行ったのに、カイザーはすでに接見室で人々に囲まれていた。私は気がつかずにいたため、赤いフザール服〔カイザーが好んだ、昔のハンガリー軽騎兵の制服〕の一士官が振り向いて、新任のエルサレム領事が来てくれてよかった、と言ったときには少々驚いた。きびきびとした話しぶりと話題に対する強い関心が顕著な、とりわけ気遣いの行き届いた、人あたりのいい紳士、というのが私のうけた初印象だった。

ここで、英語圏の読者の一部、あるいはその多くの人に弁解が必要と思うのは、カイザーをあしざまに言わずにいることについてである。私には、それはできかねるのだ。一国の元首を公然と批判することの無作法もさることながら、私はヴィルヘルム二世に初めて会った瞬間に感じ、いまも抱いている個人的親近のきわめて強い思いに縛られている。ドイツの敗北後にカイザーを見舞った悲運も、大戦の発起者としてカイザーに浴びせられた無数の非難も、すでに公開された政治文書を精査することで検証ずみの、このような私の見方を変えることは決してあるまい。一般大衆が描く彼の像は、まったくまちがっていると私は思う、けれども、ペルシアのある詩人がいうように、「絵筆は敵の手に握られている」のである。

さて、カイザーはエルサレムの関わるさまざまな問題をあますところなく語り、私とは出発前にもう一度会おう、とのことだった。数日後、私はポツダム宮殿で小人数の夕食に呼ばれたのだが、その席でカイザーは聖地への強い関心をふたたび見せたほか、私に対しては非常に細かい指示と興味深い示唆があった。私がパレスティナにいるドイツ人カトリック神父たちの面倒を見るだけでなく、エルサレム総大司教ピアーヴィ猊下と緊密に連絡を保ち、イタリアの私の同職者とともにつぎの原則を維持せよ、とのことである。すなわち、ある一国がキリスト教世界全体の保護者として行動する権利をいずれの国に対しても認めないことを前提に、各国が自国臣民とその宗教施設の保護にあたる、というものだ。この問題でのフランスの主張は非常に時を経たもので、ヴァチカンに承認されてはいたが、どこの国もレヴァント地方における自国民の面倒は見ることができるようになった現在、すでに時代遅れであった。カイザーの言葉によると、前記の考えはフランスのエルサレム総領事にも伝えておいたが、はたして実効があるかどうかは分からない、とのことだった。つまり、ひとしきり耳を傾けたのち、ムシュー・オゼピはこう答えたらしい——'Sire, vous qui êtes un si puissant Empereur, je vous supplie dites un mot à mon gouvernement pour qu'on me transfère à un autre poste, car on meurt d'ennui à Jérusalem.'〔陛下、強大におわせられる皇帝陛下より、私をどこかに転任させるようにわが政府へお言葉を賜りますことを懇請申しあげます、エルサレムで私は死ぬほど退屈しておりますので〕。

3

三十二年ぶりのエルサレム

聖都に着く——大変化、目のあたりに——わが同職者たち

一八九九年七月

聖都に到着すると、停車場で在住ドイツ人の歓迎を受けた。子供のときに知っていた同胞のほぼすべての顔があったのは、うれしいかぎりである。なんらかの信仰上の動機でエルサレムに来て、静穏な、しかし怠惰ではない生活を送ってきたこれらの人たちは皆、歳月は重荷にならなかったようだ。彼らのうち少なからぬ者が職人で、それぞれの仕事を故国でのやり方でのみこみのいいアラブ人やユダヤ人に教え、その生活の物質面を改良し、同時に彼らの考え方を近代ヨーロッパの知識で進歩させてきたのである。彼らは例外なくきわめて立派な人たちで、なかには聖書に書かれた古代の研究に貢献した人、とくにエルサレム神殿址の構造をはじめて詳細に調査した、シックという名の建築家もいる。

ドイツ人の数は、ヴュルテンベルク出身の千年至福説信者「テンプラーズ」の入植で非常に増加していた。第I部で述べたように、聖地にきて主の再臨を待っている人たちのことだ。期待の実現が遅れても信仰がゆるぐどころか、彼らは漫然と時間を空費せず、村とも呼べないほど小さな集団居住地《コロニー》に住みついていた。こうしたコロニーの一つが、エルサレムの西南、レパイムの野〔五頁〕を横切るベツレヘム街道のちかくにできて、それを手本にしてほかの者もあとに続き、徐々にこの野のほとんど全部が現

代風の建物で埋まっていった。

　しかしこれとて、エルサレムのもとの姿を変えたという点では、ドイツ人以外の集団が持ちこんだ変化に比べればものの数ではない。前に述べたように、市壁の外に最初に住みついたのはロシア人で、彼らは故国からくる無数の巡礼のために病院、ホスピスといった大きな施設をいくつも建設した。のちには、オリーヴの丘の頂上に高い塔も建てている。このために景観がさまがわりし、私もあの丘を見分けるのに少々苦労するほどだった。いまでは、地面がすこし盛り上がったところくらいにしか見えない。どこの国も、そしてどの宗教グループも、教会、修道院、学校、病院、宿泊所などを城外の四方八方に競い合って建設していた。ほかの側面とはちがって、旧市街とのあいだに深く切れこんだ谷がない北側、東北側は、とくにそうだった。私の知悉するそのあたりすべてが建物で埋めつくされ、なにもかも一変していて、かつての地形を辿ろうとするだけでも非常な困難を覚えた。高値をよぶ土地に対する投機で、宗教的情熱が掻きたてられたのである。領事館はすべて、そのほかの公共建築物はほとんどが、旧市内からあらたに開発された西北側郊外に移転していた。ドイツ領事館は、ヤッファ街道右側の比較的あたらしい建物である。ドイツ人経営の孤児院も病院も、その近所に移っていた。

　しかし最大の変化をもたらしたのは、ユダヤ人コミュニティの増加と拡大である。ユダヤ人はかつてのようにゲットーのスラムにかたまっていないで、旧市内全体に散らばり、古来のイスラム教徒地区にすら入りこんで、大モスクのあたりにまで達している。また市外周辺のいたるところを建物が埋めつくし、小さな画一的な家屋の列か、梱包材や石油缶といったものも含めておよそ考えうるものは全部用いた掘っ立て小屋で大抵の史跡を蔽ってしまっていた。当然のことに、三十年間の大人口増に応じた住宅が供給されねばならなかったが、何の計画も組織的な体制も整備されないまま、それが行なわれた。トルコ政府はユダヤ人移民を大目に見たのみで、将来自分の勢力に危険をもたらしかねない住民に生活の場を設ける気はなかったのだ。かつて私がエルサレムにいたころは、町の人口は約二万とされていた。今では六万を超え、うち少なくとも四万がユダヤ人である。この全員に家を与えねばならず、その結果旺盛な建設活動が生まれた。必要は歴史的関心を、そして衛生の諸原則を排除する。あたらしい町の大部分が与える印象は、むさくるしいということだった。

親しくなった同職のフランス人ムシュー・オゼピが、この目新しいエルサレムでさっそくガイドをつとめてくれた。あたらしい建物を片端から指さしては、誰が入っているかを説明する。「バラク王の金銀で詰まった部屋」がいまなお埋まっている建物が、フランス総領事館になっていた。フランスの宗教施設が数多く設けられ、ムシュー・オゼピはその守護聖人のようなものだった。こういった施設は、自家用に作って成功したバタ、チーズ、レタス、新鮮野菜などを提供して、彼への忠誠を示していた。いつか彼の家へ昼食に招かれたとき、こういった結構な品々を賞味し、これほどおいしいものはとても私の手に入らないというと、彼はこう答えたものだ——'Mais n'avez-vous pas d'institutions religieuses?'〔だって、あなた方は宗教施設をお持ちでないではありませんか?〕。

この点では、ドイツ人がほかのコミュニティよりも立ち遅れていたと認めざるをえない。ある日、オゼピと歩いていた私は、あたらしい大きな建物を見て誰が住んでいるのかと訊ねた。彼はこう言った。

'Ce sont les Américains. Ils attendent le Messie et en attendant ils font d'excellentes confitures que, du reste, je vous recommande.'〔アメリカ人です。救世主の到来を待っていて、待つ間にすばらしいジャムを作っています、そもそも、それをお薦めしたいのです〕。

フランス人の同職者が主たる職務とするのは、いろいろな宗教儀式に出席することである。場所はエルサレムの聖墳墓教会、ベツレヘムの生誕教会、そのほかあちこちの聖所で、fille aînée de l'église

〔「教会の長女」（フランスでは、フランスはカトリック教会の長女、フランス王は教会の長男と称する）〕、フランスの代表だけに用意された特別席に坐る。そういうときには、彼は金の聖体器《チボリウム》を手渡され、それにキスをする。これを、無神論政府〔フランス第三共和制。一八九九年ワルデック＝ルソー内閣（急進社会党）の発足〕の名において、うやうやしく、しかしおよそ熱意はなく実行していた。彼が‘notre sainte église’〔われらの聖なるカトリック教会〕と呼ぶものに繋がるすべてが、はなやかで洗練されたパリの空気が染みついた一個の快楽主義者には我慢のできない退屈ごとだった。彼はドーデの『サフォ』〔素朴な田舎出の美青年と娼婦を中心にパリ風俗を描いた小説。一八八四年作〕の主人公といわれていた。とにかく、あの小説の登場人物がエルサレムの聖職者よりは彼の趣味に合っていたのは事実である。彼らの主張、彼らの口論、そのすべてが、オゼピにはまったくのナンセンスと思われたのだ。実際、そうであった。しかし、われわれのなかにはまだ当時の人もいたというのに、かつては、レヴァント地方のキリスト教徒の保護をめぐる紛争がクリミア戦争を勃発させる値打ちのあることと見られたのである。

私は、この同職のフランス人が大いに気に入っていた。憂わしげ、寂しげであったが——非常に虚弱な妻と子供たちが土地の気候に耐えられず、ほとんど年中地元を離れていた——つきあい相手としてはいつも愉快だったし、しばしば機知に富むところを見せた。私と散歩していて、現地のつまらないことを話題にもしないただ一人の男だった。残念なことに彼は乗馬を好まず——‘J'ai horreur du cheval.’〔私は馬が嫌いなのです〕——したがって馬車では行けない、あちこちのおもしろいところは訪問できなかった。テニスを奨めてみたが、下手すぎて常連たちとはプレーできないという。練習すればうまくなる、と言ったのだが、あきらめ顔でこう答えるのだ——‘Non, mon cher, pour bien jouer au tennis il faut être blond, anglais et protestant.’〔いや、いいですか、テニスがうまくなるには金髪で英国人でプロテスタントでなければ〕。彼は、そのいずれでもなかった。

ほかの同職の人たちも親しさではオゼピとかわらなかったが、彼らにはとくに言うべきこともない。

英国領事のディクソン氏とその家族とはベイルートで知り合っていて、かの地の親類も知っていたから、ごく親しくつき合った。エルサレムの知事はつい先ごろにカイザーを迎えた人だが、コンスタンティノープル出身の善意にあふれ、そして利口なトルコ人である。彼には、賄賂をとらないという、めったにない特色があった。カイザーの来訪に備えて町をきれいにするためにスルタンが送ってきた金を、一部でも「食べてしまう」ことなどはできそうもない人だった。ただあのときは、本来の目的以外には一銭たりとも流用してはならぬという厳命がコンスタンティノープルから出ていた。この命令は、エルサレム当局者にとって一大難題だった。必要なことを全部実施しても、多額の残金が生じた。知事は、私の前任のドイツ領事に町の美化について要望を出してほしいと何度も泣きついた。領事は、ダマスカス門〔ほぼ四辺形をなす旧市街城壁の北辺中央の門。昔のダマスカス街道の起点〕の前に山積みになっている塵埃に知事の注意を促した。しかし、それを片づけるくらいではスルタンの資金は使いきれない。そこで門の正面に見苦しい店屋を何軒も建てることになった。それで、十字軍以来の、あの絵のように美しい建造物の眺めは台なしになってしまったのだ。

さて、前任者がまだ家具の荷造りに追われていたため、私はヤッファ門〔旧市街城壁西辺の中央にあり「ダビデの塔」を擁する〕から近い、あるドイツ人経営のホテルに止宿していた。現地着の翌朝、領事館へ行こうとして急いでいるところへかつての知人を含む来客があって、遅れてしまった。あたらしい客は断わるようにきつく言っておいたのに、イスマーイール・ベイと言う人が、どうしても会いたいといって聞かないという。私は宿の主人の娘に、いまは会えないと言ってもらった——日を改めて来てもらえないだろうか？　仰天したのは、その男が私の兄弟だと言っていると聞いたときだ。「あろうことか、そんなばかな話は聞きたくもない」。ところが、その娘さんは、イスマーイール・ベイは、エルサレムの市民でもっとも敬意を払われているといってもいい人だ、そして「兄弟」とは乳兄弟《ちきょうだい》のことらしい、と言ったのである。これは、オリエントでは実の兄弟と見られている。「あなたのお母様は」、とフロイライン《ミス》・Fは言う——「イスマーイール・ベイの母親のシット《レディ》・サルマ、つまりムーサー・エフェンディ、のちのムーサー・パシャの夫人とご懇意だったそうです」。その人なら、子供のころに母に連れられて女部屋《ハレム》によく訪ねた、二人の美しいアラブ婦人の片方のことだ〔一四頁〕。彼女が赤ん坊の私に、乳を与えてくれたらしい。私はただちに、イスマーイール・ベイを自室に招き入れた。彼は私を抱きしめ、自分の母親からのやさしい言葉をいくつも伝えてくれた。私に、ぜひとも訪ねてきてほしいというのだ。イスマーイール・ベイは私よりも何歳か年下で、兄のアァリフが同い年だった。

　私は二、三日してから、狭いアクバトッタキーヤ通りでわが旧居の真向かいにあるムーサー・パシャのハレムにつづく、なつかしい急な石段を昇った。案内された部屋には、欧風のつもりの家具類が揃えてあった。十九世紀のなかばにドイツでも流行したデザインのものだ。部屋を飾る二、三の額は油彩風石版画《オウレオグラフ》だった。まもなくふとった老婦人が、自分には窮屈すぎる洋装で姿を見せた。みじかく編み下げにした半白の髪が肩にかかっている。頭には、ヨーロッパ製のショールをかけ、イスラムの掟にしたがって注意ぶかく顔の一部を隠していた。シット・サルマの外見にも周囲にも、若いころのあの上品で優雅な美しさや、遠い昔に彼女のハレムを満たしていた純粋にオリエンタルなスタイルを思い出させるものは、ほとんど見あたらなかった——私を迎えてくれた、やさしい、旋律のある声のほかには。

「ヤ、イブニ（わが息子よ）」、と彼女は語り始めた。「ムーサーの死が間近に迫ったとき、私は訊ねてみました。『スライマーン（私の洗礼名フリードリヒにあたるアラビア名。いずれも〈平和をもたらす者〉の意）がエルサレムに戻ってきたら歓迎してやってもいいでしょうか、それとも会ってはいけませんか？』すると夫はこう言ったのです、『むろん会ってやればいい、お前の息子ではないか』」。それから彼女は、往時のこと、私の母が親切にしてくれたことなどをさかんに語った。実際にあったことと聞き伝えで頭に残ったことが一緒になり、甘美で、人を惹きつける、そしてもはやこの世にいない人たちの思い出で涙を誘う、彼女の話をつくっていた。

イスマーイール・ベイは真の友人となり、あとで述べるように私の聖地滞在をこころよく、実りあるものにするのに大いに力を貸してくれた。だがあらゆるオリエント人の例に洩れず、彼も、私の権限外の現地問題に私を引き込もうとすることがあった。ある日、彼は、非常に重要なことでゆっくり話をしたいと言って訪ねてきた。知事に不満があるので、私の国の力で知事を罷免してほしいという。知事のいたらぬところをすべて書き上げた一覧表を渡すというのを私は遮り、犯した罪で最悪なのをここで言ってくれと頼んだ。

「彼の最大の罪を知りたい、というわけですね？　兄弟よ、信じられないかもしれないが、彼は賄賂がまったく効かない、ということです」。

「でも、それを罪というのかね？　まれに見るような長所であって、買収こそトルコ政府の恥ずべき汚点じゃないですか」。

「あなたたち西洋人《フランク》は、皆なんと人がいいのだ、兄弟よ、こちらのことは子供のときから知っているあなたにしてからが！　賄賂なしで仕事ができるなどと、一体どうしたら考えられるのかね？　書面一枚ですら、宛て先、たとえば控訴裁判所やそのほかコンスタンティノープルのどこか上の方の役所に届けるのに法律と行政という機械の車にいつも油をささずにすむと思いますか？　何もかも停まってしまっているのです、陳情も訴訟も、いまのやり方では目をくれてももらえません。最悪なのは、下っ端の役人が、親玉が私的な収入を一切とらないのを見て、長年きまっていたお礼を受けつけなくなったことです。魚は頭から腐るってトルコ人は言うけれど、公けの仕事が全部完全に麻痺してしまった責任者は知事《パシャ》なのです」。

　他国の行政に介入できない、ということをイスマーイール・ベイに分からせるのは容易ではなかった。同時に私は、いつも衝突しているさまざまな宗教団体、とくにキリスト教諸派に秩序を守らせるのに知事が腐心しているのを知った。八月十五日〔聖母被昇天の祝日〕の午後に、聖処女の墓所と信じられている地下室〔オリーヴの丘の麓にある「被昇天の教会」東翼の地下〕の外で彼が坐っていたのを、私は思い出す。彼は、被昇天の祝いに来て教会内で殴り合いの喧嘩になったキリスト教各派を、なんとか正気に戻そうと骨折っていたのだ。穏便と説得を旨として事態の収拾を図ったが、彼の努力も直属の上司であるシリア総督ナージム・パシャが数年前に試みたようにはうまくいかなかった。後者の場合は、あたらしい総主教の選出をめぐってトルコ政府とギリシア・カトリック教徒との間に生じた紛争だった。ギリシア人のとった策は妨害である。彼らは、総主教座への候補者の選出を拒んだのだ。この事態を終わらせよとの命令をうけると、彼らは精霊による導きがなければ判断がくだせないこと、そしてそれがまだ起こっていないという申し立てをした。ナージム・パシャはみずからエルサレムに出向き、ギリシア人聖職者を招集して、二十四時間以内に精霊の導きがなければ強硬手段をとると言明した。威嚇が大いに効き目があったのは、ナージム・パシャは一八九六年にコンスタンティンープルで起こったアルメニア人大虐殺〔二二四頁参照。なおナージムは総督を八年間務めたあと失脚、一九〇六年にロードスの閑職に追われた〕を仕組んだ人物とされていたためである。その同じ日に精霊がギリシア人聖職者に霊感を授けたのは、まことに幸運なことだった。

エルサレムで往時の回想に浸ったのは、イスマーイール・ベイとその母に会ったためだけではない。アブー・ディスのシャイフ〔三〇頁〕は挨拶に来て、オリーヴの丘にある彼の村へ私ども夫婦を招いてくれた。ただシャイフは人をもてなすのにパンを焼く昔風のやり方に代えて、コーヒーとともにプラムプディングを薦めたのである。これは英国のある知人がお礼のしるしに三年前に送ってきたものだ、とシャイフは語った。BUSZARDというマークのついた、この大きな陶製の器の中身を彼が食べる気になれなかったのは、豚の脂が入っているのではないかと思ったのと、せっかくの贈りものも高額の関税をかけられてありがたみが薄れたためだった。ところが、それが役に立つ好機がやっと訪れたというわけだ。私どもは、なかば石のようになったプディングを、長年の友情の名において大方は平らげるほかなかった。

ベツレヘム出身の下婢が、三十二年以上も前に私の両親に雇われていた父親と同じように私の一家の仕事をしたいと、私が戻ってくるのを待っていたという話は前にも述べた。彼女は洋服姿だったが、ベツレヘム近郊のバイト・ジャラ〔ベツレヘムの西方約三キロの村〕に住む、彼女よりずっと若い農婦で片親ちがいの妹ハルウェのほうはその地の衣裳を着て、それがよく似合っていた。

私の家族がエルサレムに来て落ちつくと、娘はわが家に雇われ、訪ねてくる客に非常に好かれていた。彼女なら、聖母の絵のモデルになっても充分につとまったかもしれない。父親がベツレヘムの近くでりっぱな葡萄畑をもっていて、そこへ私はよく馬で出かけては農夫《ファッラフーン》たちとの雑談を楽しんだ。彼らの生活と考え方は、聖書時代にパレスティナにいた人のそれとほとんど変わっていない。私はこのあたりのファッラフーンと大いに親しくなり、一度は誘われて丘陵の上のほうへピクニックに行ったことがある。西に地中海、東にはモアブの山々を背にした死海が見えるところだった。足もとには、ベツレヘムの白い家々と、葡萄畑とオリーヴ林に囲まれたバイト・ジャラが、荒れはてたユダの丘陵の間にオアシスをつくっていた。

うつくしい景色を眺め、農夫《ファッラーフ》が方言でしゃべる話を聞いていると、若手の連中が山腹に穴を穿ち、茨、薊《あざみ》、乾いた木苺《きいちご》の枝、葡萄の樹の根などで埋めた。それに火をつけ、長いあいだ燃やし続けた。可燃物が全部灰になると、米と松の実を詰めた羊をまるごと穴に入れ、湿った土をかけて密閉する。一時間のちに原始的なオーヴンを開け、皆で料理にむかって腰を下ろす。この美味にまさるものがあろうとは、とても思えない。このようにして食べる羊肉のことを、ザルブと呼ぶ。

4　聖地の余暇

家族の到着――わが家の客ガートルード・ベル――ガートルード、アラビア語をものにする――ガートルードと古代パレスティナ――遠出と探訪の日々

このような遠出の楽しみも、マラリアの発作がしばしば起こって妨げられたのは残念だった。私は静養に転地を考え、夏の残りをアビシニア〔エチオピア〕(1)生まれのドイツ人女性がヤッファでやっていたきわめて快適なホテルで過ごした。そこで、妻子の到着を待ったのである。やがて家具類も着き、エルサレムの領事館に落ちついてみると、きれいで居心地のいい家であるけれども、部屋数が一家の分しかない。そのために、お客には隣接する小さなホテルをあてることにした。この客とは、後年中東に関心のある人なら知らないものはないミス・ガートルード・ベル〔Ⅳ－四〕で、私ども夫妻がエルサレムで冬を一緒に過ごそうと招いたのである。部屋は隣りのホテルだが、三度の食事はわが家でともにし、何ごとによらず私どものすることには加わってもらった。

ミス・ベルが、私どもが客として迎えるには最高に楽しい人だったのはいうまでもない。ここのあらゆる事物が彼女の興味を惹くにきまっている、とは分かっていた。活力と、どんな状況もうまく利用する能力にめぐまれたミス・ベルは、私どもへの強力な刺激となった。私どもも、彼女とおなじくこの類のない古都とすばらしい周囲をできるかぎり観察しようと思っていたのだ。エルサレムとベツレヘムのあらゆる史跡に彼女を案内するのは、ほんとうに楽しかった。余暇は、あちこちへ時間をかけて遠乗り

をして過ごしたが、なかには私も知らなかったところもある。彼女は乗馬の腕前が抜群、しかも実に大胆で、石だらけの路や、ときどき現れる磨きあげたように滑りやすい平らな岩を行くときもまったく臆さなかった。

　またさっそく、毎日かよってくる教師についてアラビア語の学習を始め、ほどなくあの難しい言語を結構流暢に話せるようになった(2)。これで、もてなし好きのアラブ人の客となることの多い遠出の楽しみが増えた。私は子供のときからアラビア語を喋っていたから、彼女にいろいろと助言、説明ができる立場にあった。おもしろくて読みやすい『アラディンの物語』を与えたところ、彼女はまもなく人の助けを借りずに読みこなしてしまった。

　近在の経験では一つだけ、エルサレムと死海との間にあるイスラムの聖地ナビー・ムーサー〔「預言者モーセ」の意。エルサレムから死海に下りる途中、エリコに左折する手前右手〕を訪れたときのことを述べておく。聖書ではモーセが亡くなったのはヨルダン川と死海の東方、ネボ山とあるが、イスラム教徒によると、ナビー・ムーサーはここに葬られたことになっている。毎年、春になるとこの大預言者をしのぶ祭りが行なわれ、そのためキリスト教徒の復活祭と時期が重なる。これが異教徒に対する一種の抗議の役目をはたすことになって、イスラムの狂信を考えれば、非イスラム教徒はナビー・ムーサーに巡礼中の大群衆を避けるのが望ましいとされていた。そのような状況だったので、ある朝「わが兄弟」イスマーイール・ベイが現れて、ナビー・ムーサーへ招待すると言ってくれたときには私は驚喜したのである。それが可能だったのは、彼が預言者〔ムハンマド〕の末裔の一人で、イスラム・コミュニティでは公認の指導者だったからだ。

　私たちは皆、この遠出を最大の関心をもって楽しみにしていた。D・B・E・〔大英帝国勲位第二級受勲者〕レディ・ベル〔ガートルードの父サー・ヒュー・ベルの後妻（ガートルードの継母）フローレンス。フランク・ラセルズの妻メアリーの妹〕の編集した『ガートルード・ベル書簡集』Lady

Bell, D.B.E. ed., *The Letters of Gertrude Bell*, London 1927, 2 vols. には、この遠出の記録として以下の断篇のみが収録されている（上巻八二頁）。

一九〇〇年四月十三日エルサレムにて〔父あて〕
明日、昼食をすませてから、ローゼンさん一家とともにナビー・ムーサーへ出かけ、二晩キャンプする予定です。とっても楽しそうな気がします。お父さま、きっとすばらしい経験になるにちがいありません。これほどいいことが私に許されていいのかしら、という思いでいっぱいです……

聖地の外でテントを張り、モーセの埋葬地といわれるところに建つ、大きな四角い石造の建物に案内されたとき、私たちの期待は裏切られなかった。ただ、建物のなかにいた群衆が疑いの眼をあらわにして後についてきたので、イスマーイール・ベイが庇ってくれなければ危ないことになったかもしれない。集まっているのは、パレスティナ南部のいたるところから出てきた人たちだった。多くは百姓で、似合いの民族衣裳を身につけた、若い美しい女たちが歌い、また昔風の優美な踊りを披露する。ほかでは見られぬ、みごとな眺めだった。ガートルード・ベルは、人々がカメラを向けるとこわがるのも構わず、何枚もの写真を撮りおおせた。写真はあとで全部送ってくれたので、レディ・ベルの了解を得てその二枚を本書に載せておく。

イスマーイール・ベイが巡礼のおもだった人に敬意を表して設けた夕食の席に、私たちも誘われた。料理は、米のほかにいろいろなものを詰めた羊一頭をまるごと串に通してローストしたものだ。興味深い場面といい食事といい、すばらしいものばかりだった。

ついで、二回目の夕食がのこりの巡礼に、つまり数千人の群集に振舞われた。米と小さく切った羊肉を炊きこんだ、途方もない大きさの鍋を、棍棒や鞭を持った屈強な男どもが見張っている。ウェイターになぜ鞭をもたせるのかと訊けば、巡礼のなかに肉飯を一人前以上に取るのがいると、それで手を打つのだそうだ。むろん、この巡礼たちはナイフもフォークも使わない。私たちの招き主も、その大事なお客たちも、羊の焼肉を指でちぎったのである。

いうまでもなく、ミス・ベルの遊覧旅行に毎回私が同行することはできなかった。たびたび、あるいは長い間、仕事をあけることは許されない。けれども、やりくりをして時間をつくり、ヨルダン川の東にひろがる地域に二週間ばかりかかる旅に出たことがある。私たちはエリコから遠くないところでヨルダン川の橋を渡り、肥沃な、あちこちに木も見えるところに楽な行程で馬を進めた。このあたりには、多くは紀元前の最後の二世紀間に造られたいくつもの立派なギリシア人の町が、壮大な廃墟になって残っている。たとえば、かつてはフィラデルフィア〔エジプトのプトレマイオス朝第二代の王プトレマイオス二世フィラデルフス（「愛姉王」、在位前二八五―二四六）にちなむ〕と呼ばれた、現在はトランスジョルダニア〔ヨルダン王国の旧称〕の首府アンマーン、あるいは神殿と列柱と劇場のならぶ大通りのある町、かつてのゲラサ、いまはジェラシュなどだ。

キリスト在世のころには、パレスティナには十都市《デカポリス》連合と称するギリシア人の十都市があって、繁栄していた。事実上は独立したこれらのコミュニティの壮麗な建造物は、粗末な建物しかないユダヤ人の町や村とはきわだった対照を示していたにちがいない。しかし、新約聖書の全体を通じて、これらの美しい町の記述がほとんどないのは奇妙である。そのころのユダヤ人にとっては、ギリシア人などといえば多神教を奉ずるただの異教徒にすぎず、信心深い者の関心外だったのだ。これらの町のなかでもっとも立派な、まちがいなくもっとも絵画的だったのが、ガダラ、現在のウンム・カイスだったろう。テベリア湖〔別名ガリラヤ湖〕の東南岸に迫っている、いまは木に被われた台地に散らばる遺跡は、白大理石や石灰岩ではなく黒い玄武岩でできている。新約聖書に、悪霊が豚に入り、豚の群れは急峻な山腹を突進して下りて湖に溺れた、と記されているところである〔新約マタイ伝八／二八／三二〕。

私たちは、この急坂の端にテントを張ったので、丘の麓まで馬を曳いて細い路を下りるのは一苦労だった。そこには近在のベドウィンのためにアル・ハンメ〔温泉〕という立派な水浴場が硫黄分の多い温泉のまわりに設けてあった。かどを落としていない石で畳んだ水槽をつくり、芦の垣で囲んである。私たちが着くと、ただちに管理人が入浴中の人を温泉から追い出し、あたらしい温水、冷水を張ってくれた。

私ども夫妻がティベリアス〔ガリラヤ湖西岸の町〕への舟遊びのついた束の間の水浴シーズンという贅沢を味わっている間に、ガートルード・ベルはダマスカスのほうへ北上の旅を続けていた。私どもは、ティベリアスでは一晩も過ごすつもりはなかった。カワースから、「蚤《のみ》のスルタン」がいると言われていたからだ。その通りだったにせよ、このスルタンはもう一つの住まいを、私たちが別の道を通ってエリコの近くのヨルダン川にかかった橋を渡り、エルサレムに帰ってくる途中にも持っていたことがわかったのだ。エルサレムでは、やがてミス・ガートルードと再会した。

ミス・ベルは私どもと暮らしていた間に何度も砂漠旅行に出ているが、それについては彼女の書簡が興味深い話を伝えている。遠出以外の時間は、ほとんどを聖書考古学の勉強にあてた。各地の聖跡に対する彼女の関心は、レディ・ベルがただしく指摘するように〔『書簡集』中の編者の注記として〕、考古学者としてのもので、信仰者のそれではない。しかしそれでも、関心としては旺盛なものだった。私たちは時間の許すかぎり見てまわろうとし、本を読んで得た知識の隙間を埋めたほか、聖書研究のすばらしい講義も聴講した。講師では、ドミニコ会のフランス人修道士がもっともすぐれていた。このような学者《サヴァン》たちは近代的調査の成果に精通し、それに自分たちの聖地研究で仕上げをかけていたのだ。彼らは、私の見るところでは所属する教団の拘束をうけず、歴史的事実の立証のみを追求していた。聖職者であることを思い出させるのは、白い長衣と、会合の初めに天使祝詞《アヴェ・マリア》を唱えることだけであった。

私がこのような研究を続けるについては、特別の理由があった。私の父〔ゲオルク・フリードリヒ・ヴィルヘルム・ローゼン、一八二〇―九一〕は、一生のうち十四年ちかくをエルサレムで過ごし、その時間のほとんどをパレスティナとシリアの古代史の研究に費やした。父が各種の学術誌に寄稿した論文は、親友で後援者でもあったアレクサンダー・フォン・フンボルト〔プロイセンの自然科学者、一七六九―一八五九。ベルリン大学創立者の一人ヴィルヘルムの弟〕や学士院、ベルリン大学のメンバーなどから高く評価されていた。晩年、引退してドイツのデトモルトで暮らしている間に、この研究は別の形と別の目的で再開された。父が思った――実はその前にも、後にも同じように思った人はいるが――のは、ユダヤ人ほどの小民族がキリストに先立つ数世紀の間にオルビス・テッラルム orbis terrarum〔地球〕のほとんど全域に広がったとは説明がむずかしく、また同時に、カルタゴとその植民地の住民を含めたフェニキア人が消滅したのも説明がつかないということである。こうして父は徐々に、起源と言語できわめて密接につながっている二民族は溶け合って一つになったにちがいない、その場合にユダヤ人の要素は宗教思想に表れ、本来のフェニキア人は自分の商才を片一方の人たちに移植した、という仮説をたてるにいたった。一八九〇年に、父は非常な手数と苦労を重ねてようやく研究ノートをまとめ、著作をほぼ完成させたが、東方旅行中のカイロのホテルでその原稿がわけのわからぬまま行方不明となった。父はこの失敗にはいささかもくじけず、ドイツに帰るとただちに一から書き直し始める。しかし一八九一年の秋、わずか数頁を書き進めたところで、死が父の手からペンを奪ったのである。

当時私はテヘランにいたが、そこでは自分がろくに知識をもたず、参照すべき書物もないテーマの研究を始めるのはきわめて困難だった。さいわい、わが友カドガンがルナンの『イスラエル民族史』を一部持っていたのを借り、また彼の死後には買いとることができたことは既述のとおりである。同書と、ドイツから取り寄せた若干の書物を通じて得た知識から、私は父の仕事を引き継ぐ、むしろ復元する意向を固めるにいたった。そして九カ年を超えてこの目標を追ってきたが、エルサレムに転任となったことで新しいはずみがつき、またあたらしい資料も大量に入手できた。私は、このテーマについて知りえたことをすべて記した手稿を持参していたが、それはバグダード領事のときに「バビロンの流れのほとり」で柳の木かげで書いたものである。それをこんど補正し、完全なものにしたわけで、ガートルード・ベルとはその間ずっと問題点の検討をつづけた。彼女は本テーマに最大の関心を示し、また私の苦労が成功で報われることを願って止まなかった。

英国へ帰った彼女は、何人かのすぐれたオリエント学者に会って私の構想を話したらしい。このことでガートルード・ベルから届いた手紙は、彼女の友人、あるいはその名を知る人の興味を惹くと思うのでここに掲げておく。

一九〇〇年九月十一日
レッドカー、コーサムのレッドバーンズにて〔レッドバーンズは、ベルの生地に近いイングランド北部のミドルズバラ郊外レッドカーにあった両親の広大な別宅〕

ドクトル・ローゼン様
ちょうどいま、本棚からハーフェズの翻訳本(3)を取り出したところです。お届けしようと思って随分前にとっておきながら、まだお送りしていませんでした。ご興味をおもちいただければ幸いに存じます。

リーフ氏[4]は非常に聡明な人で、すぐれたペルシア学者と思われます。他日、ぜひお会いくださることを希望いたします。オリエンタリストといえば、私のアラビア語の先生、上院の司書ストロング氏[5]がいま私どものところに滞在中です。この人は、英国のオリエント学者中では存命、死没を通じて東方諸言語で最高の学者といえると思います。同氏に、ユダヤ人とフェニキア人のことをよく話してみました。同氏が判断するかぎり、お説はまったく当を得たもので、これまでそれを詳しく論じた人も、ルナンの晩年の著作に盛られた示唆の域を越えた先まで行った人はないと思う、とのことでした。直面しておられる困難のことを同氏に話しましたところ、充分に察してくれまして、ファッハ Fach〔=ドイツ語で「専門(領域)」〕外のものはだれしも、ドイツの学者からは刃物をつきつけられるような取り扱いを受けるのが常だ、と言っていました。ドイツの学界は、要するに閉鎖的な会社のようなもので、万事自分たちの路線で仕事をすることを求めるのだそうです。

もっとも同氏は、彼らから学ぶものはほとんどないことがお分かりになると思う、と申しておりました。お説は、いわば源泉から水を引くようにして、彼らが注釈以外に何もつけ加え得ない基本的な典拠を検討することによって組み立てられております。同氏の言うには、彼らの注釈にはさしたる価値はなく、無知の羅列にすぎないのもしばしばで、学問の進歩に資する体系ではありません。私は同氏の言葉におおいに興味をもちましたが、あなたもご同様のことと拝察いたします。同氏は、欧州各地のオリエント学者の業績に実によく精通した人だからです。また、非常にすぐれたヘブライ学者でもあります。ルナンの学識には無限の敬意を抱いており、物ごとを判断する力は充分といってもいいと思います。
　この二十八日には、父とともに長い海路でナポリへ行き、イタリアをゆっくりとまわってくるつもりです。これが父の健康にせいぜい役に立ってくれるといいのですが、医者は口をそろえて、長い休暇をとることが必要と申します。こんどの冬には二人でインドと日本へ出かけたいと思っております。つまり来春はシリアはだめということになりますが、その十月には私は国を出て、冬にアラビアを旅することを本気で考えています。そのことでは、リュッティケさんにはご相談をさせていただくつもりです〔実際には一九〇二年春にトルコ、暮れから弟とインド、中国、日本、米国と二度目の世界周遊に出かけ、シリアには一九〇五年の春、アラビア半島には一九一三年に行っている〕。ニーナさん〔著者の妻。ガートルードの継母の実家オリップの親友の娘〕からまたお便りをいただき、うれしく存じました。ニーナさんには写真を一束、外遊の前にお送りいたします。
　みなさまによろしくお伝えください。

ガートルード・ベル

二伸——本状にはご返事はいりません。

　この手紙が書かれてからほぼ三十年が経ったいま、ようやく私の本は出ることになった。ただ手紙でいい意見をもらったのに、それには残念ながら副うことができなかった。私の著作は、いまの形よりも一般読者にもっと分かりやすくすることは多分できたであろうが、その場合は、おなじ畑を耕してきた人たちがコロンブスの卵を立たせもしないで発する多大の批判に曝されたにちがいない。私は、一神学教授の協力を仰がざるをえなかったのである。そのため、当然ながら著作はより学問的な性格のものとなり、内容を格段に改良できたことはいうまでもない(6)。

ミス・ベルの帰国の日がきたときは、私どもは本当に残念だった。エルサレム滞在が快適で実りゆたかであるようにと思って試みたことに対する彼女の謝意は、私どもの取り柄をはるかに上まわる。けれども私は、彼女がエルサレムから父君のサー・ヒュー・ベルに出した手紙の一つにつぎのような言葉があるのを知ってうれしく思った――「つくづく思うのですが、当地での数カ月があったことで、私のこれからの人生で得られる喜び、楽しみに多くのものが加わって、いつまでも残ることでしょう」。同時に私は、大部分は何人かのドイツ人のおかげで自分のものとなった彼女の知識、経験のすべてが、後年私の祖国への敵対に用いられたことを思って、重苦しい感慨を抑えることができない[7]。そのことで彼女を責める気はない、彼女を動かしたのは祖国愛であり、彼女は可能なかぎりはわが同胞――その多くはオリエント学者、考古学者だが――の知識、経験を深めるのに力を貸そうとしたからだ。それも、英国人の大多数にとって、ドイツ的なもののすべてに対する憎悪がいわば政治信条となる事柄だったときにありながら、である。

二年目の夏は、前年ほど愉快にはいかなかった。家族が重病にかかったことで町を離れ、マラリアを媒介するアノフェレス蚊〔ハマダラカ〕のいないところに仮住まいを余儀なくされた。私は、エルサレムとベツレヘムの中間にあるギリシア正教の修道院マル・エリアス〔聖エリヤ。墓所の主が旧約の預言者エリヤかどうかには諸説あり〕に居を定めた。毎日、午後になると地中海からアラビア砂漠に強い風が吹いて、不快な蚊を追い払う。ギリシア人の親切な修道院長は、教会の屋上に建つ風通しのいい数部屋を私たちが自由に使えるようにしてくれた。教会のドームがそのテラスの中央から聳えている、というところだった。院長は、私たちの飲用するミルクは届けたいからと、毎日の必要量を訊ねる。二パイント〔約一・一四リットル〕と答えると、修道院には相当な数の山羊と羊がいるが、かような量は搾乳量をはるかに超える、と院長は言った。これが、「乳と蜜との流るる地」〔旧約出エジプト記三―八ほか〕であろうとは！

修道院のそばのオリーヴ林は、私たちのリクリエーション場となった。そこでは樹陰に坐しているほか、なすべきこともない。三十二年前に、私は両親とともにここでキャンプをして一夏を過ごしたのである。子供たちで枝に登って遊び興じた何本かのオリーヴの古木には、まちがいなく見覚えがあった――これほども、オリーヴの木は丈夫で、そしてゆっくりと育つ、ということだ。

マル・エリアスのテラスの自室からは、ユダヤ人発祥の地とされる古代ユダ王国〔前十世紀にダビデによって建設された統一王国がソロモンの死後分裂したときの、エルサレムを都とする南王国。一四二頁参照〕の大部分が一望のもとにあった。北方はベニヤミン族のものだった丘陵地で、南方の尾根にはいにしえより続くヘブロンの町が隠れている。西方はフェニキアの町ヨッパ（ヤッファ）と地中海になだらかに下ってゆく丘陵と谷である。東を見れば、景観は古代ユダヤ人《びと》の王国の領域を遠く越えて死海の対岸モアブの山々にまでひろがる。私が一目で見渡せるところを大きくは出ない地域から、世界中のユダヤ人が生まれたとされているのだ。ここで私は、ユダヤ人の全世界《オルビス・テッラルム》への拡散を論じた自分の著述の草稿に、冬の間の受講でまとめた所見をとりいれて見直しを行なった。

著述を始めたときには、ユダヤ人離散は西暦七〇年のティトゥス帝によるエルサレムの破壊とともに始まった、というのがまだ通説であった。新約聖書（使徒行伝第二章）にアジア、ヨーロッパ、アフリカにまたがるユダヤ人居住地が列挙され、この時期よりはるか以前から開化した世界の拠点にすべてユダヤ人がひろまっていたのは明らかなことを思えば、その誤りがまかり通っているのはなおのこと驚くに堪えない。西暦紀元の始まるずっと前にユダヤ人の離散があったことが確認できる、前二世紀以来の証拠が数多く存在するのである。この点については、ストラボン〔ギリシアの地理学者、前六四頃―後二三頃〕、フィロン〔一―二世紀の人、「ビユブロスのフィロン」。パレスティナ沿岸部の地誌を書いたギリシア人〕、ヨセフス〔ティトゥス帝の庇護をうけたユダヤの軍人、歴史家。『ユダヤ戦記』『ユダヤ人の古代』三七頃—一〇〇〕などの記述を引用することは差し控える。しかし、フェニキアとカルタゴの歴史の頁が終わってから何世紀も経ったときにフェニキア人の居住地が存在したことについては、ストラボンの著作の一節を引いておきたい。

「このフェニキア人による植民事業はきわめて順調——〔ジブラルタル〕海峡の外側に加え、イベリアにおいても——で、現在までにヨーロッパは大陸も近接島嶼部もともにその大部分にフェニキア人が居住し、また彼らは、居住が可能で遊牧民が抑えていないかぎり、（北）アフリカ全地域を手中に収めている」。

そしてこれよりあと、一世紀を大きく超えないうちにフェニキア人に関する叙述はまったくなくなり、出てくるのは以前は彼らが占めていたすべての場所にあるユダヤ人入植地の記述のみである。この変容は、事実上同一の言語を話し、多数の共通する思想、習慣をもっている両民族の融合を除いては説明不可能と思われる。ユダヤ人は植民地をもたなかった、しかしフェニキア人の多数の植民地、居住地にあたらしい住みかを見いだしたのであり、徐々に彼らを説き伏せて自分たちの宗教上の信条、自分たちの信仰の掟と慣行を採用させたのである。

キリスト教の急速な伝播を可能にしたさまざまな状況のなかで、世界のいたるところにフェニキア人の植民地があったことは、もっとも重要な一つだったのだ。

（1）妻子の到着を……　——このときの著者の家族は、妻ニーナ（一八六三年ロンドン生まれ）、その妹シャルロッテ（姉に同行して滞在中）、長男ゲオルク、次男オスカル。

（2）流暢に話せるように……　――十二月十二日に「ホテル・エルサレム」に入り、翌日から学び始めて、ロンドンでいくらか勉強したとはいえまったくの初心者だったが三カ月でほぼ完全にものにした。四月以後は、ダマスカス、パルミラなど遠方へ一人旅に出ても全然困らなかった。必死で学習した苦労は、家族に出した手紙からよく読み取れる。

（3）ハーフェズの翻訳本――*Poems from the Divan of Hafiz*, translated by Gertrude L. Bell, London 1897. ガートルードがテヘラン滞在中に学び始めたハーフェズ詩を、韻文で英語訳し、詳細な解説と注釈を付したもの。

（4）リーフ氏――Walter Leaf, 1852-1927. 国際商業会議所会頭も務めた銀行家、金融評論家であると同時に驚異的な能力といわれた古代語、古典語学者。この当時は London and Westminster Bank の役員。

（5）ストロング氏――Stanford Arthur Strong, 1863-1904. オリエント学者、美術史家、ロンドン大学教授（アラビア語）。有力貴族の推挙により上院司書となる。独仏に留学して大陸諸国の学界に詳しく、またルナンから高く評価されていた。

（6）一神学教授の協力を……　――つぎの著書をいう。Georg Rosen, *Juden und Phönizier. Das antike Judentum als Missionsreligion und die Entstehung der jüdischen Diaspora.* Neu bearbeitet und erweitert von Friedrich Rosen und Georg Bertram. Verlag von J.C.B. Mohr, Tübingen 1929.『ユダヤ人とフェニキア人――伝道宗教としての古代ユダヤ教とユダヤ人離散の発生』ゲオルク・ローゼン原著、フリードリヒ・ローゼンならびにゲオルク・ベルトラムによる改訂増補版。一九二九年チュービンゲン・J・C・B・モール社刊。ゲオルク・ベルトラムは当時ギーセン大学神学教授で、以下の著作がある。(1) *Die Leidensgeschichte Jesu*, Göttingen 1922. (2) *Die Himmelfahrt Jesu vom Kreuz aus*, Tübingen 1927. (3) *Neues Testament und Historische Methode*, Tübingen 1928.

（7）重苦しい感慨を……　――ガートルード・ベルは第一次大戦中に英軍部アラブ・ビューローに所属し、アラビア語と現地事情への通暁を生かして情報活動に携わった。彼女に対するアラビア語とアラブ世界へのイニシエーションは、ローゼン一家とその友人でダマスカスのドイツ領事リュッティケ（一二〇、三一六頁）をぬきにしては考えられない。ガートルードはオクスフォードでの勉学（欧州近代史）、頻繁な旅行、伯父ラセルズの縁でカイザーと個人的に面談する機会（一八九七年ベルリン）などを通じてドイツへの親近感はつよく、考古学分野でもドイツの学者と接触は多かった。

5 オリエントとの別れ

ベルリンに戻る——オリエントで過ごした歳月
——わが政治観

その年の秋に、私ども一家はヤッファへ行き、前にも述べた居心地のいいホテルに滞在した。この頃には、私は自分の任地、とくにやっている仕事にほとほと嫌気がさしていた。カイザーの来訪で浮上した純粋に理屈上の問題は、もはやわが政府の関心事ではなくなっていた。私に残された仕事は、地域の瑣末な問題に耳を貸すことくらいである。そのほとんどがさまざまな派閥間の不毛な論争で、なにかといえばその代表が自分の不満を領事にもち込んでくる。私は、ベルリンの本省に忘れられてしまい、父とおなじように生涯の大部分をここに置きっぱなしにされて過ごしそうな気がしはじめていた。事実、定年というものがなければ、私はいまも領事としてエルサレムにいたかもしれない。しかし、我慢して待つよりほかはなかったのだ。

　私は遠出をして数日間をハイファとアッカーで過ごし、アッカーではバーブ教の一派、バハーイー教の教主アッバース・エフェンディ[1]を訪問した。ある午後、ヤッファへ帰ってくると、妻が一枚の紙を手にして出てくるのに会った。それは、私にしか解読できない電報だった。妻はなにか重要なものと思って、ホテルのヴェランダから私の帰りを見張っていたのだ。電文は、外務省政策（外交政策）局のある職〔オリエント課長〕を引き受けるかどうかで私の意向を訊いてきたのである。実にありがたい知らせであった。

多数の知友と、幼年時代を過ごしたふるさととして親愛な国とに別れを告げるのはつらい、けれども、さいわいなことに私は祖国のためにオリエントを棄てねばならぬのを悔やむほど、東方かぶれだったわけではない。私は受けた打診を快諾すると、エルサレムの世帯を大急ぎで処分した。そして十二月に入ると家族とともにヤッファから乗船して、コンスタンティノープルに向かった。そこに二、三週間滞在して大使マルシャル・フォン・ビーベルシュタイン男爵の指導をうけ、オスマン帝国におけるドイツの政治的立場を勉強するように指示されていたのだ。ベルリンにはクリスマスに着き、新世紀の始まりとともに本省での仕事を始めた。

ここに思い出すままに記した、パレスティナ、シリア、アラビア〔現イラク〕、ペルシアに旅をし、そして住みついて過ごした長い年月を振り返ってみると、ある痛惜の念を抑えることができない。これらの国々が何世紀にもわたってヨーロッパ人の関心と喜楽のもとでありつづけた末に、その良いところ無類なところのきわめて多くを失い、西洋文明のなかでもっとも魅力に欠けるものに取って代わられ始めた、という思いである。上述のオリエント諸国――それにモロッコ、アビシニア〔一九〇五年に対アビシニア（エチオピア）通商交渉代表〕、アジア側トルコ〔短期訪問、通過〕を加えてもいいが――は、私が初めて接したときは、いろいろな点で中世のまま、場合によっては古代のままであった。技術進歩のひろまり、とくに自動車交通の導入はアレクサンドロス大王やモンゴル族による征服といった史上最大級の事件の結果を上まわる変化をアジア、北アフリカの全域にもたらしている。ペルシアはやがてペルシアではなくなるだろうし、すでにペルシア人はヨーロッパ人と密な接触のあったギリシア人やアルメニア人のようになり始めている。信奉者にとっては神の化身にほかならぬアッバース・エフェンディのようなタイプの人が、みずからの深い教養と英知で、また絶妙のきわみの心地よい話しぶりと物腰で、訪客をよろこばせることも早晩なくなるだろう。トルコ帽《フェズ》が山高帽《ボウラー》に、ターバンが労働者の布帽子《クロスキャップ》に駆逐されつつあるように、品格は無作法に取って代わられつつある。

しかし、私がもっとも残念に思うのは、観光旅行、産業優先、入植地建設の結託によってパレスティナで急速に進行している、昔ながらの姿の崩壊だ。西洋諸国のすべてとオリエント諸国の多くが、ユダヤ教徒、キリスト教徒、イスラム教徒のそれぞれにとって神聖な多数の遺跡を擁する「聖地」に関心がある以上、現地に国際的な「保留地《リザヴェイション》」を創設し、せめてその本来の特質と独自の歴史の痕跡として残っているものを保存することはできないものだろうか。文明世界は全部を合わせても、あの小地域を進歩と近代的発展と称するものの侵略の手が及ばないようにしておくには貧しすぎたようだ。人類はこれほどの富を持ちながら、ヨルダン川の水力利用や死海の付近に発見がありうる油田から期待される利益はあてにしなくてもいいといえないのだ。

二度目のエルサレム在住時には、入植者の流入と、現実の、あるいは空想の土地改良による破壊の猛威は、すでにすさまじいばかりだった。その後も破壊という無情な戦争が、かつてのパレスティナの生き残りに対して続けられている。この開発というものを停めること、あるいは遅らせることすら、できるわけはない。このような事情にあるからこそ、開発前の中東をこれだけ見ることのできた自分の巡り合わせが、二重にありがたく思われる。

しかしいま、私はオリエントに対する偏愛を押しやり、その類のなさの減衰への哀悼を棄てて、自分を待っている新しい職務に考えを集中せねばならなかった。むしろ新しい任務は、これまで人の顧みない僻遠の地で過ごしてきた生き方に比べて、新鮮で活動的なそれに対する期待を抱かせた。私は、わが国の外交で枢要の位置にある部局で職務につくことを思い、東方諸国での経験を活かせられようと期待した。

対外関係を取りしきる幹部を動かす決定的な力があるなどとは思いもしなかったが、この人たちとよく接触することで、オリエントのどこかにいるよりは、国家の役に立てるよりよい機会に恵まれようと思われた。

私は、世界におけるドイツの立場が容易なものでないことは承知しており、ドイツが与える印象のはなばなしさの根拠は実体でなく外観のみと感じていた。しかし南ア戦争のときに英独間に生じた亀裂の大きさを、そのころの私は認識していなかった。英国海軍によるドイツ船舶の拿捕そのほか類似の不和は一過性のもので、私に言わせれば友好を運命づけられ、仇同士になりうるはずのない両国を、長い眼で見て決定的に離反させるものではないと思っていた。私の感じでは、近い将来に現存の懸念はすべて払拭され、伝統的で、私にとっては自然な状態である英独関係が回復することは確実だった。この方向での努力にささやかながら私も貢献できると信じたし、彼我の年齢と地位の差はともかく、当時はベルリン駐在英国大使だったサー・フランク・ラセルズ〔一八九五―一九〇七の長期間在任〕の力量に加えて、彼との間に培った友情を思えばなおさらそうであった。いまでも私は、両国の関係改善に、彼が自分の権限内で最善をつくしたと思っている。それは、ロンドンのドイツ大使メッテルニヒ伯の尽力と軌を一にするものだった。かつての親善関係の回復も、一九〇一年初頭にはまだ遅すぎはしないという限りでは、私は間違っていなかった。この年には、欧州の平和を確たる基礎の上に築くことのみならず、両国間のあらゆる誤解、軋轢の原因を除去することを期待しうる英独協定の締結にも手が届きかけていたのである。

その後の年月に起こった数々の出来ごとは、このような希望も努力も水泡と化さしめ、ついには史上最大の罪悪、最大の愚行と私が思い続けていた——そして、いまなお思っている——こと、英独間の戦争をもたらした。私がオリエントの物の見方をしていたなら、このいたましい結末を「神意」に帰したことであろう。けれども、そのような宿命論的諦観はヨーロッパ人として受容できるものではない。いま私にできるのは、ナポレオンがゲーテとの対話で用いた言葉を引用する以外にない——'Que me voulez-vous avec la destinêe? C'est la politique qui est la destinêe.'〔運命をどう思うか、というのですね？ 運命なるもの、それは政治なのです〕(2)。

（1） アッバース・エフェンディ——一六八頁参照。ペルシアでナーセロッディーン・シャーの大弾圧をうけたバーブ教徒のバハー・アッラーフが国外に逃れてバハーイー教を創始。一八六八年以後はアッカーを本拠として布教に携わった。アッバース・エフェンディはその長子で、第二代教主。

（2） ナポレオンが…… ——一八〇八年十月、ナポレオンはチューリンゲンのエルフルトに露、墺、普の君主を含むドイツ諸侯会議を招集。ゲーテはヴァイマルのカール・アウグスト公に随行して出席し、二日（エルフルト）、六、十日（ヴァイマル）の三回ナポレオンと面談した。意味のあったのは最初のときで、一時間にわたる対談でナポレオンは『ヴェルテル』を語る文学談義から始まって運命的なテーマの悲劇を開化の進んでいない時代の遺物とみなす自論を述べ、その脈絡で引用の言葉を述べたとされる。

訳者後記

本書の内容は「はじめに」で言い尽くされていると思うので、ここでは、著者自身に関する若干の知見を述べてご参考に供したい。

著者は中東在住以外の過去も断片的に語っているが、多彩な生涯のあらましをまとめれば以下のとおりとなる。

一八五六年に、父ゲオルク（一八二〇—九一）と母ゼレーナ（一八三〇—一九〇二）の長男として母の実家があったライプツィヒで生まれる。父方は北西ドイツのハノーファーからデトモルトにかけての、つまり十九世紀になってプロイセンに併合された地方の出身で、著者の出生当時、オリエント学者でもあった父はすでに長くプロイセンのエルサレム領事を務めていた。

著者もまもなくエルサレムに移り住み、十一歳（一八六七）まで過ごして、父の転任で欧州に戻った。普仏戦争、ドイツ帝国の成立などを故国で経験しつつ、ベルリン大学で東洋諸語を学んでインドに留学し（一八八六—八七）、ペルシア経由で帰国後は同大学に新設されたオリエント研究科《ゼミナール》でヒンドゥスターニー語を講じた。幼少時から独、英語とアラビア語は身につけていたが、後年もっとも打ちこんだのはペルシア語ペルシア文学の分野である。八八年にロンドンで結婚、九〇年、帝国外務省に入る。貴族の出自でないので幹部の席が用意されていたわけではなく、副領事、ないしは通訳官《ドルメッチャー》としての出発だった。以後十年間の中東各地での体験は、本書Ⅲ以下に語られている。

一九〇〇年末に帰国し、外務省オリエント課長（Leiter der Orientabteilung）、〇五年訪エチオピア通商交渉使節、〇五―一〇年駐タンジール公使、ついで一二年までブカレスト、大戦なかばにポルトガルが対独参戦する一六年までリスボン、そしてドイツ敗北を挟んで二〇年までハーグで公使を務めた。いまの感覚では小国めぐりに見えるが、大戦前にヨーロッパ列強が新大陸以外で大公使を交換した国はわずかなもので、欧州諸国のほかは東にトルコ、ペルシア、その先はシャム（タイ）、清（中国）、朝鮮（開国から日韓併合までの李朝）、日本しかない。

大戦中に、オランダが最後まで中立を維持したことへの著者の貢献は大とされる。そして大戦最末期の一九一八年十一月、プロイセンの王位にだけは執着をみせたカイザー・ヴィルヘルムがすべてを放擲して亡命したときに、前帝を受け入れたオランダにいたのが公使ローゼンだった。

一九五九年という後年に遺稿が刊行された彼の外交回顧録第三巻の五部二章（*Aus einem diplomatischen Wanderleben*, Wiesbaden, 1959. Bd. 3. V-2.（一四八頁割注参照）には、その十一月十日のことが十一頁にわたって述べられている。

ハーグの公使官邸への来電で午前三時に起こされ、廃帝を乗せた宮廷列車がオランダに来つつあると知ったあとの対応の記述は、いま見てもなまなましい。世情騒然のベルリンから股肱《ここう》と頼む軍首脳のいるスパー（ベルギー東部の大本営所在地）へ十月末に移っていたカイザーは、本人不在のまま前九日に廃位され、その夜倉皇として同地を発つ。入電が前後する混乱と暗号の解読で時間がかかり、委細がわかった午前八時ごろには列車はすでにオランダ国境に到着していた。むろん一行は、アメロンゲン城

（ユトレヒトの東南方）を目ざしてスパーを出たのではない。落ちつき先が決まるのは、ヴァン・カルネベーク外相や離宮に滞在中でハーグには不在のヴィルヘルミナ女王と著者とのあわただしい折衝のあとだった。

ベルギーに細長く入りこんだオランダ南端のアイスデン、そこの小駅の待避線で停車中の列車にようやく著者が廃帝と七十名の随行者を出迎えたのは、十日の深夜である。まる一昼夜を車中で過ごした廃帝は、女王差しむけの接遇官が退出すると、憔悴した表情で著者に語った。

「ローゼン、私が動転しているとは思わないでもらいたい。この決心をするまでには、充分に熟慮と葛藤を重ねたのだ。だが、オランダに来るほかなかった。将軍たちは、私がドイツには行けぬと断言した。橋はすべて叛徒が抑えており、軍はもはや信頼できないという。ドイツに戻ってもせいぜい内戦を煽るのみで、それだけは国民に免れさせねばと思った。それに、ドイツで何ができるというのだ、昨日、従弟の宰相《ライヒスカンツラー》プリンツ・マックス〔バーデン公マクシミリアン、十月三日に帝国宰相となり、カイザー廃位を宣して同時に辞任。一八六七—一九二九〕がスパーに電話をかけてきて、廃位を公表したと告げたいまとなっては！」

これが、随行外の人に廃帝が洩らした最初の感懐である。帝国終焉の日をドイツ側で、あるいはスパーからゴールドクリーム色の列車を送り出すまでのことを述べたものは山をなすだろうが、昨日までカイザーだった人の言動を現地で記録した人は著者しかいない。私の限られた知識の範囲ではわが国の資料にこのくだりが引用されたのは見あたらないので、冗長を顧みず紹介した。

カイザーの外交官としてのキャリアを中東でなすべきこともなく十年間も過ごすことで始めた著者が、その最後で遭遇したのは一世一代の大仕事だった。前記の章を、彼は十一世紀のペルシア詩人・旅行家ナーセル・ホスローが、天空から世界を睥睨《へいげい》していた大鷲《おおわし》が矢に射られて落ちるさまを歌った詩「鷲」の翻訳で締め括っている。

戦後、著者はヴァイマル体制下で中央党（Zentrumspartei, 1870～1933. 現ＣＤＵの前身にあたるキリスト教系中道政党）の第一次ヨーゼフ・ヴィルト内閣（中央党、社民党、民主党の連立、二一年五月より十月まで）の外相を党派外の立場で務めた。その前に駐マドリード大使の話があったが、かつて一九〇五年に著者が準備を担当したアルヘシラス会議（III―四訳注2）でのドイツの出方が尾を引いて、フランスへの顧慮からスペイン宮廷はアグレマンを出さなかった。第二次ヴィルト内閣には参画せずに引退、本書もその一つである執筆の生活に入ったが、子息ゲオルクが大使館に在勤する北京を訪問中の三五年十一月、現地で死去した。

テヘラン生まれの長男ゲオルク（双子の次男は夭逝）は、ミュンヘン、リスボン、ライデン、ミュンスター各大学のほか、本文にもあるようにローズ奨学金でオクスフォードに学んだ。オリエンタリストにはならなかったが、祖父、父に続いて外務省に入り、欧州各地やニューヨークに勤務する。中国在勤中に後述の事情で外務省を休職になり、帰国後四〇年に米国に移住し、一、二の大学で政治学を講じた。第二次大戦後は西独外務省に復帰して、駐モンテヴィデオ（ウルグアイ）大使を最後に退職、六一年にアウクスブルクで死去した。本書にも再三登場する著者の妻ニーナは、第二次大戦中は子息と行動を共にしたものと思われるが、五六年にローゼン一家の故地、西独デトモルトで死亡している。

＊

著者みずからは余技と称する著述は、かなりな数にのぼる。内容で分類すれば、ヒンドゥスターニー語・ウルドゥー語関係二点、ペルシア語ペルシア文学関係十一点（父の遺作の改訂二点を含む）、ユダヤ人・フェニキア人の研究（共著）一点、外交論一点、回想記二点（本書および前記の外交回顧録）である。うちルバイヤートの翻訳（インゼル版、IV―五訳注1）は、いまも版を重ねている。一九〇頁に述べられた英文ペルシア語文法書には一九七九年刊ニューデリー版があって、インドのペルシア語教育に用いられている由である。ライフワークというべき『ユダヤ人とフェニキア人』（VII―四訳注6）は、ようやくこのほど原本を入手できて拾い読みをしたかぎりでは、本文の分量の六割を超える厖大な注記と引用に支えられた、著者自身が「学問的な性格のもの」というとおりのもののようだ。オリエンタリストとしての著者の業績の評価はしかねるが、たとえば本書一八九―九〇頁で触れられた十八世紀ペルシア史の研究などは、その時点での先駆的なものだったのではないだろうか。著者自身が述べたものについては本文の関係個所でその都度説明したが、ほかにも下記の著作があるので、念のため列記しておく。

Theater. Drei persische Schwänke von Mirza Malkom Khan. Berlin, 1922（ペルシアの笑劇、ミールザー・マルコム・ハーン作の三篇）

Literaturgeschichte des Urdu. In: Handbuch der Literaturwissenschaft. Heft 7 und 8. Potsdam, 1927（ウルドゥー文学史）

Deutschlands Auswärtige Politik seit dem Vertrage von Versailles. In: Deutsclands Vergangenheit und Gegenwart. Berlin, 1925（ヴェルサイユ条約以後のドイツ外交政策）

わが国で著者に言及されたものは、ウマル・ハイヤームのルバイヤートの研究者・翻訳者、ないしはその古写本の所有者として名前があがっている（たとえば小川亮作『ルバイヤート』岩波文庫版、森亮『晩国仙果I』小沢書店刊）ほかには、寡聞にして私は知らない。

＊

こうして見れば、北ドイツ出身の知的で堅実な、そしてやはり世界の激転に翻弄された一家の姿が浮かび上がってくる。

私は、ローゼンという名や父子二代にわたるディアスポラ問題の追究を見て抱いた、改宗ユダヤ人の家系だろうかという単純な好奇心と、英国に対する著者の並々ならぬ親愛感の背景への関心から、この家族の過去を調べてみた。分かったことのうち、本書を読む上で参考になろうかと思われる二、三を述べておきたい。

著者の父ゲオルクには、異母兄に言語学・宗教学者フリードリヒ・アウグスト・ローゼン（一八〇五―三七）がいる。この人は、法学、神学を学んだあと、古典語からサンスクリット学にいたった天才的な語学者だった。ベルリン大学に提出のラテン語によるサンスクリット学の学士論文（Corporis radicum sanscritarum prolusio, 1826）は、のちのちまで高く評価されたという。二十二歳の若さでロンドン大学の東洋語の教授に迎えられたが、ペルシア語やアラビア語を教えるのにあきたらず早々と辞め、単独で研究を続ける。生活に無理を重ね、サンスクリット語の教授に復帰したときは健康を損ねていて、翌年に三十二歳で死去した。

この異母兄弟の祖父の代までは姓がバルホルン Ballhorn で、司法書士だった父の代に事情は不明ながらバルホルン＝ローゼンとなり、さらに兄弟のときにはローゼンだけになった事実がある。ナポレオン戦争の時代に、なにかがこの一家に起こったことが窺われる。ユダヤ系かどうかは確認できなかったが、私はバルホルンという名に目を惹かれた。「字句を訂正し、かえって改悪してしまう」という意味のドイツ語の動詞、フェルバルホルネン verballhornen またはバルホルニジーレン ballhornisieren のもとになった印刷業者の名だからだ。リューベックで印刷・製本業を営んでいたヨーハン・バルホルン（一五二八―一六〇三）は、町の法規の誤植を直して間違いを拡大したことで名を残している。一定の地域である程度遡れば共通の先祖に行き着くのはともかくとして、本書の著者ローゼンの七、八代前に現れるヨーハン・バルホルンがこの印刷屋自身か、その一族であってもおかしくないと私は推測する。書物との縁が深いローゼン一家の先祖にグーテンベルクをそう遠ざかっていない初期活版印刷業者がいたのなら、おもしろくないでもないように思われた。

より興味あるのは、著者の母ゼレーナが、プラハ出身の作曲家・ピアニスト、イグナーツ・モシェレス（一七九四―一八七〇）の次女だったことだ。彼女はロンドンで生まれ、そこで著者の父ゲオルクと結婚した。父とロンドンとのかかわりはその異母兄のことを除けば不詳だが、夢のようなエルサレムでの幼年時代に母から英語を教えられたという著者の回想には、こうした背景がある。名前からユダヤ系とわかるイグナーツ・モシェレスは、ウィーン、ロンドンと移り住み、最後はライプツィヒ音楽院で教え、そこで死去した。ウィーンではベートーヴェンと親交があり、オペラ『フィデリオ』をピアノ用に編曲もしている。

一方、イグナーツの長女エミーリエの夫はロワール地方出身の人ジャン・アントナン・ロシュで、その娘ニーナがおなじくロンドンで結婚したのが本書の著者ローゼンである。つまり、著者夫妻は従兄妹なのだ。そのもとは、イグナーツ・モシェレスが一八二五年から二十年間もロンドンで作曲・教授に携わったことと断定していい。ニーナがピアノの演奏が得意だったのも、そして著者夫妻がピアノを、アルボルズ越えの馬車道もなかったころに、また再度の赴任時にテヘランまで持参していることも、この血筋を知れば納得させられよう。

＊

私が著者の名を最初に知ったのは、ガートルード・ベルの手記と著作を通じてである。彼女自身については IV―四訳注1記載の拙訳書を参照いただくこととしてここでは述べないが、その前半生の書簡には、ローゼン一家や、本書でも引き合いに出されたタイムズ紙の大記者ヴァレンタイン・チロルのことが頻出する。

ガートルードの継母フローレンスとサー・フランク・ラセルズ夫人メアリーの父、サー・ジョゼフ・オリッフは、パリに生まれ育ったアイルランド系の内科医で、英国大使館名誉医官だったほかパリ医学会の会長など英仏で各種の要職についていた。彼には官界、外交界からディケンズやヘンリー・ジェームズといった作家グループまで広い交際があり、親友の一人が前記のジャン・アントナン・ロシュである。フローレンスは、ニーナをその幼いときからよく知っていたと言う。ガートルードの生母が早世し、フローレンスがガートルードの父ヒュー・ベルの後妻になったことで、それぞれの絢爛たる交友関係が合体した。ロシュ自身のことはあきらかでないが、ロンドンではカドガン・プレイス（テヘランでガートルードの恋人だったヘンリーが出たカドガン伯家にゆかりの）に住まいをもつ資産家だったようだ。ちなみに、ヒュー・ベルはカドガン伯と旧知の仲でもあったから、ヘンリーの人物は容易に知り得て、

IV―四訳注2に述べたように娘の結婚相手としては賛成しなかったのである。

ヒューは準男爵《バロネット》としてサーの称号をもつが、それは冶金化学者、製鉄・炭鉱業者として大をなした父、スコットランド系のロージアン・ベルから継承したものだ。ロージアンはエディンバラと独仏各地の大学で冶金学を学び、父親から引き継いだニューカースルの工場に英国初の高炉を導入した。そしてベル・ブラザーズ・アイアンワークスという町工場を北イングランド最大の製鉄業者に成長させるが、そのシェアは全英鉄鋼生産の三分の一に達したという。つまり、米国、ドイツ、日本の台頭するまで、一時的には世界有数の製鉄会社と関連の炭鉱、鉄道事業を一家族で所有したのだ。ロージアンは製鉄技術では最高の権威者だったほかに、岩塩採掘と英国最初のアルミ精錬も手がけ、ニューカースルの市長になり国会にも出ている。長男ヒューも独仏で学んだ技術畑の人だが、同族経営の限界を知り、新興のドーマン・ロング社に持株の大半を売却していわば自適の生活に入った。資産を現金化したベル一家は大富豪ではあったが、本物の貴族というには遠かったから意識的に体制中枢への接触を計り、その交際圏には政・官界、学界の主流が英国の枠を越えてみごとなまでに網羅された。これが、ロージアンの名をミドルネームに持ち、その資質をそっくり受け継いだガートルードの、本書に描かれたころから二十世紀初頭にかけての状況だった。

余談ながら、私は商社で欧米鉄鋼メーカー相手の仕事を担当していた一九七〇年ごろに、ミドルズバラでドーマン・ロング系の古めかしいプラントを訪問したことがある。北海に面したこの鉄鋼の町は、ニューカースルとともにベル一家のふるさとといっていい。かつては郊外にその大邸宅があり、フローレンスの社会学的労作『製鉄所にて――ある工業都市の研究』*At the works: A Study of a Manufacturing Town*, 1907を生んでもいる。それはあとで知る話で、私はこのプラントの履歴に関心もなかったが、ロージアンが手塩にかけた工場ということも大いにありえたわけだ。

著者と英国のエスタブリシュメントとのつながり、なかんずく本書執筆当時の知識層で知らぬものはないサー・フランク・ラセルズとガートルード・ベルへの敬意と親愛を一つの軸として語りかけた著者の言葉は、むろんそれ自体に充分な理由がある。だが同時に、そこには単なる知友としての関係を超えた、二人との個人的な縁がきわめて強くはたらいていたのも否定できない。

＊

本書の翻訳をほぼ終えたときだったが、たまたま私はいわゆる南京虐殺事件の目撃者の手記、ジョン・ラーベ著・平野卿子訳『南京の真実』(講談社・一九九八年刊) John Rabe, *Der gute Deutsche von Nanking* を一読した。南京陥落を提灯行列で祝った記憶をもつ世代というだけで事件詳細の認識がなかったので、遅まきながら現場の記録を見ておこうと思ったからにすぎない。

ところがまったく驚いたことに、主要人物の一人に「在中華民国ドイツ大使館書記官ゲオルク・ローゼン」が登場する。三十年間の中国在住のほとんどを独ジーメンス社の社員として過ごしたラーベの一九三七年九月より半年間の日記には、ナチスから祖母——父方と母方双方のということになる——のゆえにユダヤ系とみなされて休職処分の対象となり、また日本軍の動きを非難してやまない若い外交官の言行が描かれていた。彼にとっては曽祖父、イグナーツにベートーヴェンが出した手紙をラーベが見せてもらった、というエピソードもある。

ゲオルクは、ナチ政権下の故国で一時拘留されたあと米国に逃れた。政権獲得早々、ナチスが一連の対ユダヤ人政策の手はじめに非アーリア人を官公吏から追放する法律を成立させたのは、一九三三年四月である。南京事件のときには本書の著者ローゼンはすでに死亡していたが、そもそも彼が北京まで行ったのは、単なる家族訪問というよりもナチスの迫害を予想した脱出と見るのが自然だろう。第一次大戦の経験から対英協調を唱えつづけ、英語圏の読者むけに本書を英語で書きまでした著者には、ヴァイマル体制崩壊後の自国の事態急変は予想もせぬ暗転だったにちがいなく、北京で客死したのはせめてもの幸いというほかはない。

本での出会い、あるいは出会わなかったことをもう一つ、笠間杲雄著『沙漠の国』（岩波書店・一九三五年刊）について触れておきたい。著者はわが国の初代駐イラン公使として一九二九年からテヘランに在勤し、のち終戦間近の一九四五年四月、連合国の安全保証のもと台湾沖を航行中に米潜水艦の無法な攻撃で撃沈された病院船・阿波丸のいたましい犠牲者二千名の一人である。戦前はむろん、戦後もながらくわが国で中東関係の出版物が寥々たるもののころは、「文人外交官」と謳われた同氏のこのエッセー集は貴重な資料だった。私も一九五〇年代後半にはじめてイランに赴いたときには蒲生礼一著『イラン史』とともに持参して、何度も頁を繰ったことがある。ただ、著者の体験以外でそこに語られていることの多くが何に基づくかは、長いあいだ私の疑問だった。一部に初代米国公使ベンジャミンとカーゾン（本書六七、一四七頁）の名が出ているほかは、同書三二六頁に述べられたターリカーンの村長の話（本書一六四―五頁）を「あるドイツの外交官に語った」ものというだけなのだ。疑問が氷解したのは、本書を一見したときである。すでにお気づきの方もおられると思うのであえて述べるが、同書の記述で、イランのことにとどまらずいくつもの個所の下敷きとなったのは本書だった。笠間氏は、イラン在任中に刊行された本書を読み、あれこれのテーマと文章（そして写真のほぼ半数）に依拠して名エッセーをものしたのである。

さらに個人的な回想をお許し願いたいが、かつて私がテヘラン在住の後半を過ごしたところは、クーチェ・ベルリーン（ベルリン小路）という、ドイツ（当時は西独）大使館沿いの通りにあった。勤務先の事務所が、数ブロック東の大通り、サァディーから移転したためだ。Ⅳ—二訳注7で触れたように、そこは英国、トルコ、ドイツの三大使館が交差点を挟んで相対するところで、いまは一千万都市の下町の雑踏に埋もれているが、本書に描かれたときは市街の北の新開地、私のころは市内随一のファッショナブルな一画だった。大使館の面する南北の大通りフィルドゥーシーは、ローゼンの当時は「大使通り」と呼ばれていたという。あの四辻で、馬上のローゼンとデュアランドの独英二公使が大宰相アミーノッソルターンの救命——あるいは任国の政争への露骨な干渉——を出合いがしらに相談した（本書一七六頁）とは、まさに物語の世界としか言いようがない。近代化前の中東の姿を描きたいという著者の意図は余すところなく実行されたと私が肌で感ずる場面で、これにまさる情景はないと思われた。

本書の訳出にあたっては、何人もの方々のお世話になった。なかでも、Ⅰ—一のキリスト教関係の記述ではルーテル学院大学名誉教授徳善義和氏の、Ⅰ—一、Ⅲ—三に述べられたヘブライ語・アラビア語、あるいは一部の古典語に関することではアジア・アフリカ図書館の元研究職員江原聡子さんの、いずれも懇切なご教示に与った。お力添えに、心より感謝申しあげる。また、法政大学出版局秋田公士氏のいつもながら行き届いたご協力に、厚くお礼を申し述べたい。

本稿関連参考資料

Thomas Weiske Namenindex—Ahnenliste
Munzinger Internationales Biographisches Archiv
Lady Florence Bell (ed), *Letters of Gertrude Bell*
Janet Wallach, *Desert Queen* ほかガートルード・ベル関連文献

田隅恒生

索　引

ア　行

カ 行

サ　行

タ 行

ナ 行

ハ 行

マ　行

ヤ　行

ラ　行

ワ　行

イスラーム文化叢書　6

回想のオリエント
——ドイツ帝国外交官の中東半生記

発行　2003年2月25日　　初版第1刷

著者　フリードリヒ・ローゼン
訳者　田隅恒生
発行所　財団法人　法政大学出版局
〒102-0073 東京都千代田区九段北3-2-7
電話03(5214)5540／振替00160-6-95814
製版，印刷　平文社
鈴木製本所

ISBN4-588-23806-X
Printed in Japan

著　者

フリードリヒ・(フェーリクス・バルドゥイーン・)ローゼン
Friedrich (Felix Balduin) Rosen

ドイツ帝国の外交官，オリエント学者．1856年，ライプツィヒに生まれ，幼年時代を父がプロイセン領事だったエルサレムで過ごす．ベルリン大学でオリエント諸語を学び，インド留学を経て同大学でヒンドゥスターニー語を講じたあと，外務省に入る．ベイルート，テヘラン（再度），バグダード、エルサレムに駐在し，1900年帰国．本省勤務後，第一次大戦終了まで欧阿4ヶ国で公使．戦後，ヴァイマル時代に第一次ヴィルト内閣で外相を務めた．ウマル・ハイヤーム『ルバイヤート』のドイツ語訳ほか著訳書多数．1935年，子息を訪問中の北京で死去．

訳　者

田隅恒生（たすみ　つねお）

兵庫県出身．1931年生まれ．1954年京都大学法学部卒業，丸紅(株)に勤務，その間テヘラン，ニューヨーク，マニラに駐在．丸紅紙業(株)を経て，1993年退職．

訳書：ジュリアン・ハクスリー『時の回廊』*From an Antique Land*（平凡社）
　ガートルード・ベル『シリア縦断紀行』*The Desert and the Sown*（平凡社・東洋文庫）
　タージ・アッサルタネ／アッバース・アマーナト『ペルシア王宮物語』*Crowning Anguish*（同上）
　ジョーン・ハズリップ『オリエント漂泊――ヘスター・スタノップの生涯』*Lady Hester Stanhope*（法政大学出版局・りぶらりあ選書）
　アン・ブラント『遍歴のアラビア』*A Pilgrimage to Nejd*（同上）
　ガートルード・ベル『ペルシアの情景』*Persian Pictures*（法政大学出版局・イスラーム文化叢書）
　トマス・ジョゼフ・アサド『アラブに憑かれた男たち』*Three Victorian Travellers*（同上）

りぶらりあ選書

魔女と魔女裁判〈集団妄想の歴史〉	K.バッシュビッツ／川端，坂井訳	¥3800
科学論〈その哲学的諸問題〉	カール・マルクス大学哲学研究集団／岩崎允胤訳	¥2500
先史時代の社会	クラーク，ピゴット／田辺，梅原訳	¥1500
人類の起原	レシェトフ／金光不二夫訳	¥3000
非政治的人間の政治論	H.リード／増野，山内訳	¥ 850
マルクス主義と民主主義の伝統	A.ランディー／藤野渉訳	¥1200
労働の歴史〈棍棒からオートメーションへ〉	J.クチンスキー，良知，小川共著	¥1900
ヒュマニズムと芸術の哲学	T.E.ヒューム／長谷川鉱平訳	¥2200
人類社会の形成（上・下）	セミョーノフ／中島，中村，井上訳	上 品 切 下 ¥2800
倫理学	G.E.ムーア／深谷昭三訳	¥2200
国家・経済・文学〈マルクス主義の原理と新しい論点〉	J.クチンスキー／宇佐美誠次郎訳	¥ 850
ホワイトヘッド教育論	久保田信之訳	¥1800
現代世界と精神〈ヴァレリィの文明批評〉	P.ルーラン／江口幹訳	¥980
葛藤としての病〈精神身体医学的考察〉	A.ミッチャーリヒ／中野，白滝訳	¥1500
心身症〈葛藤としての病 2〉	A.ミッチャーリヒ／中野，大西，奥村訳	¥1500
資本論成立史（全4分冊）	R.ロスドルスキー／時永，平林，安田他訳	(1)¥1200 (2)¥1200 (3)¥1200 (4)¥1400
アメリカ神話への挑戦（I・II）	T.クリストフェル他編／宇野，玉野井他訳	I ¥1600 II ¥1800
ユダヤ人と資本主義	A.レオン／波田節夫訳	¥2800
スペイン精神史序説	M.ピダル／佐々木孝訳	¥2200
マルクスの生涯と思想	J.ルイス／玉井，堀場，松井訳	¥2000
美学入門	E.スリヨ／古田，池部訳	¥1800
デーモン考	R.M.=シュテルンベルク／木戸三良訳	¥1800
政治的人間〈人間の政治学への序論〉	E.モラン／古田幸男訳	¥1200
戦争論〈われわれの内にひそむ女神ベローナ〉	R.カイヨワ／秋枝茂夫訳	¥3000
新しい芸術精神〈空間と光と時間の力学〉	N.シェフェール／渡辺淳訳	¥1200
カリフォルニア日記〈ひとつの文化革命〉	E.モラン／林瑞枝訳	¥2400
論理学の哲学	H.パットナム／米盛，藤川訳	¥1300
労働運動の理論	S.パールマン／松井七郎訳	¥2400
哲学の中心問題	A.J.エイヤー／竹尾治一郎訳	¥3500
共産党宣言小史	H.J.ラスキ／山村喬訳	¥980
自己批評〈スターリニズムと知識人〉	E.モラン／宇波彰訳	¥2000
スター	E.モラン／渡辺，山崎訳	¥1800
革命と哲学〈フランス革命とフィヒテの本源的哲学〉	M.ブール／藤野，小栗，福吉訳	¥1300
フランス革命の哲学	B.グレトゥイゼン／井上尭裕訳	¥2400
意志と偶然〈ドリエージュとの対話〉	P.ブーレーズ／店村新次訳	¥2500
現代哲学の主潮流（全5分冊）	W.シュテークミュラー／中埜，竹尾監修	(1)¥4300 (2)¥4200 (3)¥6000 (4)¥3300 (5)¥7300
現代アラビア〈石油王国とその周辺〉	F.ハリデー／岩永，菊地，伏見訳	¥2800
マックス・ウェーバーの社会科学論	W.G.ランシマン／湯川新訳	¥1600
フロイトの美学〈芸術と精神分析〉	J.J.スペクター／秋山，小山，西川訳	¥2400
サラリーマン〈ワイマル共和国の黄昏〉	S.クラカウアー／神崎巌訳	¥1700
攻撃する人間	A.ミッチャーリヒ／竹内豊治訳	¥ 900
宗教と宗教批判	L.セーヴ他／大津，石田訳	¥2500
キリスト教の悲惨	J.カール／高尾利数訳	¥1600
時代精神（I・II）	E.モラン／宇波彰訳	I 品 切 II ¥2500
囚人組合の出現	M.フィッツジェラルド／長谷川健三郎訳	¥2000

スミス，マルクスおよび現代	R.L.ミーク／時永淑訳	¥3500
愛と真実〈現象学的精神療法への道〉	P.ローマス／鈴木二郎訳	¥1600
弁証法的唯物論と医学	ゲ・ツァレゴロドツェフ／木下，仲本訳	¥3800
イラン〈独裁と経済発展〉	F.ハリデー／岩永，菊地，伏見訳	¥2800
競争と集中〈経済・環境・科学〉	T.プラーガー／島田稔夫訳	¥2500
抽象芸術と不条理文学	L.コフラー／石井扶桑雄訳	¥2400
プルードンの社会学	P.アンサール／斉藤悦則訳	¥2500
ウィトゲンシュタイン	A.ケニー／野本和幸訳	¥3200
ヘーゲルとプロイセン国家	R.ホッチェヴァール／寿福真美訳	¥2500
労働の社会心理	M.アージル／白水，奥山訳	¥1900
マルクスのマルクス主義	J.ルイス／玉井，渡辺，堀場訳	¥2900
人間の復権をもとめて	M.デュフレンヌ／山縣熙訳	¥2800
映画の言語	R.ホイッタカー／池田，横川訳	¥1600
食料獲得の技術誌	W.H.オズワルド／加藤，禿訳	¥2500
モーツァルトとフリーメーソン	K.トムソン／湯川，田口訳	¥3000
音楽と中産階級〈演奏会の社会史〉	W.ウェーバー／城戸朋子訳	¥3300
書物の哲学	P.クローデル／三嶋睦子訳	¥1600
ベルリンのヘーゲル	J.ドント／花田圭介監訳，杉山吉弘訳	¥2900
福祉国家への歩み	M.ブルース／秋田成就訳	¥4800
ロボット症人間	L.ヤブロンスキー／北川，樋口訳	¥1800
合理的思考のすすめ	P.T.ギーチ／西勝忠男訳	¥2000
カフカ=コロキウム	C.ダヴィッド編／円子修平，他訳	¥2500
図形と文化	D.ペドウ／磯田浩訳	¥2800
映画と現実	R.アーメス／瓜生忠夫，他訳／清水晶監修	¥3000
資本論と現代資本主義（I・II）	A.カトラー，他／岡崎，塩谷，時永訳	I 品切 II ¥3500
資本論体系成立史	W.シュヴァルツ／時永，大山訳	¥4500
ソ連の本質〈全体主義的複合体と新たな帝国〉	E.モラン／田中正人訳	¥2400
ブレヒトの思い出	ベンヤミン他／中村，神崎，越部，大島訳	¥2800
ジラールと悪の問題	ドゥギー，デュピュイ編／古田，秋枝，小池訳	¥3800
ジェノサイド〈20世紀におけるその現実〉	L.クーパー／高尾利数訳	¥2900
シングル・レンズ〈単式顕微鏡の歴史〉	B.J.フォード／伊藤智夫訳	¥2400
希望の心理学〈そのパラドキシカルアプローチ〉	P.ワツラウィック／長谷川啓三訳	¥1600
フロイト	R.ジャカール／福本修訳	¥1400
社会学思想の系譜	J.H.アブラハム／安江，小林，樋口訳	¥2000
生物学における ランダムウォーク	H.C.バーグ／寺本，佐藤訳	¥1600
フランス文学とスポーツ〈1870～1970〉	P.シャールトン／三好郁朗訳	¥2800
アイロニーの効用〈『資本論』の文学的構造〉	R.P.ウルフ／竹田茂夫訳	¥1600
社会の労働者階級の状態	J.バートン／真実一男訳	¥2000
資本論を理解する〈マルクスの経済理論〉	D.K.フォーリー／竹田，原訳	¥2800
買い物の社会史	M.ハリスン／工藤政司訳	¥2000
中世社会の構造	C.ブルック／松田隆美訳	¥1800
ジャズ〈熱い混血の音楽〉	W.サージェント／湯川新訳	¥2800
地球の誕生	D.E.フィッシャー／中島竜三訳	¥2900
トプカプ宮殿の光と影	N.M.ペンザー／岩永博訳	¥3800
テレビ視聴の構造〈多メディア時代の「受け手」像〉	P.バーワイズ他／田中，伊藤，小林訳	¥3300
夫婦関係の精神分析	J.ヴィリィ／中野，奥村訳	¥3300
夫婦関係の治療	J.ヴィリィ／奥村満佐子訳	¥4000
ラディカル・ユートピア〈価値をめぐる議論の思想と方法〉	A.ヘラー／小箕俊介訳	¥2400

りぶらりあ選書

十九世紀パリの売春	パラン=デュシャトレ／A.コルバン編 小杉隆芳訳	¥2500
変化の原理〈問題の形成と解決〉	P.ワツラウィック他／長谷川啓三訳	¥2200
デザイン論〈ミッシャ・ブラックの世界〉	A.ブレイク編／中山修一訳	¥2900
時間の文化史〈時間と空間の文化／上巻〉	S.カーン／浅野敏夫訳	¥2300
空間の文化史〈時間と空間の文化／下巻〉	S.カーン／浅野，久郷訳	¥3400
小独裁者たち〈両大戦間期の東欧における民主主義体制の崩壊〉	A.ポロンスキ／羽場久浘子監訳	¥2900
狼狽する資本主義	A.コッタ／斉藤日出治訳	¥1400
バベルの塔〈ドイツ民主共和国の思い出〉	H.マイヤー／宇京早苗訳	¥2700
音楽祭の社会史〈ザルツブルク・フェスティヴァル〉	S.ギャラップ／城戸朋子，小木曾俊夫訳	¥3800
時間 その性質	G.J.ウィットロウ／柳瀬睦男，熊倉功二訳	¥1900
差異の文化のために	L.イリガライ／浜名優美訳	¥1600
よいは悪い	P.ワツラウィック／佐藤愛監修，小岡礼子訳	¥1600
チャーチル	R.ペイン／佐藤亮一訳	¥2900
シュミットとシュトラウス	H.マイアー／栗原，滝口訳	¥2000
結社の時代〈19世紀アメリカの秘密儀礼〉	M.C.カーンズ／野崎嘉信訳	¥3800
数奇なる奴隷の半生	F.ダグラス／岡田誠一訳	¥1900
チャーティストたちの肖像	G.D.H.コール／古賀，岡本，増島訳	¥5800
カンザス・シティ・ジャズ〈ビバップの由来〉	R.ラッセル／湯川新訳	¥4700
台所の文化史	M.ハリスン／小林祐子訳	¥2900
コペルニクスも変えなかったこと	H.ラボリ／川中子，並木訳	¥2000
祖父チャーチルと私〈若き冒険の日々〉	W.S.チャーチル／佐藤佐智子訳	¥3800
エロスと精気《エネルギー》〈性愛術指南〉	J.N.パウエル／浅野敏夫訳	¥1900
有閑階級の女性たち	B.G.スミス／井上，飯泉訳	¥3500
秘境アラビア探検史（上・下）	R.H.キールナン／岩永博訳	上¥2800 下¥2900
動物への配慮	J.ターナー／斎藤九一訳	¥2900
年齢意識の社会学	H.P.チュダコフ／工藤，藤田訳	¥3400
観光のまなざし	J.アーリ／加太宏邦訳	¥3200
同性愛の百年間〈ギリシア的愛について〉	D.M.ハルプリン／石塚浩司訳	¥3800
古代エジプトの遊びとスポーツ	W.デッカー／津山拓也訳	¥2700
エイジズム〈優遇と偏見・差別〉	E.B.パルモア／奥山，秋葉，片多，松村訳	¥3200
人生の意味〈価値の創造〉	I.シンガー／工藤政司訳	¥1700
愛の知恵	A.フィンケルクロート／磯本，中嶋訳	¥1800
魔女・産婆・看護婦	B.エーレンライク，他／長瀬久子訳	¥2200
子どもの描画心理学	G.V.トーマス，A.M.J.シルク／中川作一監訳	¥2400
中国との再会〈1954—1994年の経験〉	H.マイヤー／青木隆嘉訳	¥1500
初期のジャズ〈その根源と音楽的発展〉	G.シューラー／湯川新訳	¥5800
歴史を変えた病	F.F.カートライト／倉俣，小林訳	¥2900
オリエント漂泊〈ヘスター・スタノップの生涯〉	J.ハズリップ／田隅恒生訳	¥3800
明治日本とイギリス	O.チェックランド／杉山・玉置訳	¥4300
母の刻印〈イオカステーの子供たち〉	C.オリヴィエ／大谷尚文訳	¥2700
ホモセクシュアルとは	L.ベルサーニ／船倉正憲訳	¥2300
自己意識とイロニー	M.ヴァルザー／洲崎惠三訳	¥2800
アルコール中毒の歴史	J.-C.スールニア／本多文彦監訳	¥3800
音楽と病	J.オシエー／菅野弘久訳	¥3400
中世のカリスマたち	N.F.キャンター／藤田永祐訳	¥2900
幻想の起源	J.ラプランシュ，J.-B.ポンタリス／福本修訳	¥1300
人種差別	A.メンミ／菊地，白井訳	¥2300
ヴァイキング・サガ	R.プェルトナー／木村寿夫訳	¥3300

りぶらりあ選書

肉体の文化史〈体構造と宿命〉	S.カーン／喜多迅鷹・喜多元子訳	¥2900
サウジアラビア王朝史	J.B.フィルビー／岩永，冨塚訳	¥5700
愛の探究〈生の意味の創造〉	I.シンガー／工藤政司訳	¥2200
自由意志について〈全体論的な観点から〉	M.ホワイト／橋本昌夫訳	¥2000
政治の病理学	C.J.フリードリヒ／宇治琢美訳	¥3300
書くことがすべてだった	A.ケイジン／石塚浩司訳	¥2000
宗教の共生	J.コスタ=ラスクー／林瑞枝訳	¥1800
数の人類学	T.クランプ／髙島直昭訳	¥3300
ヨーロッパのサロン	ハイデン=リンシュ／石丸昭二訳	¥3000
エルサレム〈鏡の都市〉	A.エロン／村田靖子訳	¥4200
メソポタミア〈文字・理性・神々〉	J.ボテロ／松島英子訳	¥4700
メフメト二世〈トルコの征服王〉	A.クロー／岩永，井上，佐藤，新川訳	¥3900
遍歴のアラビア〈ベドウィン揺籃の地を訪ねて〉	A.ブラント／田隅恒生訳	¥3900
シェイクスピアは誰だったか	R.F.ウェイレン／磯山，坂口，大島訳	¥2700
戦争の機械	D.ピック／小澤正人訳	¥4700
住む　まどろむ　嘘をつく	B.シュトラウス／日中鎮朗訳	¥2600
精神分析の方法 I	W.R.ビオン／福本修訳	¥3500
考える／分類する	G.ペレック／阪上脩訳	¥1800
バビロンとバイブル	J.ボテロ／松島英子訳	¥3000
初期アルファベットの歴史	J.ナヴェー／津村，竹内，稲垣訳	¥3500
数学史のなかの女性たち	L.M.オーセン／吉村，牛島訳	¥1700
解決志向の言語学	S.ド・シェイザー／長谷川啓三監訳	¥4500
精神分析の方法 II	W.R.ビオン／福本修訳	¥4000
バベルの神話〈芸術と文化政策〉	C.モラール／諸田，阪上，白井訳	¥4000
最古の宗教〈古代メソポタミア〉	J.ボテロ／松島英子訳	¥4500
心理学の７人の開拓者	R.フラー編／大島，吉川訳	¥2700
飢えたる魂	L.R.カス／工藤，小澤訳	¥3900
トラブルメーカーズ	A.J.P.テイラー／真壁広道訳	¥3200

（表示価格は本書刊行時のものです．表示価格は，重版に際して変わる場合もありますのでご了承願います．なお表示価格に消費税は含まれておりません．）